1.ER CONGRESO
INTELIGENCIA ARTIFICIAL Y FORMAS DE TRABAJO EMERGENTES

1.ᴱᴿ CONGRESO INTELIGENCIA ARTIFICIAL Y FORMAS DE TRABAJO EMERGENTES

Directora
M.ª Elisa Cuadros Garrido

COLEX 2024

Calle Costa Rica, número 5, 3.º B (local comercial)
A Coruña, 15004, A Coruña (Galicia)
info@colex.es
www.colex.es

I.S.B.N.: 978-84-1194-812-8
Depósito legal: C 1918-2024

SUMARIO

PONENCIAS

CAPÍTULO I
IMPACTO DE LA INTELIGENCIA ARTIFICIAL EN EL MERCADO DE TRABAJO

Gratiela-Florentina Moraru

CAPÍTULO II
LA UTILIZACIÓN DE LA INTELIGENCIA ARTIFICIAL EN LA PREVENCIÓN DE RIESGOS LABORALES: VISIÓN CRÍTICA

Rafael García-Purriños García

COMUNICACIONES

CAPÍTULO III

IMPACTO DE LAS NUEVAS FORMAS DE PRESTACIÓN DE SERVICIOS EN LA REPRESENTACIÓN COLECTIVA DE LOS TRABAJADORES EN LA EMPRESA

Mirentxu Marín Malo

CAPÍTULO IV

CUESTIONES TRANVERSALES DE INTELIGENCIA ARTIFICIAL

Miguel Ángel Hernández Rubio

CAPÍTULO V
LA DIGITALIZACIÓN DE LOS PROCESOS DE SELECCIÓN DE PERSONAL COMO CAUSA DE DISCRIMINACIÓN INDIRECTA POR RAZÓN DE EDAD

José Manuel Pazó Argibay

CAPÍTULO VI
LA GESTIÓN ALGORÍTMICA DE LA EXTINCIÓN DEL CONTRATO DE TRABAJO

Ángel Guillen Pajuelo

CAPÍTULO VII

ECLOSIÓN DE LA INTELIGENCIA ARTIFICIAL EN EL ÁMBITO LABORAL

Sara González Matallana

CAPÍTULO VIII

DEL PAPEL AL PIXEL: LA REVOLUCIÓN DIGITAL EN LA GESTIÓN PÚBLICA Y SU IMPACTO EN LA TRANSPARENCIA Y EFICIENCIA ADMINISTRATIVA

Montserrat Molina Álvarez

CAPÍTULO IX

NÓMADAS DIGITALES E INADAPTACIÓN DE LA NORMATIVA EN MATERIA DE PREVENCIÓN DE RIESGOS LABORALES A LA DESLOCALIZACIÓN Y MOVILIDAD

Uxue del Río Ilincheta

CAPÍTULO X

LA ADOPCIÓN DE UN PROGRAMA ESPÍA ISRAELÍ POR PARTE DE LA AGENCIA ESTATAL DE ADMINISTRACIÓN TRIBUTARIA

Jorge España Sánchez

PONENCIAS

CAPÍTULO I

IMPACTO DE LA INTELIGENCIA ARTIFICIAL EN EL MERCADO DE TRABAJO

Gratiela-Florentina Moraru
Profesora Contratada Doctora
Universidad de Castilla-La Mancha
gratiela.moraru@uclm.es

1. Las relaciones de trabajo ante la transformación e innovación digital

Entre los múltiples debates y controversias sobre el futuro del trabajo, la producción normativa ha sido marcada por la disputa sobre la transformación gradual hacia la supresión de derechos y garantías fundamentales para las personas trabajadoras que prestan servicios en un imaginario marcado por la digitalización y otras coordenadas que tratan de transformar las reglas que disciplinan las relaciones de trabajo[1]. La producción científica sobre las

1 Baylos Grau, Antonio, «Interlocución: crisis y reconfiguración de la autonomía colectiva en el futuro del trabajo» en *El futuro del trabajo: cien años de la OIT*, Ministerio de Trabajo, Madrid, 201, pp. 309-338. Una cita muy pertinente de este autor que ha de acompañar el texto de este trabajo es la que señala que «el mundo en el que vivimos no es solo un escenario de metacrilato y omnipotentes circuitos electrónicos y digitales que acoge una aceleración frenética del ritmo de las existencias individuales en el orbe desarrollado que posibilita un mercado laboral líquido y ágil que va a dar mayores oportunidades a las personas que en él participen. Aunque eso es lo que percibimos como "el huracán que llamamos progreso", estamos ante un mundo profundamente desigual y escindido entre regiones ricas y pobres y en el que una buena parte de sus territorios sufren la guerra y la desesperación del hambre y el peligro cotidiano que los lleva a arriesgar su seguridad, su posición social y su propio arraigo personal en un territorio determinado».

implicaciones de la digitalización en materia de Derecho del Trabajo es difícilmente abarcable siendo mayoritaria la doctrina que ha dedicado un importante espacio al estudio de la destrucción de puestos de trabajo y la sustitución de la persona trabajadora por estas tecnologías innovadoras. Calibrar y medir esta doctrina resulta una tarea de difícil cometido que, al mismo tiempo, puede obstaculizar la delimitación de las consecuencias de la digitalización sobre las diferentes vertientes de la relación de trabajo[2].

Pero, más allá de estos discursos, la inteligencia artificial y la digitalización, con carácter general, provoca mutaciones en las relaciones de trabajo que cuestionan las fronteras de la laboralidad y la problemática en torno a la «huida del Derecho del Trabajo»[3]. Las formas de trabajo que se desarrollan en la red presentan dos notas características principales: en primer lugar, la prestación de servicios no se contrata para un concreto prestador, sino que se despersonaliza posibilitando su desarrollo por una concurrencia de trabajadores y, en segundo lugar, el trabajo se desenvuelve a través de aplicaciones informáticas con el fin de aproximar la demanda al bien o servicio. Todo ello conduce a una división o segmentación del trabajo en unidades más reducidas. Las características de las plataformas digitales conducen a una compleja determinación y calificación de la relación del trabajo. Sus particularidades dificultan la identificación de los sujetos involucrados en la organización productiva que se desenvuelve a través la plataforma digital, complejidad que se intensifica con las posturas empresariales que defienden la igualdad en las relaciones de mercado mediante las relaciones de producción de índole autónoma[4].

Junto la disputa sobre las notas de laboralidad, la digitalización tiene importantes repercusiones sobre la asimetría de poderes subyacente a la relación de trabajo. Las tecnologías de la información y comunicación han intensificado hasta límites insospechados los poderes de dirección y control empresarial, todo ello bajo el pretexto del crecimiento y eficiencia productiva[5]. Lo anterior no es la única consecuencia a considerar, pues las nuevas formas de organización productiva también tienen repercusiones en la organización del trabajo. La descentralización productiva, la fragmentación y atomización de las nuevas formas empresariales conducen a la precarización y

---

2 CRUZ VILLALÓN, Jesús, «El derecho del trabajo ante la transformación digital», en *Revista de Derecho Social*, n.º 100, 2022, p. 141.

3 RODRÍGUEZ-PIÑERO ROYO, Miguel, «La huida del Derecho del Trabajo», en *Relaciones Laborales*, n.º 1, 1992, pp. 85-94.

4 TRILLO PÁRRAGA, Francisco, «Trabajo decente y economía digitalizada» en *El futuro del trabajo que queremos. Conferencia Nacional Tripartita, 28 de marzo de 2017*, Palacio de Zurbano, Madrid, Madrid, 2017, pp. 432-433.

5 Véase por todos ROMERO RODENAS, María José y MERINO SEGOVIA, Amparo (dirs. y coords.), *Las nuevas fronteras del poder de dirección y control del empresario en la transición digital*, Bomarzo, Albacete, 2024.

debilitamiento de las garantías del empleo como vía principal de integración en la relación de trabajo. Todo ello origina una fragmentación de la tipología contractual laboral e impulsa un fenómeno de debilitamiento de las categorías laborales[6]. Frente a estos fenómenos, los derechos de participación de los trabajadores en cuanto expresión de la democracia en la empresa han de ser reforzados con el propósito de nivelar las desigualdades que la impregnación de la digitalización está desencadenando en la empresa. Las iniciativas reguladoras de la digitalización han de contar obligatoriamente con la intervención colectiva sobre los poderes del empresario de organización de la prestación de servicio[7].

Frente a los discursos sobre el «fin del trabajo», se ha de considerar que la inteligencia humana frente a la artificial supera las capacidades de cálculo, por lo que la revolución informática ha de constituir una oportunidad para dar contenido a lo que la Constitución de la OIT ha denominado como «un régimen de trabajo realmente humano»[8]. Una de las cuestiones más planteadas en esta materia es la pertinencia de configurar mandatos legales concretos para dar respuesta a los desafíos planteados por la digitalización y la inteligencia artificial concretamente. Son mayoritarias las voces doctrinales que consideran obsoletos los principios jurídicos e instituciones laborales proponiéndose una intervención legislativa de nuevo cuño para abordar estos desafíos. Sin embargo y más allá de las posibles adaptaciones que se requieran, las transformaciones impulsadas por la digitalización se encuadran en las categorías jurídicas laborales existentes y no deben provocar la obsolescencia y la aparición de zonas grises de aplicación de la legislación laboral[9]. Como acertadamente señala algún sector doctrinal, la revolución digital sigue el mismo *iter* que se promovió durante la sustitución de la organización «fordista» por la «toyotista» pretendiendo la introducción de categorías de innovación en la organización del trabajo. Por lo tanto, la evolución de esta revolución no es tan novedosa como podría parecer y «la imposición de escenarios creíbles en los que se prescinda, tanto a nivel global como en el de los ordenamientos nacionales en concreto, de la subordinación —aunque esta pudiera ser, más posiblemente reconfigurada— y del derecho del trabajo»[10].

---

6 Baylos Grau, Antonio, «Cambio digital y poder en la empresa: fortalecer los derechos digitales», en *Revista de Derecho Social*, n.º 106, pp. 17 y ss.

7 Baylos Grau, Antonio, «Desequilibrio de poder en la empresa y entorno digital: la importancia de los derechos colectivos» en Romero Rodenas, María José y Merino Segovia, Amparo (dirs. y coords.), *Las nuevas fronteras del poder de dirección y control del empresario en la transición digital*, Bomarzo, Albacete, 2024, pp. 35-37.

8 Supiot, Alain, *El trabajo ya no es lo que fue*, Siglo Veintiuno Editores, Madrid, 2022, p. 33.

9 Cruz Villalón, Jesús, «El derecho del trabajo ante la transformación digital», *op. cit.*, pp. 146-147.

10 Sector doctrinal representado por Lassandari, Andrea, «El derecho del trabajo y la globalización. Intentos de (re)introducción de límites», *Revista de Derecho Social*, n.º 101, 2023, p. 17.

Por otro lado, la transformación digital, la globalización y la economía financiarizada impulsan un fenómeno de desterritorialización del trabajo unido a la edificación de un mercado de trabajo orientado a la desregulación y sin garantías de ninguna índole. A todo lo anterior, hay que añadir que el control colectivo debilitado de la actividad productiva favorece esta coyuntura[11]. La disociación del lugar de prestación de servicios y el lugar donde está localizada la empresa es otra relevante consecuencia de la transformación digital[12].

Conectado con lo anterior, la máxima expresión del impulso de la digitalización es la intensificación del uso del teletrabajo. Hay que señalar, en este sentido, que el trabajo a distancia y el teletrabajo comparten uno de los principales rasgos caracterizadores como es la distancia del lugar donde se desenvuelve la prestación de servicios respecto del centro de trabajo o empresa, rasgo posible por la versatilidad de las TIC[13]. Esta deslocalización también permite el desarrollo de la prestación de servicios desde otro Estado porque este conjunto de factores a los que hemos hecho referencia ha hecho posible el surgimiento de la empresa de dimensión transnacional y la posibilidad del «teletrabajo transnacional»[14]. La existencia de un sujeto empresarial transnacional tiene relevantes implicaciones en los procesos de regulación dada su importante capacidad de influencia en la producción normativa de los Estados[15]. Como se ha manifestado por la doctrina más autorizada en esta materia «el proceso de digitalización ha provocado un manifiesto envejecimiento de las reglas [...], tanto para el trabajo subordinado como, especialmente, para el trabajo autónomo»[16].

Por supuesto, las problemáticas derivadas de la transformación tecnológica no se detienen aquí y será menester observar las repercusiones de la

---

11 Baylos Grau, Antonio, *Deslocalizaciones de empresas y despidos colectivos*, Bomarzo, Albacete, 2022, p. 12.

12 Cruz Villalón, Jesús, «El derecho del trabajo ante la transformación digital», *op. cit.*, p. 155.

13 Trillo Párraga, Francisco, *Trabajo a distancia y teletrabajo en el sector privado y público*, Bomarzo, Albacete, 2021, p. 20.

14 Cruz Villalón, Jesús, «El derecho del trabajo ante la transformación digital», *op. cit.*, p. 156. El Acuerdo Marco relativo a la aplicación del apartado 1 del artículo 16 del Reglamento (CE) N.° 883/2004 en los casos de teletrabajo transfronterizo habitual define esta modalidad de prestación de servicios como sigue: «toda actividad que pueda ejercerse desde cualquier lugar y que podría realizarse en los locales o en el domicilio del empleador y que: 1. se lleva a cabo en uno o varios Estados miembros distintos de aquel en el que están situados los locales o el domicilio del empresario, y 2. se basa en las tecnologías de la información para permanecer conectado con el entorno de trabajo del empleador o de la empresa, así como con los interesados/clientes, a fin de cumplir las tareas que el empleador o los clientes asignen al trabajador, en el caso de los trabajadores por cuenta propia».

15 Baylos Grau, Antonio, *Deslocalizaciones de empresas y despidos colectivos, op. cit.*, p. 12.

16 Cruz Villalón, Jesús, «El derecho del trabajo ante la transformación digital», *op. cit.*, p. 156.

inteligencia artificial en la jornada de trabajo y en la conservación de la soberanía del tiempo de vida. La era digital plantea la complejidad de la delimitación del tiempo de trabajo tanto en las plataformas digitales como en el trabajo a distancia. La disrupción tecnológica pone en entredicho conceptos jurídicos como el tiempo de trabajo efectivo, los periodos de disponibilidad o el registro de jornada. El tiempo de trabajo en los entornos digitales se prolonga inevitablemente más allá de los límites legales o convencionales. La fingida capacidad de la persona trabajadora de escoger sus tiempos de trabajo ha tenido como propósito calificar las prestaciones de trabajo en el ámbito del trabajo autónomo, situación extendida en el ámbito de las plataformas digitales[17]. Por lo tanto, la digitalización y la implantación de la inteligencia artificial ha supuesto la apertura de nuevas vías para el aumento de productividad, la reducción de las plantillas por la automatización de puestos y costes laborales, incremento del ritmo de trabajo y disponibilidad de las personas trabajadoras, etc. Desde la perspectiva de las personas trabajadoras, la digitalización de las organizaciones productivas conduce inexorablemente al aislamiento, agilización de las dinámicas de trabajo, estrés por la automatización de los puestos de trabajo, temor ante la pérdida del empleo, etc. Más allá de los anteriores aspectos, las tecnologías de la información y comunicación en sus diversas formas pueden suponer importantes riesgos para la salud de las personas trabajadoras, por lo que la acción preventiva de la empresa se torna fundamental para preservar el derecho a la seguridad y salud de los trabajadores[18].

2. Una visión internacional y europea de la delimitación jurídica de la IA en las relaciones de trabajo

La incursión de las mutaciones tecnológicas acometidas en las relaciones de trabajo ha perpetuado la proliferación de discursos y teorías, como se ha señalado, que preconizan un futuro impregnado por la inteligencia artificial y demás engranajes tecnológicos, lo que refuerza la idea de que los derechos de ciudadanía de las personas trabajadoras serán superados por «la libertad de cada cual y [...] el individualismo propietario»[19]. Las repercusiones de la

---

17 Trillo Párraga, Francisco, *Usos del tiempo en el siglo XXI: claves de lectura para una (inaplazable) reforma del tiempo de trabajo*, Joaçaba, vol. 23, n.º 1, p. 130 y ss.

18 Miñarro Yanini, Margarita, «La incidencia de las tecnologías de la información y de la comunicación en la seguridad y salud en el trabajo. Protección de datos y prevención de riesgos. Violencia tecnológica en el trabajo. Medios de prevención», *Documentación Laboral*, n.º 119, pp. 16-17.

19 Baylos Grau, Antonio, «Gobernanza laboral, crisis y cambio tecnológico en la acción colectiva», *Documentación Laboral*, n.º 117, pp. 93-106.

inteligencia artificial en el trabajo son múltiples y van unidas a la defenestración del trabajo subordinado y la emersión de nuevas pugnas jurídicas derivadas de la huida del Derecho del Trabajo[20]. La introducción de sistemas inteligentes en la empresa implica una transformación estructural de la organización de la misma, un nuevo modelo de organización de la prestación de servicios y una redelimitación de las demandas del mercado[21].

El recurso empresarial a la gestión algorítmica encierra la afectación de numerosos aspectos de la relación de trabajo. En el marco laboral, el uso de la inteligencia artificial se proyecta contundentemente sobre los procesos de selección de personal, el control y la vigilancia de las personas trabajadoras, toma de decisiones, nuevas exigencias en materia de capacitación y habilidades de las personas trabajadoras, automatización de tareas[22] y un largo e interminable etcétera[23].

La expansión de los sistemas de inteligencia artificial y su incremento exponencial ha puesto en el centro del debate social y político su carácter innovador y la diversidad de sus recursos. Desde instancias internacionales como la ONU se insiste en la versatilidad de las tecnologías de la información y comunicación. El ODS 9 de la Agenda 2030, titulado «*Industria, innovación e infraestructura*» pone de manifiesto que el crecimiento económico, el desarrollo social y la acción por el clima se encuentran condicionados por las inversiones en infraestructuras, el desarrollo industrial sostenible y el progreso tecnológico. El Informe del Panel de Alto Nivel del secretario general sobre la Cooperación Digital de Naciones Unidas incide en el impacto de las tecnologías digitales en la consecución de los Objetivos de Desarrollo Sostenible. Este informe destaca la importancia del acceso a estas tecnologías y su uso de manera inclusiva, propósito para el que se requieren marcos de políticas que apoyen directamente la inclusión económica y social. En esta misma tónica, se subraya la importancia de los «esfuerzos significativos para ayudar a los trabajadores cuyos medios de vida se ven alterados a causa de la tecnología»[24].

En sintonía con la ONU, la OIT ha publicado recientemente el estudio titulado «Una construcción tecnológica de la sociedad: comparación de GPT-4

20 Trillo Párraga, Francisco, «Trabajo en plataformas digitales», *Gaceta Sindical*, n.º 36, 2021, p. 283.

21 Valverde Asencio, Antonio José, *Implantación de sistemas de inteligencia artificial y trabajo*, Bomarzo, Albacete, 2021, p. 15 y ss.

22 Álvarez Cuesta, Henar, *El impacto de la inteligencia artificial en el trabajo: desafíos y propuestas*, Aranzadi, Navarra, 2020, p. 29.

23 Véase, por todos, Romero Rodenas, María José y Merino Segovia, Amparo (dirs. y coords.), *Las nuevas fronteras del poder de dirección y control del empresario en la transición digital*, Bomarzo, Albacete, 2024.

24 Panel del Alto Nivel del secretario general sobre la Cooperación Digital, «La era de la interdependencia», junio de 2019.

y encuestados humanos para la evaluación ocupacional en el Reino Unido». Este estudio versa sobre la forma en que la inteligencia artificial determina el valor social de las ocupaciones tratando de analizar las amplias posibilidades y los escollos que su uso puede suponer[25]. En lo que se refiere a la destrucción de puestos de trabajo, en otro estudio de la OIT se apunta que la inteligencia artificial generativa complementará los puestos de trabajo digitalizando algunas tareas y funciones, pero no los sustituirá por completo[26]. La OCDE, el pasado 3 de mayo de 2024, ha actualizado su Recomendación sobre Inteligencia Artificial y, entre los principios que recoge, su Sección 2 titulada «*Políticas nacionales y cooperación internacional*» se subraya la trascendencia de un fortalecimiento de la capacidad humana y preparación para la transformación del mercado laboral[27].

La consolidación del Pilar Europeo de Derechos Sociales adoptado en 2017, contemplado para contrarrestar los efectos de la reducción del gasto social y la devaluación salarial, se reforzó a partir de la crisis sanitaria y humanitaria del COVID-19. La suspensión del Pacto de Estabilidad y Crecimiento y la puesta en marcha del programa Next Generation ha posibilitado la adopción de reformas legislativas que han robustecido los derechos individuales y colectivos de las personas trabajadoras. Esta nueva etapa respaldó un cambio de rumbo en la Europa Social acompañado de una legislación social europea prolífica y, en este contexto, surgen todas las iniciativas tanto de *soft law* como de *hard law* en el tema que nos ocupa[28]. En este sentido, el Plan

---

25 OIT, A Technological Construction of Society: Comparing GPT-4 and Human Respondents for Occupational Evaluation in the UK,https://www.ilo.org/publications/technological-construction-society-comparing-gpt-4-and-human-respondents-1, consultado el 27 de mayo de 2024.

26 OIT, Generative AI and Jobs: A global analysis of potential effects on job quantity and quality, https://www.ilo.org/publications/generative-ai-and-jobs-global-analysis-potential-effects-job-quantity-and, consultado el 27 de mayo de 2024.

27 Señala la OCDE que «a) Los gobiernos deberían trabajar en estrecha colaboración con las partes interesadas para prepararse para la transformación del mundo del trabajo y de la sociedad. Deberían empoderar a las personas para que utilicen e interactúen eficazmente con los sistemas de IA en todas sus aplicaciones, incluso dotándolas de las habilidades necesarias. b) Los gobiernos deberían adoptar medidas, incluso a través del diálogo social, para garantizar una transición justa para los trabajadores a medida que se implementa la IA, por ejemplo, mediante programas de capacitación a lo largo de la vida laboral, apoyo a los afectados por el desplazamiento, incluso mediante protección social, y acceso a nuevas oportunidades en el mercado laboral. c)Los gobiernos también deberían trabajar en estrecha colaboración con las partes interesadas para promover el uso responsable de la IA en el trabajo, mejorar la seguridad de los trabajadores, la calidad de los empleos y de los servicios públicos, fomentar el espíritu emprendedor y la productividad y procurar garantizar que los beneficios de la IA se compartan de manera amplia y justa».

28 EDITORIAL, *Revista de Derecho Social*, n.º 106, 2024, p. 11. APARICIO TOVAR, Joaquín, «Un Pilar Social de la Unión Europea carcomido por la gobernanza económica», en *Revista de Derecho Social*, n.º 79, 2017, p. 253, advertía en el año 2017 que «El lanzamiento del Pilar Europeo de derechos sociales trata de alcanzar un "mercado laboral justo", lo que viene

de Acción del Pilar Europeo de Derecho Sociales recoge diferentes iniciativas con el primordial objetivo de que los derechos sociales sean una realidad. Entre estas iniciativas, «*Empleo seguro y adaptable*» contempla la promoción de formas innovadoras de trabajo que garanticen condiciones de trabajo de calidad destacando entre las acciones realizadas en este punto la Directiva relativa a la mejora de las condiciones laborales en el trabajo en plataformas digitales. Muy destacado, principalmente en lo que se refiere al tratamiento automatizado de datos y sus aportaciones en materia laboral, es el Reglamento (UE) 2016/679 del Parlamento Europeo y del Consejo de 27 de abril de 2016 relativo a la protección de las personas físicas en lo que respecta al tratamiento de datos personales y a la libre circulación de estos datos y por el que se deroga la Directiva 95/46/CE[29].

Sin embargo, la preocupación por los riesgos que la configuración e instalación de estos sistemas supone no ha de ser relegada a un plano secundario. La orientación europea de la inteligencia artificial trata de vertebrarse en torno al propósito de impulso de la investigación, capacidad industrial, etc., pero con el objetivo de no postergar la seguridad y los derechos fundamentales a un segundo plano. Así, la Comunicación COM (2018) de la Comisión Europea sobre Inteligencia Artificial para Europa se subraya que «*la UE debe asegurarse de que la IA se desarrolle y aplique en un marco adecuado, que promueva la innovación y respete los valores y derechos fundamentales de la Unión, así como principios éticos tales como la obligación de rendir cuentas y la transparencia*»[30].

Este impulso y apuesta de la Unión Europea por la inteligencia artificial también encuentra reflejo en el Libro Blanco sobre Inteligencia Artificial, texto en el que se plantea la necesidad de mejora de las cualificaciones profesionales en este campo ante las repercusiones que el diseño y el uso de los sistemas de inteligencia artificial tendrá sobre el lugar de trabajo. No menos relevante es la referencia que este instrumento realiza respecto de los actores sociales reafirmando su participación como un factor decisivo para garantizar un enfoque antropocéntrico de la IA en el trabajo.

El Acuerdo Europeo sobre Digitalización de 22 de junio de 2022 constituye otro hito central en esta evolución de la delimitación normativa tanto de la digitalización como de las diversas formas de inteligencia artificial. La naturaleza singular de este acuerdo deriva de su procedimiento de aprobación e implementación siendo el resultado de la negociación de los interlocutores

---

a ser un reconocimiento de que el actual no lo es, pero ese pilar nace carcomido por una gobernanza económica pilotada por el capital financiero».

29 Sobre las decisiones individuales automatizadas y la interpretación del art. 22 del RGPD, véase la STJUE de 7 de diciembre de 2023, asunto C-634/21.

30 Comunicación COM (2018) de la Comisión Europea sobre Inteligencia Artificial para Europa, https://eur-lex.europa.eu/legal-content/ES/TXT/?uri=CELEX:52018DC0237, consultado el 23 de julio de 2024.

sociales europeos. El Acuerdo Marco sobre Digitalización constituye una fundamental iniciativa de redimensionar y revitalizar las formas negociales en sede europea pretendiendo conformar un marco que posibilite su acomodación a las distintas transformaciones acaecidas en el ámbito de las relaciones de trabajo por obra de la digitalización[31]. Este instrumento conecta sus contenidos con los propósitos y mecanismos de tutela definidos por las instituciones europeas sobre inteligencia artificial integrándolos en el marco del trabajo y la negociación colectiva. Sin lugar a duda, la apertura de un marco desde la negociación colectiva europea que defina las directrices orientadas en materia de incorporación de la IA en el trabajo y que posibilite la garantía de los derechos de las personas trabajadoras supone un progreso[32].

Pero, la preocupación europea por la extensión y universalización de la inteligencia artificial no se detiene ahí. Muestra de ello es la Resolución del Parlamento Europeo, de 3 de mayo de 2022, sobre la inteligencia artificial en la era digital, que se refiere, entre otras, a las posibles oportunidades, riesgos y obstáculos en el uso de la IA sin perder de vista las proyecciones de la inteligencia artificial en el mercado laboral. En referencia al tema que ocupa este estudio y en conexión con la resolución del Parlamento Europeo, esta reitera que «*es fundamental proporcionar a las personas programas globales de desarrollo de capacidades en todas las etapas de la vida, a fin de permitirles seguir siendo productivos en un lugar de trabajo en constante evolución y evitar su exclusión del mercado laboral; considera que la adaptación de la mano de obra en términos de educación, aprendizaje permanente y reciclaje profesional sobre IA es de vital importancia; pone de relieve que los conceptos actuales de aprendizaje y trabajo se siguen definiendo en demasiada medida por un mundo predigital, lo que también está contribuyendo a un creciente déficit de competencias y a una nueva brecha digital para los ciudadanos que no tienen acceso a un espacio digital seguro; destaca que la mejora de la alfabetización digital contribuye a la consecución de los objetivos de desarrollo sostenible, en particular los relativos a la educación, el capital humano y las infraestructuras; hace hincapié en el conocimiento adquirido sobre las nuevas formas de trabajo y aprendizaje a raíz de la crisis de la COVID-19 y la necesidad de seguir profundizando en ellas*»[33].

Otro instrumento que merece una somera mención en este espacio es la Decisión (UE) 2022/2481 del Parlamento Europeo y del Consejo de 14 de

---

31 Bogoni, Milena, «Diálogo social y negociación colectiva», en *Digitalización, recuperación y reformas digitales*, Comunicaciones del XXXII Congreso Anual de la Asociación Española del Derecho del Trabajo y de la Seguridad Social, Ministerio de Trabajo y Economía Social, Madrid, 2022, p. 536.

32 Sepúlveda Gómez, María, «El Acuerdo Marco Europeo sobre Digitalización. El necesario protagonismo de la norma pactada», en *Temas Laborales*, n.º 158, 2021, p. 240.

33 https://www.europarl.europa.eu/doceo/document/TA-9-2022-0140_ES.html, consultado el 14 de agosto de 2024.

diciembre de 2022 por la que se establece el programa estratégico de la Década Digital para 2030, texto en el que se pone de relieve que la formación y la educación digitales deben sustentar todas las medidas encaminadas a garantizar que los trabajadores estén dotados de las capacidades necesarias en la actualidad y en el futuro para apoyar la movilización y el incentivo de todas las partes interesadas pertinentes, con vistas a maximizar el efecto de las inversiones en la mejora de las capacidades existentes (perfeccionamiento profesional) y la formación para adquirir nuevas capacidades (reciclaje profesional), así como el aprendizaje permanente de la población económicamente activa para garantizar que se aprovechen todas las oportunidades que brinda la digitalización de la industria y los servicios[34].

Abogando por un espíritu antropocéntrico, la Unión Europea, en el año 2023, en la Declaración europea sobre los derechos y principios digitales para la década digital trata de impulsar los valores europeos en el ámbito de la transformación digital poniendo en el centro de la problemática de la IA a las personas, de modo que la digitalización y, concretamente, la inteligencia artificial ha de estar supeditada a las necesidades de las personas[35].

El instrumento que por antonomasia regula el uso de la inteligencia artificial en el ámbito europeo es el Reglamento Europeo de Inteligencia artificial, un instrumento que confiere soporte normativo, garantías, prohibiciones y limitaciones de uso de los algoritmos. Se trata de un andamiaje normativo que trata de conferir amparo a los derechos fundamentales, democracia y Estado de Derecho conservando la óptica antropocéntrica que pretende hacer pivotar la IA en torno al ser humano y no representar un riesgo para sus derechos. Estas consideraciones se vinculan con el uso de datos y algoritmos que la IA requiere poniendo en peligro la protección de datos de carácter personal. Esta realidad impregna el Reglamento de Inteligencia Artificial que conecta sus mandatos con los consagrados en el Reglamento Europeo

34 https://www.boe.es/doue/2022/323/L00004-00026.pdf, consultado el 14 de agosto de 2024.

35 Sepúlveda Gómez, María, «Los principios generales de la inteligencia artificial en la propuesta de Reglamento Europeo y la negociación colectiva», en *Revista de Derecho Social*, n.° 104, 2023, p. 181 y ss. El Capítulo I de la Declaración europea sobre los derechos y principios digitales para la década digital incide en «Una transformación digital centrada en las personas» señalando que «*1. Las personas constituyen el núcleo de la transformación digital de la Unión Europea. La tecnología debe servir y beneficiar a todas las personas que viven en la UE y empoderarlas para que cumplan sus aspiraciones, en total seguridad y respetando plenamente sus derechos fundamentales. Nos comprometemos a: a)fortalecer el marco democrático para una transformación digital que beneficie a todas las personas y mejore las vidas de todas las personas que viven en la UE; b) adoptar las medidas necesarias para que los valores de la UE y los derechos de los ciudadanos reconocidos por el Derecho de la Unión se respeten tanto en línea como fuera de línea; c) fomentar y garantizar una acción responsable y diligente por parte de todos los agentes digitales, públicos y privados, en el entorno digital; d) promover activamente esta visión de la transformación digital, también en nuestras relaciones internacionales*».

de Protección de Datos de Carácter Personal. Las repercusiones de la inteligencia artificial en las relaciones de trabajo también son abordadas en el Reglamento de Inteligencia Artificial contemplando aspectos como el uso de sistemas de inteligencia artificial en las empresas, la gestión de personas, el acceso al autoempleo, contratación y selección de personas, evaluación de personas candidatas durante entrevistas, toma de decisiones con consecuencias para las condiciones de trabajo, promoción, asignación de tareas en base a comportamientos o características de las personas, etc.

3. Una aproximación a la configuración normativa de la inteligencia artificial en el ordenamiento nacional

La conformación normativa del trabajo digitalizado ha permeado el ordenamiento jurídico nacional, por lo que, en esta tarea de trazar un régimen jurídico de la IA, el abordaje de la regulación de la inteligencia artificial en el ordenamiento jurídico es un cometido no postergable. La primera norma que ha de ser mencionada es el Real Decreto-Ley 9/2021, de 11 de mayo, por la que se modifica el Texto Refundido del Estatuto de los Trabajadores, para garantizar los derechos laborales de las personas dedicadas al reparto en el ámbito de las plataformas digitales y la posterior Ley 12/2021. Este Real Decreto afirma la importancia de la incorporación de las tecnologías de la información y comunicación en el marco de las relaciones de trabajo, pero subraya la cautela necesaria en lo que se refiere a la extensión de los efectos de los modelos de negocio basado en plataformas digitales. Se pone en tela de juicio la neutralidad del algoritmo y este cuestionamiento conduce a la consagración de la obligación empresarial de proporcionar información sobre los criterios de funcionamiento del algoritmo en todas las materias relativas al acceso y mantenimiento del empleo, así como la determinación de las condiciones de trabajo[36].

La Ley 12/2021 confiere tratamiento y regulación al algoritmo orientándolo hacía la fiscalización de los métodos de inteligencia artificial y de gestión algorítmica de las condiciones de trabajo, todo ello a través del reconocimiento del derecho de información de las instancias representativas sobre «*los parámetros, reglas e instrucciones en los que se basan los algoritmos o sistemas de inteligencia artificial que afectan a la toma de decisiones que pueden incidir en las condiciones de trabajo, el acceso y el mantenimiento del empleo, incluida la elaboración de perfiles*» [art. 64.4 d) ET]. Este mandato no resulta de aplicación únicamente a las empresas y personas trabajadoras pertenecientes al sector de las plataformas digitales teniendo un carácter general. La finalidad de este precepto radica en la afirmación de la trascen-

36 Trillo Párraga, Francisco, «La "Ley Rider" o El arte de volver», en *Revista de Derecho Social*, n.º 94, 2021, p. 23.

dencia de la digitalización en las empresas relegando, en palabras de BAYLOS GRAU, «el eje de su intervención al campo de los intereses colectivos y de la representación, electiva o sindical, de las personas que trabajan en las empresas y centros de trabajo»[37].

Otra ley que incorpora la inteligencia artificial entre sus postulados es la Ley 15/2022, de 12 de julio, integral para la igualdad de trato y no discriminación, cuyo artículo 23 se refiere expresamente a la «*inteligencia artificial y mecanismos de toma de decisiones automatizados*» y señala que «*en el marco de la Estrategia Nacional de Inteligencia Artificial, de la Carta de Derechos Digitales y de las iniciativas europeas en torno a la Inteligencia Artificial, las Administraciones públicas favorecerán la puesta en marcha de mecanismos para que los algoritmos involucrados en la toma de decisiones que se utilicen en las Administraciones públicas tengan en cuenta criterios de minimización de sesgos, transparencia y rendición de cuentas, siempre que sea factible técnicamente. En estos mecanismos se incluirán su diseño y datos de entrenamiento, y abordarán su potencial impacto discriminatorio. Para lograr este fin, se promoverá la realización de evaluaciones de impacto que determinen el posible sesgo discriminatorio*». Este precepto está integrado por otros tres preceptos que disponen que «*las Administraciones públicas, en el marco de sus competencias en el ámbito de los algoritmos involucrados en procesos de toma de decisiones, priorizarán la transparencia en el diseño y la implementación y la capacidad de interpretación de las decisiones adoptadas por los mismos*». Por otro lado, se contempla que «*las Administraciones públicas y las empresas promoverán el uso de una Inteligencia Artificial ética, confiable y respetuosa con los derechos fundamentales, siguiendo especialmente las recomendaciones de la Unión Europea en este sentido*». Se trata de una regulación de carácter programático, pero permite que los sesgos producidos en los procesos de toma de decisiones sean considerados casos de discriminación prohibidos por el art. 14 CE ya sea por la concurrencia simultanea de otra causa de discriminación consagrada en el art. 14 CE o porque constituya un supuesto encuadrable en la cláusula de «*cualquier otra condición o circunstancia, personal o social*»[38]. No menos importante, en esta revisión del marco normativo, es la Ley Orgánica 3/2018, de 5 de diciembre, de Protección de Datos Personales y garantía de los derechos digitales.

Dentro de este contexto, la Ley 22/2021, de 28 de diciembre, de Presupuestos Generales de Estado contempla la creación de la Agencia Española de Supervisión de Inteligencia Artificial, disposición que cobra contenido a través del Real Decreto 729/2023, de 22 de agosto, por el que se aprueba el

37 BAYLOS GRAU, Antonio, «La larga marcha hacia el trabajo informal: el caso de los Riders», en *Cuadernos de Relaciones Laborales*, n.º 40, 2022, p. 104.

38 GOÑI SEIN, José Luis, «La Ley 15/2022, de 12 de julio, integral para la igualdad de trato y la no discriminación y el despido por enfermedad», en *Revista Justicia y Trabajo*, n.º 1, 2022, pp. 16-17.

Estatuto de la Agencia Española de Supervisión de Inteligencia Artíficial. El art. 4 del reseñado Estatuto define el objeto de esta agencia encomendándole tareas de supervisión, el asesoramiento, la concienciación y la formación dirigidas a entidades de derecho público y privado para la adecuada implementación de toda la normativa nacional y europea en torno al adecuado uso y desarrollo de los sistemas de inteligencia artificial, más concretamente, de los algoritmos. Más allá de lo anterior, la Agencia tendrá la función de inspección, comprobación, sanción y demás que le atribuya la normativa europea que le resulte de aplicación y, en especial, en materia de inteligencia artificial. Todo ello sin menoscabo de las competencias y funciones que en este ámbito vienen ejerciendo el Ministerio de Sanidad y la Agencia Española de Medicamentos y Productos Sanitarios, en el ámbito de los medicamentos, productos sanitarios y evaluación de nuevas tecnologías para inclusión en la Cartera de Servicios del Sistema Nacional de Salud así como el Ministerio de Trabajo y Economía Social y la Inspección de Trabajo y Seguridad Social, en su función de vigilancia del cumplimiento de las normas del orden social y exigencia de responsabilidades, en el ámbito de las relaciones laborales.

Por último y aunque carente de valor normativo, la Carta de Derechos Digitales pretende «*reconocer los novísimos retos de aplicación e interpretación que la adaptación de los derechos al entorno digital plantea, así como sugerir principios y políticas referidas a ellos en el citado contexto. Con ello, también, proponer un marco de referencia para la acción de los poderes públicos de forma que, siendo compartida por todos, permita navegar en el entorno digital en que nos encontramos aprovechando y desarrollando todas sus potencialidades y oportunidades y conjurando sus riesgos. Y contribuir a los procesos de reflexión que se están produciendo a nivel europeo y, con ello, liderar un proceso imprescindible a nivel global para garantizar una digitalización humanista, que ponga a las personas en el centro*»[39]. Esta carta recoge un conjunto de derechos en el entorno laboral y empresarial reafirmando derechos ya consagrados en nuestro ordenamiento jurídico-laboral como la desconexión digital, la protección de la intimidad de la persona trabajadora en el uso de dispositivos digitales puestos a su disposición por el empleador, así como frente al uso de dispositivos de videovigilancia y de grabación de sonidos en el lugar de trabajo y la intimidad ante la utilización de sistemas de geolocalización. También se recoge el fomento del acceso al teletrabajo, así como un conjunto de derechos a observar en el desarrollo de esta modalidad de prestación de servicios. Y, por último, la Carta de Derechos Digitales contempla un elenco de prescripciones en los procesos de transformación tecnológica: una formación adecuada que permita su adaptación a las nuevas condiciones laborales; la información a la representación de los trabajadores sobre los cambios tecnológicos que vayan a producirse en la empresa y a participar en la toma de decisiones sobre

39 https://www.lamoncloa.gob.es/presidente/actividades/Documents/2021/140721-Carta_Derechos_Digitales_RedEs.pdf, consultado el 18 de agosto de 2024.

la transformación digital y las consecuencias laborales que la misma pueda implicar; información a los representantes de los trabajadores y las personas directamente afectadas sobre el uso de la analítica de datos o sistemas de inteligencia artificial en la gestión, monitorización y procesos de toma de decisión en materia de recursos humanos y relaciones laborales[40].

4. Cambios en la demanda de habilidades laborales debido a la IA

Al margen de las bondades que se suelen predicar de la inteligencia artificial y la innovación tecnológica en términos de desarrollo social y económico, no hay que desdeñar sus consecuencias en lo que se refiere a la precariedad, pobreza y exclusión laboral. La desigual implantación y uso de las tecnologías digitales conducen al desigual acceso al mercado de trabajo y a la existencia de una significativa brecha digital, brecha que, sin lugar a duda, propicia la intensificación de brechas ya existentes. El dispar acceso a las tecnologías digitales tiene relevantes proyecciones en la formación y capacitación profesional que, a su vez, mermaran el acceso de la persona al mercado de trabajo[41].

Desde instancias europeas, estas últimas décadas se ha consolidado una firme voluntad de fomentar que los Estados Miembros impulsen a su ciudadanía a adquirir habilidades en competencias digitales o cibercapacidades. Entre los textos pioneros, la Recomendación del Parlamento y del Consejo, de 12 de diciembre de 2006, sobre Competencias clave para el aprendizaje permanente y la Comunicación de la Comisión, de 25 de noviembre de 2009, sobre Competencias clave para un mundo cambiante subrayan la necesidad de adquirir competencias básicas en ciencias y tecnología, así como competencias digitales. Una aproximación conceptual del constructo «competencias digitales» permite perfilarlas como aquellas habilidades, capacidades y aptitudes orientadas al uso y manejo eficaz, útil, práctico y seguro de las tecnologías digitales, en el marco de un ámbito profesional, social, formativo, familiar, etc. En un sentido más técnico, la competencia digital comprendería conocimientos, capacidades y actitudes en las siguientes áreas: 1) alfabetización digital; 2) información, comunicación y colaboración; 3) creación de contenidos digitales; 4) seguridad; y, por último, 5) resolución de problemas[42].

---

40 https://portal.mineco.gob.es/RecursosArticulo/mineco/ministerio/participacion_publica/audiencia/ficheros/SEDIACartaDerechosDigitales.pdf, consultado el 18 de agosto de 2024.

41 Correa Carrasco, Manuel, *El derecho del trabajo y los retos planteados por la globalización…, op. cit.*, p. 59.

42 Martínez Barroso, M.ª de los Reyes, «La importancia de las cibercapacidades y su influencia en la empleabilidad», en Fernández Domínguez, Juan José y Fernández Fernández, Roberto (dirs.), *Seminario internacional sobre nuevos lugares, distintos tiempos y modos diversos de trabajar*, Aranzadi, Navarra, 2021, pp. 167 y ss.

Las iniciativas europeístas han perdurado a lo largo de estos últimos años y la Comisión Europea, a través de distintas políticas y estrategias, pretende abordar la brecha de capacidades digitales. En este sentido, el Índice de Economía Digital y Sociedad pone de relieve que 4 de cada 10 personas que trabajan en Europa carecen de competencias digitales básicas. Este índice realiza una llamada de atención respecto de la exigua representación de mujeres en profesiones y estudios vinculados a las TIC señalando que las mujeres representan tan solo 1 de cada 6 especialistas en TIC y 1 de cada 3 graduados en ciencia, tecnología, ingeniería y matemáticas (STEM) son mujeres[43]. Por otro lado, se ha impulsado la Agenda Europea de Capacidades que constituye un plan de cinco años para contribuir al desarrollo de capacidades incluyendo 12 acciones, entre las cuales, destacan las «*acciones para garantizar que las personas tengan las habilidades adecuadas para los puestos de trabajo*»[44]. Para el emprendimiento de todas las iniciativas, se ha creado el Mecanismo «Conectar Europa», un instrumento de financiación clave de la UE para promover el crecimiento, el empleo y la competitividad mediante inversiones específicas en infraestructuras a escala europea.

Descendiendo al ámbito nacional, la Agenda España Digital trata de avanzar en la materia que nos ocupa siendo una hoja de ruta para la transformación digital del país. El Plan Nacional de Competencias Digitales[45] tiene como propósito garantizar la formación e inclusión digital de las personas trabajadoras y del conjunto de la ciudadanía, con el fin de impulsar la creación de empleos de calidad, reducir el desempleo, aumentar la productividad y contribuir a cerrar las brechas de género, sociales y territoriales. Entre sus ejes, líneas y medidas de actuación se recoge tasadamente la «*formación en competencias digitales a lo largo de la vida laboral, tanto para empleados como desempleados del sector privado*». Para dar contenido a lo anterior, nuestros poderes públicos deberán hacer «*[...] Programas de Formación Profesional de capacitación digital modular y flexible orientados a la recualificación y refuerzo de competencias de las personas trabajadoras. Se integrará en el Catálogo Nacional de Cualificaciones Profesionales la acreditación de competencias digitales a diferentes niveles, especialmente las competencias digitales básicas*». Este mismo objetivo, en términos similares, se extiende a las personas al servicio de la Administración Pública.

La diversidad y dificultades de las actividades intrínsecas a los mecanismos de inteligencia artificial implican nuevas tareas, actividades e incluso la redefinición de la organización productiva para las personas trabajadoras. Las tareas, funciones y capacidades derivadas del uso de la inteligencia artificial plantean

43 file:///Users/gratielamoraru/Downloads/0_DESI_Full_European_Analysis_2022_2_C01IJ-gPAatnNf0qL2LL103tHSw_88764.pdf, consultado el 19 de agosto de 2024.

44 https://ec.europa.eu/social/main.jsp?catId=1223, consultado el 19 de agosto de 2024.

45 Este Plan está incluido en la Agenda Digital 2026 y desarrolla objetivos previstos en el Plan de Recuperación, Transformación y Resiliencia.

la necesidad de redimensionar la composición profesional de nuestros sectores productivos. En este sentido, surgen conceptos como «knowledge workers», terminología empleada para hacer referencia a aquellas personas trabajadoras que han de asumir un rol más proactivo o protagonista respecto de las funcionalidades desarrolladas por la inteligencia artificial, recopilación de datos, perfiles, seguimiento y desarrollo. Los denominados «knowledge workers» controlarán y supervisarán su funcionamiento. En contraposición con esta tipología de trabajadores, se sitúa la problemática de las personas trabajadoras con una menor cualificación que realizan normalmente tareas vinculadas a servicios básicos. Esta dicotomía de tareas que puede venir impulsada por la inteligencia artificial dota de actualidad la dualidad white collar y blue collar workers y tiene múltiples consecuencias. En primer lugar, todo lo anterior conduce a la precarización de las personas trabajadoras que desempeñan tareas básicas, repetitivas y para las que se requiere una menor cualificación. Por otro lado, este cambio de paradigma puede conducir a la individualización de las condiciones de trabajo, el aislamiento y la falta de lazos de solidaridad entre las personas trabajadoras[46].

La necesaria adaptación de las organizaciones productivas a la digitalización se proyecta con contundencia sobre los puestos de trabajo y sobre el mercado de trabajo en su conjunto. Sin lugar a duda, las competencias digitales presentan una íntima conexión con el grado de empleabilidad de las personas[47]. Esta transformación tecnológica requiere una apuesta decidida por una política de empleo conectada con la formación en la medida en que las personas trabajadoras altamente cualificadas requerirán unos programas formativos de actualización dada la rápida obsolescencia de las TIC, mientras que al resto de trabajadores hay que permitirle el acceso a un determinado nivel de cualificación. La formación en competencias digitales ha de estar garantizada también a aquellos otros trabajadores que desempeñan su prestación de servicios en empresas que no cuentan necesariamente con una implantación o infraestructura digital[48]. En este sentido, hay que advertir que la Ley 3/2023 recoge entre las competencias básicas para la empleabilidad previstas en su art. 38 «*la mejora […] en aptitudes de manejo y aprovechamiento de las herramientas digitales y tecnológicas asegurándose la plena accesibilidad y la no discriminación en el uso de dichas herramientas*».

En definitiva, la implantación de sistemas de inteligencia artificial en el mercado de trabajo puede conducir, en atención a la capacitación de las personas trabajadoras, a una considerable segmentación laboral que perpe-

46 Correa Carrasco, Manuel, *El derecho del trabajo y los retos planteados por la globalización…*, *op. cit.*, p. 38 y ss.

47 Martínez Barroso, M.ª de los Reyes, «La importancia de las cibercapacidades y su influencia en la empleabilidad», *op. cit.*, p. 171.

48 Pérez del Prado, Daniel, *Derecho, economía y digitalización. El impacto de la inteligencia artificial, los algoritmos y la robótica sobre el empleo y las condiciones de trabajo*, Tirant, Valencia, 2023, p. 58.

tue nuevas formas de pobreza y exclusión. La existente brecha digital puede tener importantes repercusiones en la posición de la persona trabajadora en las relaciones de trabajo, pero también en su ciudadanía social. Las herramientas digitales y los sistemas de inteligencia artificial no pueden constituir un condicionante para el acceso al empleo, la elección del empleo o la permanencia en el mercado de trabajo[49].

5. Automatización de tareas y sus efectos en la creación y destrucción de empleo

Sobre el alcance de la automatización de tareas se han predicado numerosas teorías, fundamentalmente, relacionadas con el obstáculo que los usos de la inteligencia artificial pueden representar para la creación de nuevos puestos de trabajo. La mediatización alarmista sobre los efectos catastróficos de la automatización sobre el empleo se ha visto, además, engrosada por los discursos economistas nada alentadores en este sentido[50]. La dimensión de la implantación y usos de la inteligencia artificial no ha de ser calibrada únicamente en términos de crecimiento económico o, en el caso de las empresas, en términos de expectativas de incremento de la productividad. Los efectos de la automatización de tareas han de ser analizados desde la complejidad de su conjunto. La incorporación de mecanismos de inteligencia artificial puede influir, sin lugar a duda, en la economía y en la organización productiva de las empresas, premisa que se vincula con una estrategia de sustitución o de destrucción de empleo vinculada a la lógica del incremento de productividad[51].

Esa línea de pensamiento tecno-pesimista conforme a la cual el trabajo tendría un carácter residual en nuestra sociedad defiende que el fenómeno de la digitalización alterara tanto los empleos de alto nivel como de medio dando lugar al desempleo masivo y al fin del trabajo[52]. La contraposición de criterios entre los distintos sectores doctrinales respecto de la digitalización perfila este fenómeno como un eslabón de fragmentación y desigualdad del mercado de trabajo[53].

Muchas de las corrientes doctrinales advierten sobre la gradual deshumanización de las personas trabajadoras y su conversión en tan sólo una suma

49 Olarte Encabo, Sofia, «Brecha digital, pobreza y exclusión social», en *Temas Laborales*, n.° 138, 2017, p. 285 y ss.

50 Fernández Domínguez, Juan José, «Automatización y empleo: la "paradoja de Polanyi" revisitada», en *Revista Crítica de Relaciones de Trabajo. Laborum*, n.° 1, 2021, p. 66.

51 Rivas Vallejo, Pilar, *La aplicación de la inteligencia artificial al trabajo y su impacto discriminatorio*, Aranzadi, Navarra, 2020, pp. 175-176.

52 Pérez del Prado, Daniel, *Derecho, economía y digitalización…*, *op. cit.*, pp. 49-50.

53 García Quiñones, Juan Carlos, «Inteligencia artificial y relaciones laborales: entre la significación creciente de los algoritmos y el desmentido de su neutralidad aparente», en *Temas Laborales*, n.° 167, 2023, p. 82.

de datos vinculados a su desempeño, experiencias, habilidades, emociones, etc. Los usos de la inteligencia artificial no sólo promueven nuevas oportunidades de eficiencia para las empresas, sino que implican numerosos riesgos y la deshumanización de las personas trabajadoras y el mercado de trabajo constituye uno de ellos[54]. Los algoritmos empleados por la inteligencia artificial se utilizan para la realización de rankings con directa proyección sobre las oportunidades de empleo. La recopilación masiva de datos puede convertirse en un auténtico escollo para el acceso al empleo dado que supedita el puesto de trabajo a las oportunidades que la persona trabajadora tiene para acceder al puesto ofertado. El procesamiento de datos funciona a partir de la correlación de datos, pero no desde la causalidad, es decir, no detecta las causas, lo que puede conducir a predicciones erróneas y discriminatorias[55].

En este imaginario social, se plantea también la creación de nuevos puestos de trabajo como consecuencia de la transformación de los procesos productivos, aunque la doctrina advierte sobre la proyección negativa de la destrucción de puestos automatizables sobre el crecimiento del empleo. La inmensa mayoría de las formas de inteligencia artificial que se utilizan en las empresas requieren de supervisión humana, aunque algunas desempeñan funciones de inventario o transporte con total autonomía. Todos los anteriores planteamientos pesimistas han de ser superados por la necesaria correlación entre un determinado nivel de destrucción de empleo y una transformación y creación de otro tipo de puestos de trabajo. Está obligada correlación permitirá aprovechar el potencial de la incorporación de la inteligencia artificial en el marco de las empresas. Por lo tanto, el mercado de trabajo ha de asumir estas nuevas realidades y dar respuestas a la posible confrontación de intereses que puede darse como consecuencia de la introducción de inteligencias artificiales[56].

Una referencia obligada en este espacio es a la Ley 3/2023, de 28 de febrero, de Empleo, ley que destaca entre sus propósitos la mejora del incremento de la empleabilidad y que no pierde de vista la inteligencia artificial. Con el objetivo de garantizar la efectividad del derecho-deber al mantenimiento y mejora de la empleabilidad y el impulso de la proactividad de las personas demandantes de servicios de empleo, la Ley 3/2023 contempla la articulación de herramientas de apoyo a la toma de decisiones que se sustenten «*en datos y evidencias estadísticas*», lo que supondría el manejo de los sistemas de inteligencia artificial (art. 36.3). El recurso a la inteligencia artificial vuelve a mostrarse necesario en la elaboración de los perfiles individualizados de

54 Véase en este sentido SANGUINETI RAYMOND, Wilfredo y MUÑOZ RUIZ, Ana Belén, «Regular el uso de la inteligencia artificial para evitar la deshumanización y proteger a las personas que trabajan», en *Trabajo y Derecho*, n.º 19, 2024.

55 RIVAS VALLEJO, Pilar, *La aplicación de la inteligencia artificial al trabajo y su impacto discriminatorio*, Aranzadi, Navarra, 2020, pp. 52-53.

56 *Ibidem*, pp. 177-178.

las personas usuarias del SEPE, que posibilitarán la evaluación de la persona demandante de empleo con el fin de posibilitar la conformación de un itinerario formativo individualizado o de búsqueda activa de empleo. Esta prestación se realizará, conforme al artículo 56.1.a) de la Ley 3/2023, con el soporte de datos y evidencias estadísticas para la mejora de su empleabilidad por lo que las herramientas de inteligencia artificial vuelven a ser aludidas[57].

6. Conclusiones

Desde hace unas décadas, la preocupación de la doctrina académica por el fenómeno de la digitalización y sus implicaciones en las relaciones de trabajo se ha plasmado en una importante producción científica. La digitalización ha copado páginas y páginas de monografías, obras colectivas y artículos de revistas especializadas y, junto a esta plasmación doctrinal, han ido cobrando forma discursos de diversa índole respecto del futuro del trabajo. Más allá de la cautela y de la necesidad de adaptación del marco normativo existente, las reflexiones que integran este estudio se alejan de aquellas visiones pesimistas que teorizan en torno a la desaparición del trabajo y su sustitución por mecanismos de inteligencia artificial. La trascendencia de la transformación digital de las instituciones de Derecho del Trabajo es inconmensurable y la necesidad de respuestas legislativas y jurisprudenciales es manifiesta. Como se ha dejado constancia a lo largo de estas páginas, existe una preocupación desde distintas instancias por la extensión de los usos de la inteligencia artificial en conexión con el encuadramiento y competencias profesionales de las personas trabajadoras, así como la generación/destrucción de empleo. Esta preocupación se ha plasmado a través de instrumentos de *soft law* y *hard law* alertando sobre algunos aspectos fundamentales de las consecuencias de la inteligencia artificial. Frente a los aun tímidos avances provenientes de la OIT, ONU y OCDE, la Unión Europea destaca por sus acuerdos, decisiones, recomendaciones y políticas emprendidas en esta materia, pero, sobre todo, la llegada del Reglamento de Inteligencia Artificial representa la constitución de un sólido marco normativo en esta materia. La fuerte digitalización también ha encontrado alguna respuesta en el marco normativo nacional y las políticas públicas. Las insuficiencias normativas son manifiestas tal y como se ha dejado constancia, pero los Fondos Next Generation han impulsado importantes avances.

El carácter dispar y plurivalente de las diversas formas de inteligencia artificial puedo conducir a la intensificación de las brechas existentes en la actualmente dado que el acceso a las TIC no se produce en condiciones de igualdad, lo cual puede generar pobreza laboral y exclusión social. Esta falta

57 González De Patto, Rosa M.ª, «Inteligencia artificial y empleo. Análisis crítico del marco regulatorio europeo y español impulsado por el Pilar Europeo de Derechos Sociales», en *Temas Laborales*, n.º 168, 2023, pp. 389-390.

de uniformidad en el acceso a las TIC se proyecta de manera contundente sobre la formación y la capacitación profesional. De modo encadenado, lo anterior condicionará el acceso al mercado de trabajo, la permanencia en el mismo, pero también las oportunidades de promoción profesional. La propia Ley 3/2023, de 28 de febrero, de Empleo, enfatiza entre las finalidades prioritarias de las acciones de empleabilidad las aptitudes de manejo y aprovechamiento de las herramientas digitales y tecnológicas con garantía de la plena accesibilidad y la no discriminación en el uso de dichas herramientas.

Por último y en lo que se refiere a la automatización de puesto de trabajo y su repercusiones en la creación o destrucción de puestos de trabajo, hemos observado la tendencia existente de convertir esta transformación digital en oportunidades de eficiencia y optimización de recursos en las empresas, sin embargo, la conversión tecnológica de las organizaciones productivas no ha de ir acompañada de una deshumanización de las relaciones de trabajo sin observancia de los derechos fundamentales de las personas trabajadoras. Sin lugar a duda, la extensión de los mecanismos de inteligencia artificial es imparable, pero sus usos han de respetar ese espíritu antropocéntrico al que los instrumentos de la Unión Europeo hacen referencia y no poner en peligro los derechos intrínsecos a la ciudadanía social de las personas trabajadoras.

CAPÍTULO II

LA UTILIZACIÓN DE LA INTELIGENCIA ARTIFICIAL EN LA PREVENCIÓN DE RIESGOS LABORALES: VISIÓN CRÍTICA[1]

Rafael García-Purriños García
Prof. Contratado Doctor, UCAM.
Universidad Católica San Antonio de Murcia.
ragarcia@ucam.edu

1. La utilización de Inteligencia Artificial en Prevención de Riesgos Laborales: una oportunidad y un reto

El deber de protección empresarial en materia de seguridad y salud forma parte de la relación jurídico-laboral derivada del contrato de trabajo, de manera que se constituye, no ya como una obligación del empresario, sino como un auténtico derecho del trabajador[2].

Toda la regulación legal en materia de prevención tiene como punto de partida el establecimiento del derecho del trabajador «a una protección eficaz», recogido en el artículo 14 del Estatuto de los Trabajadores, y el correlativo deber empresarial de garantizar la seguridad y salud de sus trabajadores, adoptando cuantas medidas sean necesarias para evitar o disminuir los riesgos que, para la salud e integridad, física y mental, puedan derivar de la actividad.

---

1 La publicación es parte de la ayuda PID2023-147932OB-I00: HERRAMIENTAS PARA EL EJERCICIO DE LOS DERECHOS LABORALES DE MUJERES EN RIESGO DE EXCLUSION, financiado por MCIU/AEI/10.13039/501100011033 y por el FSE+.

2 MONERRI GUILLÉN, C., *La responsabilidad Civil derivada de accidente de trabajo: valoración del daño*. Ed. Laborum. Murcia, 2017. Pág. 80.

En materia de prevención de riesgos laborales el empresario es, en formulación clásica formulada por PAUL PIC[3] «deudor de seguridad», de forma que se convierte en el máximo responsable de la seguridad de los trabajadores. Deber de garantía de la seguridad y salud sin el que el derecho de los trabajadores a una protección eficaz no se podría llevar a la práctica[4].

En el cumplimiento de esta deuda, el empresario habrá de adoptar cuantas medidas sean efectivas de acuerdo con el puesto de trabajo, la actividad desarrollada por los trabajadores y la naturaleza de los riesgos a los que se enfrentan[5].

Además, y para cumplir con este deber, no será suficiente con la mera adopción de las medidas adecuadas, sino que es necesaria la vigilancia de su cumplimiento, así como de la eficacia de sus resultados.

El propio artículo 14 de la Ley 31/1995, de 8 de noviembre, de Prevención de Riesgos Laborales (en adelante, LPRL), en su apartado 2, enumera (sin intención de construir una lista exhaustiva) las obligaciones que integran esta deuda empresarial, estableciendo textualmente que:

> «A estos efectos, en el marco de sus responsabilidades, el empresario realizará la prevención de los riesgos laborales mediante la integración de la actividad preventiva en la empresa y la adopción de cuantas medidas sean necesarias para la protección de la seguridad y la salud de los trabajadores, con las especialidades que se recogen en los artículos siguientes en materia de plan de prevención de riesgos laborales, evaluación de riesgos, información, consulta y participación y formación de los trabajadores, actuación en casos de emergencia y de riesgo grave e inminente, vigilancia de la salud, y mediante la constitución de una organización y de los medios necesarios en los términos establecidos en el capítulo IV de esta ley».

Esta obligación genérica empresarial de garantizar que el trabajo sea seguro y que no ocasione daños en la salud del trabajador se concreta en las llamadas obligaciones específicas o instrumentales, obligaciones de medio para las que existe un gran margen a la interpretación del empresario, de manera que su cumplimiento se deberá modular en función de las concretas

---

3 PAUL PIC, *Traite elementaire de legislation industrielle: les lois onvrieres*. A. Rousseau, París, 1909, pág. 723)

4 IGARTÚA MIRÓ, M. T., *Sistema de prevención de Riesgos Laborales* (Ed. Tecnos, segunda edición, 2011. página 123). También utilizan esta formulación ya clásica, sin ánimo de hacer una enumeración exhaustiva, entre otros, MONTOYA MELGAR, A., PIZA GRANADOS, J. y ALZAGA RUIZ, I. en *Curso de Seguridad y Salud en el Trabajo* (Ramón Areces, 2009. Pág. 97, en la que explican su procedencia clásica), y BLASCO LAHOZ, J. F. y LÓPEZ GANDÍA, J. en *Curso de Prevención de Riesgos Laborales* (Tirant Lo Blanch, 16.ª Edición, 2015. Pág. 97).

5 *Cfr.* MONTERROSO CASADO, E., «La prevención de los accidentes laborales: diligencia, régimen jurídico e imputación de la responsabilidad civil». *Boletín del Ministerio de Justicia*, Año 58, n.º 1974, 2004. Pág. 3425.

características de la actividad productiva, de los destinatarios, de la evolución de los riesgos, etc., y que se concreta en los artículos 15 a 28 de la Ley de prevención de riesgos, así como en el 32 bis, y que incluye obligaciones como la de evitar el riesgo, evaluar los riesgos que no se puedan evitar y planificar la acción preventiva, proporcionar al trabajador los equipos de trabajo y los medios de protección individual adecuados, la información, consulta y participación de los trabajadores, formarlos en materia preventiva, elaborar un plan de emergencia, adoptar las medidas necesarias en caso de riesgo grave e inminente para los trabajadores, vigilancia periódica de la salud, cumplir con las obligaciones documentales, protección de trabajadores especialmente sensibles a determinados riesgos, en situación de maternidad, menores o trabajadores con contrato temporal, así como constituir un sistema de prevención, coordinar la prevención y asegurar la presencia en la empresa de los recursos preventivos cuando estos sean necesarios.

En todo caso, y de acuerdo con nuestra Ley de Prevención de Riesgos, este deber de protección eficaz obliga al empresario a adoptar el mayor nivel de prevención posible, eliminando los riesgos y evaluando y actuando sobre aquellos riesgos que no se han podido evitar. Ello implica buscar siempre las mejores opciones técnicas y de organización, integrando la prevención en toda la actividad empresarial y adaptando el trabajo, la evaluación y las medidas de seguridad a las características del trabajo desempeñado y del trabajador que lo realiza, adoptando, asimismo, una perspectiva de género.

Por su parte, como ha expresado el Tribunal Supremo, (STS de 11 de febrero de 1991, Sala I) «El nivel de seguridad no ha de ser el máximo reglamentariamente exigible, sino el máximo posible de acuerdo con los mayores niveles técnicos»[6].

Las obligaciones en materia de seguridad van, así pues, más allá de lo reglamentariamente exigible, de manera que solamente están limitadas por lo técnicamente posible. En este sentido, la utilización de la Inteligencia Artificial (en adelante, IA), como adelanto técnico que es, ha de ser considerada en la evaluación y en la planificación de la actividad preventiva.

Estas tecnologías pueden convertirse en una herramienta extremadamente útil para la identificación de los riesgos, su intensidad y su gravedad, así como para analizar y predecir las conductas de los trabajadores y para la adopción de las medidas necesarias para evitarlas cuando puedan poner en riesgo al propio trabajador o al resto de personas trabajadoras de la empresa[7].

6 Citada por la Sentencia núm. 655/1999 de 18 mayo del Tribunal Superior de Justicia de Castilla-La Mancha, (Sala de lo Social).

7 AGUILAR DEL CASTILLO, M. C., «El uso de la inteligencia artificial en la prevención de riesgos laborales», en *Revista Internacional y Comparada de relaciones laborales y derecho del empleo*, vol. 8, número 1, enero-marzo de 2020 p.291.

Se habla, en este sentido, de seguridad industrial 4.0, como nuevo paradigma dentro de la seguridad y salud laboral. Este nuevo enfoque de la Seguridad Industrial facilitará la actualización y adaptación de los pilares fundamentales de la seguridad y salud laboral de manera que las nuevas formas de producción no sólo acarreen nuevos riesgos, sino también integren nuevas soluciones en cuanto a la seguridad y salud de los trabajadores[8].

Por otra parte, y dado lo novedoso que representa la aplicación de estas técnicas, el uso de la IA en la Prevención de Riesgos Laborales no deja de ser controvertida. Hay que tomar las necesarias cautelas, de manera que su propia aplicación no suponga un aumento de determinados riesgos o, por qué no, un riesgo en sí misma. En este sentido, no hay que olvidar que el artículo 15.4 de la ley de prevención establece que, en la adopción de medidas de prevención, «se tendrán en cuenta los riesgos adicionales que pudieran implicar determinadas medidas preventivas, las cuales sólo podrán adoptarse cuando la magnitud de dichos riesgos sea sustancialmente inferior a la de los que se pretende controlar y no existan alternativas más seguras».

Por eso, vamos a analizar la oportunidad de utilizar IA en la Prevención de Riesgos Laborales fijándonos en una doble vertiente: la necesidad de utilizarla como mejor técnica para evitar o disminuir los riesgos (aspecto que, si se demuestra que es la mejor y más avanzada forma de evitar riesgos, la convertiría prácticamente en obligatoria) y la necesidad de tomar las necesarias cautelas ante los riesgos que, en sí misma, puede generar o agravar.

No podemos olvidar, además, en el marco de las relaciones entre IA y Prevención de Riesgos Laborales, que esa necesidad de toma de medidas preventivas en los riesgos que pueda generar la propia utilización de la IA se ha de extender, más allá de su uso en la prevención de los riesgos laborales, a todos aquellos riesgos que genere su utilización en cualquier aspecto o proceso de la empresa.

Podemos considerar la IA, en sentido preventivo, como una condición de trabajo, tal y como las regula el artículo 4. 7.d) de la Ley 31/1995, de Prevención de Riesgos Laborales, que las define como «Todas aquellas otras características del trabajo, incluidas las relativas a su organización y ordenación, que influyan en la magnitud de los riesgos a que esté expuesto el trabajador».

De acuerdo con el Artículo 16.2.a) de la Ley de Prevención de Riesgos Laborales, «La evaluación será actualizada cuando cambien las condiciones de trabajo». En consecuencia, la introducción de sistemas de IA en la prevención va a suponer un cambio en las condiciones de trabajo y, por tanto, nos va a tener que llevar, necesariamente, a una revisión de la evaluación

8 SALGUERO-CAPARRÓS, F.M., «Seguridad laboral e industrial: nuevas tecnologías en la Industria 4.0» en AA. VV., *Proceedings of the 15th International Conference on Industrial Engineering and Industrial Management and XXV Congreso de Ingeniería de Organización*. Universidad de Burgos. 2021. Pág. 185.

de riesgos laborales y a una nueva planificación de medidas preventivas en aquellos procesos o departamentos en los que se hayan incluido técnicas basadas en algoritmos de IA.

Esta revisión de la evaluación de riesgos deberá extenderse, más allá de la prevención, a todos aquellos procesos que, en la empresa, utilicen la IA.

2. La obligatoriedad de utilizar la Inteligencia Artificial en la Prevención de Riesgos Laborales

El artículo 15, que recoge los principios que deben iluminar toda acción preventiva en la empresa, establece, como uno de ellos, el de tener en cuenta la evolución de la técnica. Esto configura a la acción preventiva del empresario como una actividad dinámica, que va teniendo en cuenta los avances tecnológicos que puedan aumentar los niveles de seguridad de los trabajadores.

Esto puede implicar, para el empresario, la necesidad de ayudarse de técnicas de IA para el cumplimiento de su responsabilidad «*in eligendo*», a la hora de seleccionar las medidas preventivas que se van a aplicar en la empresa, tratando de predecir la actuación de las personas trabajadoras a su cargo e incluso tratar de seleccionar las más adecuadas para cada puesto de trabajo, y garantizar que reciben las instrucciones, formación e información adecuada.

Esta necesaria aplicación de la IA en la Prevención de Riesgos Laborales habrá de alcanzar, asimismo, al desempeño de la responsabilidad empresarial «*in vigilando*», como medida de control de cumplimiento de las actividades preventivas por las personas trabajadoras que el empresario tiene trabajando bajo su mando.

Cada una de estas aplicaciones exigirá la utilización de unas determinadas técnicas que van a ofrecer soluciones eficaces tanto en selección como en vigilancia y control, pero que, a su vez, van a plantear diferentes retos en función de las soluciones de IA que, en cada caso concreto, se puedan utilizar.

Examinaremos, a continuación, algunas de estas aplicaciones de IA en la Prevención de Riesgos Laborales, tratado de aproximarnos a los principales interrogantes que pueden plantear, así como a su solución.

Para ello, previamente y siquiera como aproximación, hemos de tener claro qué es o qué se puede considerar o no como IA.

3. Aproximación al concepto de Inteligencia Artificial

Existen muchas definiciones de IA, dado que los autores la vienen definiendo en función del sector y el enfoque hacia el que estén orientadas sus investigaciones. Por este motivo, se ha venido incluyendo dentro del término la utilización de técnicas muy diferentes y heterogéneas.

Se utiliza este término, en el lenguaje común, cuando una máquina es capaz de imitar las funciones cognitivas propias de la mente humana, como: creatividad, sensibilidad, aprendizaje, entendimiento, percepción del entorno y uso del lenguaje[9].

Para el profesor Nieva Fenoll, supone «la capacidad de que las máquinas puedan pensar o imitar el pensamiento humano a base de aprender y utilizar las generalizaciones que usamos para tomar nuestras decisiones habituales»[10].

En efecto, con carácter general, podemos definir a la IA como la habilidad que tienen las máquinas y dispositivos para aprender información y usarla como medio para la toma de decisiones. Se trata, en cierta forma, de atribuir a una máquina una habilidad puramente humana[11].

La IA sería «aquella que exhiben ciertos sistemas o artefactos construidos por el hombre. Un sistema artificial poseería inteligencia cuando es capaz de llevar a cabo tareas que, si fuesen realizadas por un humano, se diría de este que es inteligente»[12].

En el propio término encontramos la palabra «artificial» acompañada de una cualidad propiamente humana, la inteligencia, en contraposición, pues, con la «natural», la que es propia de los seres humanos, lo que, ya de entrada, nos sugiere que el origen de la IA ha de ser el resultado de un esfuerzo informático intencionado, y no de la inteligencia de una persona[13].

Se trata, en definitiva, de «emular las diversas capacidades del cerebro humano para presentar comportamientos inteligentes sintetizando y automatizando tareas intelectuales»[14]. En este sentido, se puede aplicar prácticamente a cualquier ámbito de la actividad intelectual humana.

---

9 Grigore, A. E., «Derechos humanos e inteligencia artificial», en *Ius Et Scientia: Revista electrónica de Derecho y Ciencia*, vol. 8 n.° 1, 2022. Pág.165.

10 Nieva Fenoll, J., *Inteligencia artificial y proceso judicial*, Marcial Pons, Madrid, 2018, pág. 20.

11 Rouhiainen, L., *Inteligencia artificial*, Alienta Editorial, 2018, pág. 17.

12 López Oneto, M., *Fundamentos para un derecho de la Inteligencia Artificial. ¿Queremos seguir siendo humanos?*, Tirant Lo Blanch, Valencia 2020. Pág.39.

13 Barrio Andrés, M., *El reglamento Europeo de Inteligencia Artificial*, Tirant Lo Blanch, Valencia. 2024, pág. 22.

14 Navas Navarro, S., «Derecho e inteligencia artificial desde el diseño. Aproximaciones» en AA. VV. (Navas Navarro, S. —Dir.—), *Inteligencia artificial. Tecnología. Derecho*, Tirant lo Blanch, Valencia, 2017, pág. 24.

Se da la circunstancia de que, además las máquinas desempeñan estas habilidades con mayor facilidad y rapidez que un ser humano, sin cansarse y cometiendo muchos menos errores[15].

Un sistema de IA necesita de una secuencia de instrucciones que especifique las diferentes acciones que debe ejecutar el ordenador para resolver un determinado problema. Esta secuencia de instrucciones es lo que se conoce como estructura algorítmica del Sistema de IA[16].

Se trata de algoritmos con capacidad autónoma, que, una vez sistematizados y programados para la consecución de unos fines determinados fijados por la empresa, llevan a cabo tareas de filtración de información, predicción de situaciones, identificación de patrones, y evolucionan y aprenden de su propia experiencia para la consecución de los objetivos diseñados[17].

Esta capacidad para aprender y para tomar decisiones permite a la IA realizar multitud de tareas, sea de manera autónoma, sea como asistencia, que antes correspondía realizar tan sólo a seres humanos, que eran los únicos con capacidad para poder llevarlas a cabo. También podrá servir para realizar predicciones sobre comportamientos. Además, la investigación sobre IA está haciendo que ésta evolucione y experimente enormes mejoras a un ritmo vertiginoso.

Todas estas capacidades, evidentemente, comportan también importantes riesgos, por eso, desde hace años se viene trabajando en normas que definan y acoten la utilización de esta IA a aquellos campos en los que realmente constituye un avance y una mejora en eficacia y eficiencia, proscribiendo y limitando aquellos en los que puede constituir un peligro, y favoreciendo un desarrollo ético de estos sistemas.

Así, se ha llegado al reciente Reglamento (UE) 2024/1689 del Parlamento Europeo y del Consejo, de 13 de junio de 2024, por el que se establecen normas armonizadas en materia de IA y por el que se modifican los Reglamentos (CE) n.° 300/2008, (UE) n.° 167/2013, (UE) n.° 168/2013, (UE) 2018/858, (UE) 2018/1139 y (UE) 2019/2144 y las Directivas 2014/90/UE, (UE) 2016/797 y (UE) 2020/1828 (el llamado Reglamento de IA, y que, en adelante, denominaremos como RIA), que define, en su artículo 3.1., el término «Sistema de IA» como

> «un sistema basado en una máquina que está diseñado para funcionar con distintos niveles de autonomía y que puede mostrar capacidad de adaptación tras el despliegue, y que, para objetivos explícitos o implícitos, infiere de la información

---

15 Rouhiainen, L., *Inteligencia artificial: 101 cosas que debes saber hoy sobre nuestro futuro*, Alienta Editorial. Barcelona. 2018. Pág. 17.

16 Navas Navarro, S., «Derecho e inteligencia artificial desde el diseño. Aproximaciones» en AA. VV. (Navas Navarro, S.—Dir.—), *Inteligencia artificial. Tecnología. Derecho*, Tirant lo Blanch. Valencia, 2017, pág. 25.

17 Pérez López, J. I., «Inteligencia Artificial y contratación laboral», en *Revista de Estudios Jurídico-Laborales y de Seguridad Social*, núm. 7. mayo-octubre 2023, pág. 189.

de entrada que recibe la manera de generar resultados de salida, como predicciones, contenidos, recomendaciones o decisiones, que pueden influir en entornos físicos o virtuales».

Esta definición hace referencia también a la capacidad de adaptación y aprendizaje, así como a las capacidades predictivas, de toma de decisiones de manera auxiliar o incluso autónoma (donde es el propio sistema quien, de acuerdo con un algoritmo, toma todas las decisiones), y de influencia en su entorno inmediato.

Más adelante, en este trabajo, se hará referencia a las cautelas y limitaciones que introduce este Reglamento a la utilización en la empresa de Sistemas basados en algoritmos de IA, y las obligaciones respecto de éstos y, en particular, en lo que puede afectar a los trabajadores, y que va mucho más allá de la seguridad y salud laboral.

4. Instrumentos basados en Inteligencia Artificial con aplicación en la Prevención de Riesgos Laborales

Venimos afirmando, en este trabajo, acerca de la necesidad de utilizar los mayores avances tecnológicos posibles en la Prevención de Riesgos Laborales, de acuerdo con la obligación del empresario de proporcionar, a los trabajadores a su cargo, una protección eficaz.

Esta utilización de los avances tecnológicos se debe utilizar con observancia de los principios de la acción preventiva del artículo 15 de la Ley de Prevención de Riesgos Laborales, previa evaluación de los riesgos, ponderación de las medidas aplicables y planificación adecuada de la actividad preventiva, siempre de acuerdo con la adaptación a aquellos trabajadores que van a desempeñar el trabajo.

De manera general, podemos afirmar que la IA puede aplicarse a la Prevención de Riesgos Laborales de dos maneras: bien transformando la forma de trabajar, para que sea más segura, bien introduciendo técnicas propiamente preventivas, a través del establecimiento y aplicación de medidas de seguridad capaces de evitar o, al menos, de disminuir el riesgo.

En el primer caso, y respecto de las innovaciones en los procesos, podemos mencionar innovaciones como los robots colaborativos o *cobots*, los exoesqueletos, la automatización de procesos, los vehículos autónomos y drones, la introducción de tecnologías portátiles y tabletas de asistencia en líneas de montaje de producción, *chatbots* en fábricas, almacenes y centros de llamadas, uso de la realidad aumentada, procesos algorítmicos en aplicaciones de recursos humanos como análisis de personas, que impliquen el manejo de *big data* y diferentes herramientas digitales para medir, informar y comprender el desempeño de las personas trabajadoras, planificar la fuerza laboral, la gestión operativa o la movilidad o carrera profesional para la gestión del talento, entre otras[18].

Estas aplicaciones de la IA, la automatización, la robótica y los vehículos autónomos o los drones pueden conseguir que los trabajadores no tengan que «trabajar en entornos peligrosos, como pueden ser espacios reducidos, en altura, ruidos y vibraciones o el contacto con maquinaria móvil», así como «dejar las tareas rutinarias o repetitivas en manos de las máquinas»[19].

Respecto de la segunda de las soluciones, son muchos los avances basados en algoritmos de IA que se vienen aplicando a la prevención de riesgos. Así, podríamos hacer referencia a la introducción de sensores en los uniformes de trabajo para la higiene postural, los controles por voz o por gesto o incluso señales cerebrales para evitar accidentes por atrapamientos o por funcionamiento accidental de una máquina, dispositivos para advertir de riesgos y peligros, o para impedir que una máquina no sea accionada por un trabajador no autorizado, el uso de macrodatos para el control de cumplimiento de las medidas de prevención o la utilización de la realidad virtual para simulaciones en la formación preventiva.

Dentro de las innovaciones asociadas a la IA y aplicables a la Prevención de Riesgos Laborales podemos establecer, a su vez, dos grandes grupos de aplicaciones:

Por un lado, tecnologías que permiten recopilar información, procesarla realizando análisis y aprender de los datos, o *Cloud Computing*, en español la nube, que es el uso de una red de servidores remotos conectados a internet para almacenar, administrar y procesar datos, servidores, bases de datos, redes y software etc.

De esta forma, la IA se puede utilizar para detectar el comportamiento del trabajador. La importancia y relevancia de esta medida es capital, si se tiene en cuenta que, como ha recogido la Sociedad Española de Salud y Seguridad en el trabajo, el factor humano está detrás del 80 % de los accidentes laborales[20], por lo que analizar patrones de comportamiento de las personas trabajadoras puede resultar crucial para hacerlo previsible y anticipar cualquier conducta de riesgo, orientando mejor las acciones preventivas tanto a nivel individual como colectivo.

---

18 Macías García, M. C, «La inteligencia artificial para el entorno laboral. Un enfoque en la predicción de accidentes», en *e-Revista Internacional de la Protección Social*, 2022. Pág. 88.

19 *Ibidem*. Pág. 90.

20 Sociedad Española de Salud y Seguridad en el Trabajo. *De prevenir a predecir: El Uso de Sistemas de Inteligencia Artificial Para Reducir la Siniestralidad en el Trabajo. Sociedad Española de Salud y Seguridad en el trabajo*, 2018 https://www.sesst.org/e-prevenir-a-predecirel-uso-de-sistemas-de-inteligencia-artificialpara-reducir-lasiniestralidad-en-el-trabajo/.

Por otra parte, y siguiendo a la Sociedad Española de Salud y Seguridad en el Trabajo, hay una relación directa entre diferentes características de la personalidad y los comportamientos de riesgo laboral. En consecuencia, se trataría de utilizar la IA en este ámbito de manera que se pueda recopilar datos para identificar qué características de las personas están relacionadas con cada riesgo laboral, de una manera completa, efectiva y contextualizada para cada entorno o contexto de trabajo en particular, pudiendo predecir qué empleados y en qué lugar o momento existe mayor tendencia a sufrir un accidente laboral[21].

Este análisis de datos basados en patrones de comportamiento (movimientos, gestos, comportamiento en redes sociales, etc.) de los individuos pueden ayudar a los empleadores a obtener información, en apariencia objetiva, sobre las personas que van a desempeñar un puesto, antes incluso de contratarlas.

La aplicación de estas técnicas preventivas tiene indudables implicaciones éticas y riesgo de intromisión en los derechos fundamentales del individuo, pudiendo introducir sesgos que den lugar a decisiones injustas y a desigualdades, incluso a discriminaciones por razón de sexo, raza u otras condiciones personales o sociales, por lo que han de ser utilizadas, como veremos al final de este trabajo, con las debidas cautelas y, especialmente, con la máxima transparencia[22].

Esto es así porque la IA selecciona sin tener en cuenta más que los criterios que se le han introducido a fin de obtener las personas más adecuados y rentables para la empresa, en este caso, para la seguridad y salud de los trabajadores., por lo que se hace necesario establecer determinadas cautelas[23].

Además, los datos que alimentan a los sistemas de IA pueden ser deficientes, discriminatorios, obsoletos o poco pertinentes.

El almacenamiento de datos a largo plazo supone también riesgos adicionales, ya que en el futuro esa información podría aprovecharse de forma inadecuada[24].

Normalmente un algoritmo dotará de más valor a las decisiones tomadas con la mayor información disponible. Por lo que, y dado que en el caso de las

21 Sociedad Española de Salud y Seguridad en el Trabajo. *De prevenir a predecir: El Uso de Sistemas de Inteligencia Artificial Para Reducir la Siniestralidad en el Trabajo. Sociedad Española de Salud y Seguridad en el trabajo*, 2018 https://www.sesst.org/e-prevenir-a-predecirel-uso-de-sistemas-de-inteligencia-artificialpara-reducir-lasiniestralidad-en-el-trabajo/.

22 Según la Real Academia Española, el sesgo se define como «error sistemático en el que se puede incurrir cuando al hacer muestreos o ensayos se seleccionan o favorecen unas respuestas frente a otras» (sesgo, sesga | Definición | Diccionario de la lengua española | RAE-ASALE).

23 Pérez López, J. I., «Inteligencia Artificial y contratación laboral», en *Revista de Estudios Jurídico-Laborales y de Seguridad Social*, núm. 7, mayo-octubre 2023, pág. 195.

24 Grigore, A. E., *op. cit.*, p. 169

minorías —raza, género, orientación sexual, etc.— hay menos datos disponibles el algoritmo deducirá que tomar una decisión favorable a alguien que pertenece a un colectivo minoritario tendrá más probabilidad de error que si se toma la decisión a favor de alguien perteneciente al colectivo mayoritario, por lo que exigirá más a aquellos trabajadores procedentes de minorías[25].

En este sentido, los sesgos pueden provenir de distinto tipo de datos, tales como redes sociales, ubicaciones de GPS e incluso imágenes. La IA parte de dichos datos desarrollando un aprendizaje automático que no tiene en cuenta estereotipos, ética, prejuicios, o valores[26]. Tampoco tiene en cuenta, en consecuencia, el respeto a los derechos fundamentales de los trabajadores.

Los sistemas de IA pueden arrastrar valores sociales contrarios a la igualdad, o a otros principios constitucionales y derechos fundamentales de las personas[27]. Esto es lo que lleva a autores como O'Neil a hablar de los algoritmos como «opiniones integradas en matemáticas»[28] dado que pueden integrar prejuicios ideológicos en su toma de decisiones.

Por otra parte, la IA nos permitirá también la utilización de herramientas físicas o dispositivos que permiten la realización de acciones basadas en el aprendizaje a partir de datos capturados por los sensores y procesados por la IA o mediante la simulación de entornos virtuales, como la realidad virtual o aumentada.

5. Los riesgos generados por la Inteligencia Artificial: más allá de los accidentes laborales

Al cumplimiento del mencionado deber de protección eficaz, además de las obligaciones tradicionales respecto de la evaluación, planificación, gestión y control de la actividad preventiva en la empresa, hemos de añadir todas aquellas que se derivan del uso de IA en la empresa. Para ello, tendremos en cuenta no solo la Ley de Prevención, sino también toda la normativa reguladora de IA[29].

---

25 TODOLÍ SIGNES, A., «En cumplimiento de la primera Ley de la robótica: Análisis de los riesgos laborales asociados a un algoritmo/inteligencia artificial dirigiendo el trabajo», en *Labour & Law Issues*, vol. 5, núm. 2, 2019 p. 16.

26 *Vid*. FERRANTE, E., «Inteligencia artificial y sesgos algorítmicos ¿Por qué deberían importarnos?», *En Nueva sociedad*, 294, 2021, págs. 27-36.

27 COTINO HUESO, L., «Big data e inteligencia artificial. Una aproximación a su tratamiento jurídico desde los derechos fundamentales», en *Dilemata*, año 9 n.º 24, 2017, p. 134.

28 O'NEIL, C. H., *Armas de Destrucción Matemática. Cómo el Big Data aumenta la desigualdad y amenaza la democracia*, Capitán Swing. Madrid 2017.

29 RODRÍGUEZ SANZ DE GALDEANO, B., «Los sistemas de inteligencia artificial en el ámbito laboral y el marco regulador europeo de seguridad del producto», en. AA. VV. (RODRÍGUEZ SANZ DE GALDEANO, B. y EGÚSQUIZA BALMASEDA, M. A. —coord.—), *Inteligencia Artificial y Prevención de Riesgos Laborales: Obligaciones y responsabilidades*, Tirant lo Blanch, Valencia, 2023, págs. 56-57.

La IA puede crear oportunidades, pero también importantes y novedosos retos para la seguridad y salud en el trabajo, su gestión y su regulación[30]. En concreto, a recoger las principales implicaciones de la IA en la prevención de riesgos laborales se dedica el «Estudio prospectivo sobre los riesgos nuevos y emergentes para la seguridad y salud en el trabajo asociados a la digitalización en 2025» elaborado por la Agencia Europea para la Seguridad y Salud en el Trabajo[31].

En efecto, las nuevas formas de trabajo que hemos venido describiendo, pueden dar lugar a riesgos psicosociales, como el tecnoestrés, o problemas ergonómicos, como trastornos musculoesqueléticos o incluso problemas visuales. También, con el uso de la nanotecnología es posible que se depositen nanopartículas, generando problemas pulmonares. Resulta imprescindible tener en cuenta estos desafíos que plantean, si se quiere elaborar una evaluación de Riesgos Laborales ajustada a la empresa y a las personas que en ella trabajan, así como una adecuada planificación de la actividad preventiva[32].

La IA se utiliza en una gran variedad de aplicaciones y herramientas para el trabajo asistido y el análisis de datos, lo que permite la automatización de tareas cada vez más complejas, así como la toma de decisiones y la gestión automatizadas o semiautomatizadas del lugar de trabajo[33].

Esta automatización podría dar lugar a que los trabajadores pierdan el control sobre el contenido, el ritmo y la planificación del trabajo, así como sobre el modo en que lo llevan a cabo. Esto se asocia al estrés laboral, a problemas de salud y bienestar, a una baja productividad y a un incremento de las bajas por enfermedad y podría motivar en los trabajadores comportamientos de riesgo a nivel preventivo, por cansancio, desmotivación, desconocimiento, etc.

La tecnología de la información y la comunicación puede introducir nuevos elementos potencialmente estresantes como el incremento del control empresarial, invasión de la privacidad de la persona trabajadora, aspectos relacionados con la ciberseguridad, reducción de contacto e interacción

30 Macías García, M. C., «La inteligencia artificial para el entorno laboral. Un enfoque en la predicción de accidentes», en *e-Revista Internacional de la Protección Social*, 2022. Pág. 88.

31 Agencia Europea para la Seguridad y Salud en el Trabajo: Estudios prospectivo sobre riesgos nuevos y emergentes para la seguridad y salud en el trabajo asociados a la digitalización en 2025, Oficina de Publicaciones de la Unión Europea, Luxemburgo, 2018, [Resumen-Estudio prospectivo sobre los riesgos nuevos y emergentes para la seguridad y salud en el trabajo asociados a las tecnologías de la información y la comunicación y la ubicación del trabajo para 2025 | Safety and health at work EU-OSHA (europa.eu)].

32 García Salas, A. I., «Responsabilidades de Prevención de Riesgos Laborales ante la incidencia de la tecnología y la robótica», en AA. VV. (De la Puebla Pinilla, A. y Mercader Uguina, J. R. —Dir.—), *Cambio tecnológico y transformación de las fuentes laborales. Ley y convenio colectivo ante la disrupción digital*, Tirant lo Blanch, Valencia. 2023, pág. 224

33 Macías García, M. C., «La inteligencia artificial para el entorno laboral. Un enfoque en la predicción de accidentes». en *e-Revista Internacional de la Protección Social*, 2022, pág. 88.

social, falta de formación o apoyo en la gestión de la tecnología o cambios en los roles en el seno de la organización.

El tecnoestrés puede generar síntomas como cansancio, fatiga, insomnio, trastornos del sueño, dolor de cabeza, tensiones musculares, falta de memoria, concentración y/o motivación, irritabilidad depresión o, incluso, un infarto de miocardio o un ictus.

La gestión algorítmica del trabajo está basada en una serie de aplicaciones de IA que pueden, en primer lugar generar datos sobre la prestación laboral de un servicio o la elaboración de uno o varios productos; también para captar esos datos, ya sean tareas, imágenes, patrones, sonidos, desplazamientos o valores de cualquier clase; o para procesarlos y elaborar de informes de perfiles o de cualquier otro tipo; y al fin, para tomar decisiones sobre trabajo, asignación de lugar y puesto, cambios, despidos, y dar instrucciones y órdenes sobre las tareas laborales, controlarlas o seleccionar personal o descartarlo, entre otros usos[34].

En este sentido, es preciso tener en cuenta que todas estas dimensiones de uso de la gestión algorítmica tienen un impacto y unas consecuencias reales en las condiciones de trabajo existentes en la empresa. Un impacto que es necesario no subestimar[35]. Un impacto que puede generar riesgos que es necesario evaluar y, en su caso, eliminar o minimizar.

Excedería de las posibilidades de este trabajo realizar una lista con pretensión de exhaustividad de los riesgos generados por la utilización de la IA, sea en la gestión de los procesos de la empresa, sea en la prevención de los riesgos, que, en todo caso, variarían en función de cada sector e incluso de cada empresa y prácticamente de cada puesto de trabajo.

Va a ser necesario, para cumplir con las obligaciones empresariales en la materia, una actualización paulatina del sistema normativo para responder a los principales retos planteados por esta introducción de sistemas de IA.

6. La utilización de Inteligencia Artificial, los sesgos y la prevención de riesgos con perspectiva de género

La presencia de sesgos discriminatorios en los sistemas de IA a la hora de tomar decisiones puede generar o perpetuar desigualdades de género.

34 OTTAVIANO, J. M., «La amenaza fantasma: Inteligencia Artificial y derechos laborales», en *Nueva Sociedad n.º 294*, julio-agosto de 2021, pág. 88

35 *Vid.* DE STEFANO, V., «Masters and Servers: Collective Labor Rights and Private Government in the Contemporary World of Work», en *International Journal of Comparative Labour and Industrial Relations*, vol. 36, núm. 4, 2020.

La distribución de espacios y tareas laborales entre hombres y mujeres ha venido resultando en que el trabajo asociado al espacio privado doméstico sea asignado a las mujeres y el trabajo en el espacio público y productivo sea asociado a los hombres[36]. La incorporación de la mujer al mercado de trabajo generó una transformación de roles, pero aún se arrastran estereotipos de género que pueden llegar a contaminar los algoritmos de IA.

Se entiende por perspectiva de género la consideración de las diferencias entre los hombres y las mujeres. Estas diferencias pueden ser tanto biológicas (de sexo) como las que conciernen a los roles que desempeñan, los trabajos que realizan, los salarios que reciben, el poder y las responsabilidades que asumen o las expectativas que presentan, entre otras[37].

Nuestra Ley de Prevención, en el párrafo quinto del artículo 4 ya mostraba su preocupación por las desigualdades en materia de Prevención, de modo que se refería a la obligación de las Administraciones Públicas de promover la efectividad del principio de igualdad entre mujeres y hombres, considerando las variables relacionadas con el sexo tanto en los sistemas de recogida y tratamiento de datos como en el estudio e investigaciones generales en materia de prevención de riesgos laborales.

La Estrategia Europea de Salud y Seguridad en el Trabajo (2007-2012) presentaba ya la idea de que las desigualdades pueden afectar a la salud y la seguridad de las mujeres en el trabajo e influir en su productividad, planteando la posibilidad de incorporar la perspectiva de género en la Prevención de los Riesgos, una idea que orienta también la Ley Orgánica 3/2007, de 22 de marzo, para la igualdad efectiva entre hombres y mujeres.

En nuestro país, además, la Estrategia Española de Seguridad y Salud 2023-2027, del Ministerio de trabajo incluye, como Objetivo 5: la «Introducción de la perspectiva de género en el ámbito de la seguridad y salud laboral»[38].

En líneas generales, las diferencias biológicas (sexo) y las diferentes condiciones laborales y el diferente trato ofrecido a hombres y mujeres por la sociedad (genero) pueden afectar a los riesgos laborales a los que estos y estas se enfrentan de manera diferente. De ahí que sea fundamental el

---

36 VEGA CASADO, M. T., «Análisis de la prevención de riesgos laborales desde perspectiva de género en España», en *Revista de la Escuela Jacobea de Posgrado*, n.º 26, junio de 2024, pág. 62.

37 BELTRÁN TAURA, P., «Perspectiva de Género en la Prevención de Riesgos Laborales», en *Apuntes del Invassat*, Valencia 2023. Pág. 3.

38 La inclusión de la perspectiva de género implica reconocer que existen relaciones de poder entre los géneros, donde la mujer está en situación de desventaja. Estas relaciones de poder han sido construidas socialmente, y están presentes en el entramado social. (VALLELLANO PÉREZ, M. D., *Guía de Género y Riesgos Psicosociales en el trabajo*, UGT, Fundación Estatal para la PRL, Madrid, 2022, pág. 17)

análisis, la evaluación y el control de estos riesgos en el ámbito laboral integrando la perspectiva de género[39].

La IA puede servir para facilitar, a través del estudio de los puestos y el diseño de los lugares de trabajo, así como de la organización del tiempo (no solo de trabajo, también de exposición a contaminantes químicos o biológicos (que puede tener distinta respuesta en hombres y mujeres, lo que se conoce como «diferente vulnerabilidad»), para una mejora de la gestión preventiva que tome en cuenta las diferencias entre hombres y mujeres, cumpliendo con el principio de adaptar el trabajo a la persona.

Esta dimensión positiva no debe hacernos olvidar como, tal y como venimos advirtiendo, que la existencia de sesgos que pueden afectar a la igualdad y a la no discriminación pueden suponer un riesgo en sí mismo, o agravar los que existan ya en la empresa, perpetuando los estereotipos de género. En este sentido, hay que introducir también la perspectiva de género en cuanto a la valoración de la IA como fuente de desigualdades y de riesgos laborales diferenciados para las mujeres, así como en la prevención del acoso sexual y del acoso por razón de sexo.

El plan de igualdad, además del plan de prevención son herramientas básicas que habrán de coordinarse para recoger medidas en este sentido, en el marco más amplio de la negociación colectiva.

7. Cautelas necesarias para la utilización de la Inteligencia Artificial en la empresa

Además de los riesgos para la salud (física y mental) y la seguridad de los trabajadores generados, como acabamos de ver, por la utilización de la IA en el trabajo, sea en su aplicación a los procesos y a la gestión, sea específicamente en su aplicación a la Prevención de Riesgos Laborales, la gestión algorítmica de la empresa puede generar importantes dilemas de carácter ético e incluso afectar a los derechos fundamentales de los trabajadores.

Más allá de ese modelo ideal, de una IA puesta al servicio de la seguridad y de la comodidad del trabajador, hay que hacerse una pregunta: ¿Se estaría restringiendo la libertad de elección del trabajador? ¿se coarta su libertad? ¿se ve afectada la dignidad del ser humano?[40]

---

39 CIFRE GALLEGO, E., DOMÍNGUEZ-CASTILLO, P. y LÓPEZ RAMOS, A., «Género y Prevención de Riesgos Laborales» en AA. VV. (GARCÍA IZQUIERDO A. L. —ed.—), *Intervención psicosocial para una prevención de riesgos laborales inclusiva*, Cátedra Asturias Prevención, Universidad de Oviedo, 2020, p. 133.

40 GOÑI SEIN, J. L., «El Reglamento UE de Inteligencia Artificial y su interrelación con la normativa de seguridad y salud en el trabajo», en RODRÍGUEZ SANZ DE GALDEANO, B. y EGÚSQUIZA BALMASEDA, M. A. (coord.), *Inteligencia Artificial y Prevención de Riesgos Laborales: Obligaciones y responsabilidades*, Tirant lo Blanch, Valencia, 2023, pág. 73

Por otra parte, es muy frecuente la utilización de la IA para detectar no solo situaciones de riesgo potencial, sino sobre todo conductas indebidas de los trabajadores, y ello utilizando datos y realizando un tratamiento algorítmico de los mismos. En la materia objeto de estudio, estos datos podrían ser acerca los movimientos, así como el rendimiento o eficacia de maquinaria, etc. Pero también datos biométricos, análisis de gestos, capaces de recoger estados de ánimo, entre otros datos que pueden ser invasivos para la intimidad.

En estos casos, cuando se realice un tratamiento de datos sea de carácter personal de los trabajadores se tendrá en cuenta la Ley de Protección de Datos y sus obligaciones respecto de datos que vayan más allá de los imprescindibles para el cumplimiento del contrato y desempeño de la actividad, o sean datos de especial protección[41].

En líneas generales, y pese a sus indudables ventajas, los métodos de gestión digitalizados, incluida la utilización de algoritmos informáticos para coordinar y supervisar el trabajo puede dar lugar a que la dirección de los trabajadores dependa, en gran medida, de la IA, de forma que la empresa se esté, de alguna manera, refugiando detrás de simples algoritmos de caja negra[42], sin siquiera tener control inmediato sobre las decisiones que adopta mediante los mismos.

No podemos olvidar que para alimentar de datos a la IA se requiere de dispositivos que detecten al detalle los movimientos de cada persona trabajadora, y algoritmos que procesen esa información y, eventualmente, decidan con base en la misma e, incluso, impartan órdenes. Estos dispositivos representan un riesgo, de entrada, para la privacidad de quieres se encuentren sometidos a ese control laboral.

Además, las instrucciones generadas por los algoritmos son capaces de asignar tareas a los más productivos, proponer premios y castigos y tomar otras decisiones para retener a algunos perfiles de trabajadores, animar a otros a que abandonen la empresa o seleccionar a quienes el modelo presupone como más productivos, en función de los datos extraídos y el procesamiento de estos[43]. Aspecto que constituye un riesgo de potenciales discriminaciones (errores de cálculo, ausencia de perspectiva de género, evaluación arbitraria

41 RODRÍGUEZ SANZ DE GALDEANO, B., «Los sistemas de inteligencia artificial en el ámbito laboral y el marco regulador europeo de seguridad del producto» en. AA. VV. (RODRÍGUEZ SANZ DE GALDEANO, B. y EGÚSQUIZA BALMASEDA, M. A. —coord.—), *Inteligencia Artificial y Prevención de Riesgos Laborales: Obligaciones y responsabilidades*, Tirant lo Blanch, Valencia, 2023, págs. 63

42 Algoritmo de caja negra es aquel en el que el usuario no puede ver el funcionamiento interno, por lo que desconoce a través de qué parámetros toma sus decisiones.

43 *Vid.* DE STEFANO, V., «Algorithmic Management and Collective Bargaining», *European Review of Labour and Research*, Bruselas, 2021.

o discriminación racial o por otras circunstancias, etc., si el sistema persigue exclusivamente la eficiencia o, en nuestro caso de estudio, la seguridad[44].

Para evitar este riesgo, los criterios, en este sentido, han de ser transparentes y conocidos. En particular si la empresa se puede basar en ellos para tomar decisiones de carácter disciplinario y sancionador.

Con frecuencia la enorme capacidad de vigilancia, control y dirección de la IA va más allá de los límites de la privacidad, puede introducir sesgos que la hacen incurrir en graves discriminaciones, tiene efectos sobre la salud y la intimidad y puede incidir en un debilitamiento de la protección social de las personas trabajadoras[45].

Es muy necesario, en este sentido, que los avances en el ámbito de la prevención de riesgos sean respetuosos con los derechos fundamentales de las personas trabajadoras, lo que supone desterrar cualquier medida de control basada en algoritmos que responda a la búsqueda incontrolada de datos con la finalidad de tener el mayor control posible, sin aplicarla directamente a un avance en materia de seguridad y salud de los trabajadores[46].

La OIT ha mostrado su preocupación sobre este tema y propugna que la IA será usada «bajo control humano», es decir, que las últimas decisiones que puedan afectar al trabajo no deben ser tomadas por algoritmos o programas sino por humanos encargados de ello[47]. Veremos un poco más adelante como el Reglamento Europeo que regula la IA establece, entre otras cautelas, la de la supervisión humana en determinados casos[48].

Por lo que hace referencia a la necesidad de transparencia, tras la actualización del Estatuto de los Trabajadores por el artículo único.1 del Real Decreto-ley 9/2021, de 11 de mayo, en vigor desde el 12/08/2021, respecto de los derechos de información y consulta y competencias de la representación de los trabajadores se añade la letra d) al apartado 4 del artículo 64 del citado Estatuto, que, textualmente, le otorga al Comité de Empresa el derecho a:

> «Ser informado por la empresa de los parámetros, reglas e instrucciones en los que se basan los algoritmos o sistemas de inteligencia artificial que afectan a la

---

44 Ottaviano, J. M., «La amenaza fantasma: Inteligencia Artificial y derechos laborales», en *Nueva Sociedad n.º 294*, Julio-agosto de 2021, pág. 91

45 Ottaviano, J. M., «La amenaza fantasma: Inteligencia Artificial y derechos laborales», en *Nueva Sociedad n.º 294*, Julio-agosto de 2021, pág. 88.

46 Molina Hermosilla, O., «Inteligencia artificial, Bigdata y Derecho a la protección de datos de las personas trabajadoras», en *Revista De Estudios Jurídico-Laborales Y De Seguridad Social (REJLSS)*, núm.6, 2023, pag. 108.

47 Romero Burillo, A. M. y Moreno Gené, J., *Los nuevos escenarios laborales de innovación tecnológica*, Tirant Lo Blanch, Valencia 2023, pág. 171.

48 Declaración del Centenario de la OIT para el futuro del trabajo, adoptada en la 108.ª Reunión de la Conferencia Internacional del Trabajo, celebrada en 2019.

toma de decisiones que pueden incidir en las condiciones de trabajo, el acceso y mantenimiento del empleo, incluida la elaboración de perfiles».

La Ley 15/2022 integral para la igualdad de trato y no discriminación aborda también este problema en lo que pueda afectar al derecho de igualdad y no discriminación. Ya desde la exposición de motivos manifiesta que se aborda «la igualdad de trato y no discriminación en el ámbito de la inteligencia artificial y mecanismos de toma de decisión automatizados».

Como se ha adelantado, el empresario se va a encontrar también con obligaciones en materia de protección de datos derivadas de la utilización de IA. En este sentido, el Grupo de Trabajo del art. 29, actual Comité Europeo de Protección de Datos, destacaba en las Directrices sobre decisiones individuales automatizadas y elaboración de perfiles a los efectos del Reglamento 2016/679, de 2017, que: «la elaboración de perfiles y las decisiones automatizadas pueden plantear riesgos importantes para los derechos y libertades de las personas que requieren unas garantías adecuadas. [...] La elaboración de perfiles puede perpetuar los estereotipos existentes y la segregación social. Asimismo, puede encasillar a una persona en una categoría específica y limitarla a las preferencias que se le sugieren [...] lo que puede llevar a [...] una discriminación injustificada»[49].

En respuesta a esta preocupación, el art. 22 RPD se refiere a las «decisiones individuales automatizadas, incluida la elaboración de perfiles», imponiendo ciertas exigencias y cautelas. En su apartado primero, el art. 22 RPD indica que «todo interesado tendrá derecho a no ser objeto de una decisión basada únicamente en el tratamiento automatizado cuando pueda producir efectos jurídicos sobre su persona», como pudiera ser, en paradigmático ejemplo, decisiones que denieguen a una persona una oportunidad laboral o la coloquen en gran desventaja.

Se exceptúa esta prohibición cuando el tratamiento sea necesario para la celebración o la ejecución de un contrato entre el interesado y un responsable del tratamiento.

Se hace necesario acotar en este punto la expresión «necesario», en el bien entendido sentido de que el Grupo de Trabajo del art. 29 ha considerado que para entender que la toma de una decisión automatizada es necesaria, el responsable deberá demostrar que es la forma más apropiada para alcanzar el objetivo final, es decir, que no hay maneras menos intrusivas para alcanzar el resultado final, de manera que la intervención humana es imposible dado el elevadísimo número de datos procesados.

---

49 Grupo de trabajo sobre protección de datos del artículo 29. *Directrices sobre decisiones individuales automatizadas y elaboración de perfiles a los efectos del Reglamento 2016/679.* wp251rev_en (aepd.es)

De todas formas no cabe deducir sin más la nulidad de una decisión automatizada sin intervención humana, incluida la elaboración de perfiles, si se ha producido en el ámbito de una relación de trabajo o si ha sido consentida, a no ser que se trate de una opción totalmente descartada, de conformidad con el art. 9.1 LOPD y GDD, esto es, cuando el tratamiento con inteligencia artificial vaya referido a datos relativos origen racial, étnico, opinión política, confesión religiosa o filosófica, afiliación sindical, datos genéticos, biométricos, de salud, la vida sexual o la orientación sexual de una persona física (los llamados datos especialmente protegidos).

El art. 22 RPD recuerda también que si se toman decisiones automatizadas fundadas únicamente en el tratamiento de datos (sin participación humana), el responsable ha de informar al afectado, aportando detalles sobre la lógica y explicando la importancia y consecuencias del proceso, con el fin de que este último pueda formular alegaciones o impugnar una decisión final eventualmente marcada por un sesgo o desviación de carácter discriminatorio.

Este derecho, según interpretación del Grupo de Trabajo del art. 29, implica la facultad de obtener información clara y simple (suficientemente comprensible) sobre el funcionamiento del proceso de elaboración de perfiles o adopción de decisiones de forma automatizada capaz de permitir formular impugnaciones.

Por fin, y dado que, a efectos del RIA, el empresario es «responsable del despliegue» del sistema de IA (conforme con la definición del artículo 3.4 de este reglamento) queda sujeto a las obligaciones que el RIA establece para éste, por lo que deberá introducir diferentes cautelas en la utilización de IA en la gestión laboral.

La norma opta por un enfoque basado en el riesgo, exigiendo, en función del nivel de riesgo, requisitos más o menos rigurosos para cada uno de los actores participantes, o prohibiendo la utilización de determinados Sistemas, con el fin de proteger a las personas resultando la existencia de sistemas prohibidos, sistemas de alto riesgo y el resto de los sistemas[50].

Cuando ese riesgo es intolerable, entrará dentro de las prácticas prohibidas, que el RIA enumera y describe en su artículo 5. De acuerdo con el mismo, serán prácticas prohibidas, a grandes rasgos, cuando provoquen, o sean susceptibles de provocar prejuicios considerables a personas o grupos de personas, las relacionadas con técnicas subliminales o engañosas, las que exploten vulnerabilidades de personas, las que se utilicen para clasificar personas o grupos de personas de acuerdo con su comportamiento y características, o para predecir riesgo de delitos, así como las que se utilicen, básicamente, para crear datos o categorizaciones biométricas

50 *Vid.* RODRÍGUEZ SANZ DE GALDEANO, B., «Obligaciones del empresario en materia de prevención de riesgos laborales derivadas de la utilización de sistemas de IA», en *Revista Galega de Dereito Social* —2.ª ET— n.º 18, 2023, Pág. 48.

Son, en cada caso, sistemas que contravienen los valores de la Unión de respeto a la dignidad humana, libertad, igualdad, democracia y Estado de Derecho, así como los derechos fundamentales, que reconoce la UE, como el derecho a la no discriminación, la protección de datos y la privacidad[51].

Cuando el riesgo no es intolerable, pero es alto, se podrá declarar un Sistema de IA como de alto riesgo, siempre que entrañe un riesgo significativo de causar perjuicios para la salud, la seguridad o los derechos fundamentales de las personas físicas, de acuerdo con los criterios que el RIA aprueba en su artículo 6.

Además, recoge estos sistemas en el Anexo III, que toma como criterio el uso y el ámbito al que se destina el sistema de IA, y que incluye sistemas destinados a ser utilizados para extraer conclusiones sobre las características físicas de las personas a partir de datos biométricos; sistemas dirigidos a evaluar el nivel de educación de una persona e influir en el nivel de educación y formación que va a recibir; sistemas para la contratación y la selección de trabajadores y los sistemas destinados a adoptar decisiones en materia de promoción o asignación de tareas, evaluación del rendimiento y conducta de los trabajadores en el marco de dichas relaciones; sistemas de IA destinados a ser utilizados en sus sistemas de recomendación por plataformas de redes sociales, designadas como plataformas en línea de muy gran tamaño.

Estos sistemas requerirán, en quienes los adquieran y utilicen y en general, en todos los operadores, el respeto a unos principios que han de guiar su actuación y que son los de: intervención y vigilancia humana, solidez y seguridad técnica, privacidad y gobernanza de datos, transparencia, respeto a la diversidad y no discriminación y bienestar social y medioambiental[52]. Estos requisitos y principios se van desgranando a lo largo de todo el RIA, en la Sección II del Capítulo III.

Además, se impone un deber de transparencia para sistemas de IA, sean o no de alto riesgo, destinados a interactuar con personas físicas. En estos casos se deberá informar por el sistema de IA o por el propio proveedor o usuario a las personas expuestas de que están interactuando con un sistema de IA, salvo cuando resulte evidente. Además, se informará cuando proceda, de las funciones habilitadas por la IA, de si existe vigilancia humana y de quién es el responsable de la toma de decisiones.

51 Rodríguez Sanz de Galdeano, B., «Obligaciones del empresario en materia de prevención de riesgos laborales derivadas de la utilización de sistemas de IA», en *Revista Galega de Dereito Social* —2.ª ET— n.º 18, 2023, Pág. 49.

52 *Vid.* Goñi Sein, J. L., «El Reglamento UE de Inteligencia Artificial y su interrelación con la normativa de seguridad y salud en el trabajo», en Rodríguez Sanz de Galdeano, B. y Egúsquiza Balmaseda, M. A. (coord.), *Inteligencia Artificial y Prevención de Riesgos Laborales: Obligaciones y responsabilidades*, Tirant lo Blanch, Valencia, 2023, págs. 73-122.

Del mismo modo, en caso de que el empresario ponga a disposición sistemas de IA considerados de riesgo limitado, deberá realizar una evaluación del impacto de los riesgos residuales sobre la protección de datos y la seguridad y salud del trabajador desde la perspectiva de prevención de riesgos laborales.

8. Conclusiones

1. El empresario tiene la obligación de velar por la seguridad y salud de sus trabajadores. Esta obligación conlleva una responsabilidad que, el empresario, como figura imprescindible en la prevención de riesgos, debe asumir.

En este sentido, deberá contemplar la posibilidad de utilizar la IA, sea optimizando procesos, sea en el diseño de las medidas de prevención.

2. En este sentido, la empresa tendrá que evaluar los Riesgos Laborales, ante el uso de maquinaria que lleve incorporada una IA y que pueda resultar peligrosa para algún trabajador. Asimismo, habrá de velar porque las medidas de seguridad basadas en IA no supongan un riesgo en sí mismas, o un aumento de los riesgos existentes.

3. Aunque a nivel tecnológico y de desarrollo las posibilidades de la IA no parecen tener limitaciones, a nivel jurídico es imprescindible acotarlas, de manera que la evolución tecnológica no ponga en compromiso los derechos fundamentales de las personas. Particularmente debidas a los sesgos integrados en los algoritmos que sirven para la toma de decisiones.

En este sentido, hubiera sido deseable que regulaciones como el RIA concretarán la utilización de Sistemas de IA también al ámbito de la empresa y, concretamente, a la regulación de los derechos de los trabajadores ante el mismo.

4. Además de tener presente todo lo que el Reglamento IA establece sobre, concretamente, los sesgos, decisiones con un trasfondo discriminatorio o la protección de datos, se debe tener también siempre presente el marco legal existente, En este sentido, es imprescindible completar lo establecido en el Reglamento con la Ley 15/2022 para la igualdad y no discriminación, así como la ley Orgánica 3/2018, de 5 de diciembre, de Protección de Datos Personales y garantía de los derechos digitales, así como la Ley de Prevención de Riesgos Laborales y su normativa complementaria.

5. En concreto, se deberá vigilar expresamente que estos sesgos no afecten a la discriminación por razón de género. Las desigualdades de género en el mercado de trabajo comportan que la exposición a los riesgos laborales sea diferente para las mujeres y los hombres, y, por consiguiente, que la intervención preventiva en el ámbito de la seguridad y la salud laboral tenga que incorporar la perspectiva de género para ser efectiva.

En ocasiones, además, no se contempla las diferentes reacciones biológicas o psicológicas de hombres y mujeres ante los riesgos. En este sentido, la IA puede ser una herramienta útil para optimizar los procesos y facilitar la evaluación y puesta en marcha de medidas preventivas. Pero, no podemos olvidar que los algoritmos pueden integrar sesgos que llevan a tomar decisiones discriminatorias, por lo que habrá que estar atento a ello y realizar, si es preciso, la supervisión humana de estas decisiones.

El plan de igualdad, conjuntamente con el plan de prevención son herramientas básicas para recoger e implementar medidas en este sentido.

6. El reto al que nos enfrentamos plantea numerosos interrogantes. Así, numerosos autores vienen planteando las siguientes preguntas o algunas similares, que aquí se recogen y se amplían con alguna más: ¿Las decisiones que realiza una IA son siempre mejores que las tomadas por humanos? ¿Debería poner un robot en peligro a un solo trabajador para mantener la seguridad general de otros trabajadores, el centro de trabajo o la empresa? ¿La persona trabajadora tendría que aceptar decisiones relacionadas con la seguridad y salud gestionadas por una IA incluso si su propia experiencia le lleve a no considerar que sean las mejores prácticas? ¿es responsable el empresario de una decisión tomada por una IA debida al autoaprendizaje? ¿puede el trabajador detectar una situación de riesgo grave o inminente en desacuerdo con lo que determina una IA? Si la IA detecta que un determinado perfil (étnico, de género, de origen, de estado civil...) tiene menores posibilidades de sufrir un accidente, ¿puede tomar decisiones en cuanto a la persona que ocupa cada puesto, basadas en esa información, o deberá simplemente modificar las medidas preventivas en cada caso, aun siendo más caras o menos fiables?

7. Hasta tanto no tengamos respuesta a estas y a otras preguntas, nos unimos a la preocupación y a la idea que propugna la OIT en el sentido de que la IA sea usada «bajo control humano», es decir, que las últimas decisiones que puedan afectar al trabajo no deben ser tomadas por algoritmos o programas sino por humanos encargados de ello, aunque utilicen estos sistemas como elementos de apoyo y de información.

Bibliografía

Aguilar del Castillo, M. C., «El uso de la inteligencia artificial en la prevención de riesgos laborales», en *Revista Internacional y Comparada de relaciones laborales y derecho del empleo*, volumen 8, número 1, enero-marzo de 2020

Barrio Andrés, M., *El reglamento Europeo de Inteligencia Artificial*, Tirant Lo Blanch, Valencia. 2024

Beltrán Taura, P., *Perspectiva de Género en la Prevención de Riesgos Laborales*, Apuntes del INVASSAT, Valencia 2023

Blasco Lahoz, J. F. y **López Gandía, J.**, *Curso de Prevención de Riesgos Laborales*, Tirant Lo Blanch, 16.ª Edición, Valencia 2015

Cifre Gallego, E., **Domínguez-Castillo, P.** y **López Ramos, A.**, «Género y Prevención de Riesgos Laborales», en AA. VV. (García Izquierdo, A. L. —ed.—), *Intervención psicosocial para una prevención de riesgos laborales inclusiva*, Cátedra Asturias Prevención, Universidad de Oviedo, 2020.

Cotino Hueso, L., «Big data e inteligencia artificial. Una aproximación a su tratamiento jurídico desde los derechos fundamentales», en *Dilemata*, año 9 n.º 24, 2017

De Stefano, V.:

— «Masters and Servers: Collective Labor Rights and Private Government in the Contemporary World of Work», en *International Journal of Comparative Labour and Industrial Relations*, vol. 36, n.º 4, 2020.

— «Algorithmic Management and Collective Bargaining», *European Review of Labour and Research*, Bruselas, 2021.

Ferrante, E., «Inteligencia artificial y sesgos algorítmicos ¿Por qué deberían importarnos?», en *Nueva sociedad*, 294, 2021.

García Salas, A. I., «Responsabilidades de Prevención de Riesgos Laborales ante la incidencia de la tecnología y la robótica», en AA. VV. (De la Puebla Pinilla, A. y Mercader Uguina, J. R. —Dirs.—), *Cambio tecnológico y transformación de las fuentes laborales. Ley y convenio colectivo ante la disrupción digital*, Tirant lo Blanch, Valencia. 2023.

Goñi Sein, J. L., «El Reglamento UE de Inteligencia Artificial y su interrelación con la normativa de seguridad y salud en el trabajo», en Rodríguez Sanz de Galdeano, B. y Egúsquiza Balmaseda, M. A. (coord.), *Inteligencia Artificial y Prevención de Riesgos Laborales: Obligaciones y responsabilidades*, Tirant lo Blanch, Valencia, 2023

Grigore, A. E., «Derechos humanos e inteligencia artificial» en *Ius Et Scientia: Revista electrónica de Derecho y Ciencia*, vol. 8, n.º 1, 2022

Igartúa Miró, M. T., *Sistema de prevención de Riesgos Laborales*, Tecnos, segunda edición, Madrid 2011

López Oneto, M., *Fundamentos para un derecho de la Inteligencia Artificial. ¿Queremos seguir siendo humanos?*, Tirant Lo Blanch, Valencia 2020.

Macías García, M. C., «La inteligencia artificial para el entorno laboral. Un enfoque en la predicción de accidentes», en *e-Revista Internacional de la Protección Social*, 2022.

Molina Hermosilla, O., «Inteligencia artificial, Big data y Derecho a la protección de datos de las personas trabajadoras», en *Revista de Estudios Jurídico-Laborales y de Seguridad Social (REJLSS)*, n.º 6, 2023.

Monerri Guillén, C., «La responsabilidad Civil derivada de accidente de trabajo: valoración del daño». *Laborum*. Murcia, 2017.

Montoya Melgar, A., Piza Granados, J. y **Alzaga Ruiz, I.**, *Curso de Seguridad y Salud en el Trabajo*, Ramón Areces, Madrid 2009.

Monterroso Casado, E., «La prevención de los accidentes laborales: diligencia, régimen jurídico e imputación de la responsabilidad civil», *Boletín del Ministerio de Justicia*, año 58, n.º 1974, 2004.

Navas Navarro, S., «Derecho e inteligencia artificial desde el diseño. Aproximaciones» en AA. VV. (Navas Navarro, S.—Dir.—) *Inteligencia artificial. Tecnología. Derecho*, Tirant lo Blanch, Valencia, 2017.

Nieva Fenoll, J., *Inteligencia artificial y proceso judicial*, Marcial Pons, Madrid, 2018.

O´Neil, C. H., *Armas de Destrucción Matemática. Cómo el Big Data aumenta la desigualdad y amenaza la democracia*, Capitán Swing. Madrid 2017.

Ottaviano, J. M., «La amenaza fantasma: Inteligencia Artificial y derechos laborales», *Nueva Sociedad n.º 294*, julio-agosto de 2021.

Paul Pic, *Traite elementaire de legislation industrielle: les lois onvrieres*, A. Rousseau, París, 1909.

Pérez López, J. I., «Inteligencia Artificial y contratación laboral», en *Revista de Estudios Jurídico-Laborales y de Seguridad Social*, n.º 7. Mayo- octubre 2023.

Rodríguez Sanz de Galdeano, B.

— «Los sistemas de inteligencia artificial en el ámbito laboral y el marco regulador europeo de seguridad del producto», en. AA. VV. (Rodríguez Sanz de Galdeano, B. y Egúsquiza Balmaseda, M. A. —coords.—), *Inteligencia Artificial y Prevención de Riesgos Laborales: Obligaciones y responsabilidades*, Tirant lo Blanch, Valencia, 2023.

— «Obligaciones del empresario en materia de prevención de riesgos laborales derivadas de la utilización de sistemas de IA», en *Revista Galega de Dereito Social —2.ª ET— n.º 18*, 2023.

Romero Burillo, A. M., y **Moreno Gené, J.**, *Los nuevos escenarios laborales de innovación tecnológica*, Tirant Lo Blanch, Valencia 2023.

Rouhiainen, L., *Inteligencia artificial: 101 cosas que debes saber hoy sobre nuestro futuro*, Alienta Editorial, Barcelona, 2018.

Salguero-Caparrós, F. M., «Seguridad laboral e industrial: nuevas tecnologías en la Industria 4.0», en AA. VV., *Proceedings of the 15th International Conference on Industrial Engineering and Industrial Management and XXV Congreso de Ingeniería de Organización*, Universidad de Burgos, 2021.

Sociedad Española de Salud y Seguridad en el Trabajo, *De prevenir a predecir: El Uso de Sistemas de Inteligencia Artificial Para Reducir la Siniestralidad en el Trabajo. Sociedad Española de Salud y Seguridad en el trabajo*, 2018.

Todolí Signes, A., «En cumplimiento de la primera Ley de la robótica: Análisis de los riesgos laborales asociados a un algoritmo/inteligencia artificial dirigiendo el trabajo», en *Labour & Law Issues*, vol. 5, n.º 2, 2019.

Vallellano Pérez, M. D., *Guía de Género y Riesgos Psicosociales en el trabajo*, UGT, Fundación Estatal para la PRL, Madrid, 2022.

Vega Casado, M. T., «Análisis de la prevención de riesgos laborales desde perspectiva de género en España», en *Revista de la Escuela Jacobea de Posgrado*, n.º 26, junio de 2024.

COMUNICACIONES

CAPÍTULO III

IMPACTO DE LAS NUEVAS FORMAS DE PRESTACIÓN DE SERVICIOS EN LA REPRESENTACIÓN COLECTIVA DE LOS TRABAJADORES EN LA EMPRESA

Mirentxu Marín Malo
Profesora Contratada Doctora de
Derecho del Trabajo y de la Seguridad Social
Universidad Pública de Navarra
mirentxu.marin@unavarra.es

1. Introducción

La irrupción de los diversos avances tecnológicos de los últimos años ha supuesto, sin duda alguna, una revolución social, industrial y tecnológica sin precedentes, con un enorme impacto económico en nuestro entorno y que ha transformado el mundo laboral en su conjunto. La situación actual supone un reto jurídico que hace tambalearse ciertos cimientos del iuslaboralismo en la actualidad[1]. Conceptos tradicionales, asentados en la base de la construcción del derecho social, se tornan obsoletos, sin estar dotados de la flexibilidad jurídica suficiente para adaptarse, de forma automática, a la nueva realidad laboral.

1 En este sentido, AVENDAÑO MARTÍNEZ señala que «*el Derecho del Trabajo se encuentra ante un reto que se enfrenta a la realidad jurídica más tradicional que conocemos*». En *Capitalismo y modelos de negocio en la revolución digital y transformación del mercado de trabajo*, Ed. Dykinson, Madrid, 2023, p. 238.

La garantía de los derechos de las personas trabajadores en el acceso, mantenimiento y pérdida del empleo; la gestión automatizada de datos, tanto para la gestión de personal como en cuestiones vinculadas a la protección de la salud laboral; la generación de empleos de trabajo en condiciones precarias; la externalización del trabajo vinculada a las nuevas tecnologías... Los frentes abiertos en esta nueva etapa son múltiples y complejos, entremezclando de forma habitual cuestiones jurídico-laborales y de otra índole; y pese a los esfuerzos del legislador comunitario y nacional por garantizar ciertos derechos, la realidad es que estamos muy lejos de lograr adaptar nuestra normativa a la nueva realidad[2].

Uno de los derechos laborales que está en juego en nuestro país y que precisa de una inmediata revisión para no quedar obsoleto, es el derecho colectivo a la representación de los trabajadores en la empresa. Nuestro ordenamiento jurídico ha construido este derecho sobre un concepto de centro de trabajo físico que, en la actualidad, resulta rígido y difícil de adaptar a la nueva realidad laboral; impidiendo el ejercicio del citado derecho por parte de los trabajadores que prestan servicio mediante formas de trabajo basadas en las nuevas tecnologías, inimaginables hace unas décadas.

Así, el presente trabajo, a la luz de esta nueva realidad, pretende analizar las características principales de las nuevas formas de prestación de servicios al amparo de los avances tecnológicos y los retos que cada una de ellas presenta en materia de representación colectiva de los trabajadores en la empresa.

Para ello, en primer lugar, se delimitarán cuáles son estas nuevas formas de prestación de servicio que han implantado las empresas de la mano de los avances tecnológicos de los últimos años, con especial atención a las denominadas «empresas en red» y a la externalización y deslocalización de tareas gracias a las plataformas digitales.

En segundo lugar, se estudiará el marco normativo actual en materia de representación legal de los trabajadores para, finalmente, señalar los retos que el sistema de representación colectiva de los trabajadores presenta en las nuevas formas de prestación de servicios y señalar la necesaria revisión de ciertos conceptos jurídicos con el fin de adaptar nuestro sistema a la situación actual.

---

2 En este sentido, Pastor Martínez, A., «Representación de los trabajadores en la empresa digital», en *Anuario IET. Presente y futuro del trabajo*, 2018, vol. 5, p. 112. Igualmente, Raso Delgue, J., «La empresa virtual: nuevos retos para el Derecho del Trabajo», en *Revista Internacional y Comparada de Relaciones Laborales y Derecho del Empleo*, vol. 5, núm. 1, 2017, p. 10. Documento disponible en: file:///C:/Users/departamento.derecho/Downloads/_helpdesk,+raso_revista_n1_2017_def.pdf

2. Nuevas formas de prestación de servicios al amparo de la innovación tecnológica: características diferenciadoras

Es posible afirmar que, desde hace unos años, asistimos impasibles a una revolución tecnológica y digital nunca imaginada en nuestra sociedad; al menos, no a la velocidad que se está desarrollando. Tanto es así que internet no ha llegado al medio siglo de existencia; y la velocidad a la que estos cambios tecnológicos se producen en la actualidad supone un reto para el iuslaboralismo, con objeto de adaptar la normativa a una realidad inexistente cuando ésta fue aprobada.

En las últimas décadas se ha producido un cambio irreversible en la organización del trabajo por parte de las empresas que implica nuevas formas de prestación del servicio como el trabajo a distancia, el trabajo *on demand online* o el trabajo de plataformas entre otros. La sociedad asiste, en la actualidad, a un cambio en el modelo de negocio similar al producido en cualquiera de las revoluciones industriales precedentes, donde los cambios producidos en la forma de organizar el trabajo supusieron importantes avances, y también retos sociales para adaptarse a los mismos[3].

Esta deslocalización del trabajo conlleva, a su vez, una imparable dispersión de centros físicos de trabajo, incluso su total desaparición y la dinamitación inevitable de ciertos derechos colectivos que fueron ideados en una realidad en la que el centro de trabajo era el eje de la relación entre empresa y trabajador; tal como se analizará posteriormente[4].

Sin embargo, y aunque, a priori, estas nuevas formas de prestación de servicios parecen similares entre sí, adolecen de importantes características diferenciadoras que, en la práctica, suponen un importante reto. No se trata de adaptar la normativa a un nuevo modo de realizar el trabajo, sino a múltiples formas de hacerlo. Así pues, es necesario determinar cuáles son las diferentes formas de prestar servicio mediante el uso de los avances tecnológicos como punto de partida ineludible para poder analizar, con rigor, los retos que se presentan a la hora de adaptar la legislación aplicable para garantizar el adecuado ejercicio del derecho a la representación colectiva por parte de los trabajadores digitales.

---

3 En este sentido se manifiesta Avendaño Martínez, F., *Capitalismo y modelos de negocio en la revolución digital y transformación del mercado de trabajo*, Ed. Dykinson, Madrid, 2023, pp. 219 y ss.

4 En este sentido, Álvarez Cuesta señala que «*la característica principal de todos estos modos y maneras de trabajar viene dada en negativo: la ausencia del centro de trabajo como lugar de prestación de servicios*», que pasa a desarrollarse en el domicilio del trabajador o en otro lugar elegido por las partes. En Álvarez Cuesta, H.: «Del recurso al teletrabajo como medida de emergencia al futuro del trabajo a distancia», en *Lan Harremanak*, núm. 43, 2020, p. 176.

2.1. Las empresas virtuales o «en red»

Se entiende por empresa virtual a aquella en la que sus trabajadores no están presentes en un mismo lugar o centro de trabajo físico, sino que trabajan de forma remota, utilizando las tecnologías de la información y la comunicación para conectarse entre sí y realizar su trabajo[5]. Estas organizaciones empresariales se caracterizan por carecer de una sede física, y operan de forma remota con todo el mundo. Esto permite a sus empleados realizar la prestación de servicios con una gran flexibilidad y capacidad para organizar y distribuir su tiempo de trabajo, y ofrece la posibilidad de que estos no residan en un mismo lugar o que cambien de residencia de forma habitual[6]. Ello ha traído consigo la aparición de nuevas tipologías de trabajadores, como son los llamados «*nómadas* digitales», que pueden viajar y moverse de un lugar a otro sin restricciones derivadas del desempeño de su trabajo. A su vez, la propia estructura empresarial y la descentralización o inexistencia de una sede física de la empresa, supone no poder asignarle un ámbito geográfico de actuación claro, lo que implica serios problemas para determinar cuál es la normativa aplicable, tanto a la empresa como al trabajador.

Por otra parte, y al igual que ocurre en las empresas «tradicionales», las empresas virtuales también pueden ser muy diferentes entre sí, por lo que cada empresa virtual tendrá sus propias características. Sin embargo, y al igual que ocurre en el mundo «físico», es posible hablar de una serie de notas definitorias de la empresa virtual que resultan comunes a todas ellas.

En primer lugar, las empresas virtuales o en red suelen centrar sus servicios en tareas nucleares, básicas y fundamentales. No buscan realizar todo el proceso productivo, sino que se especializan en una determinada área del mismo y desarrollan en ella todo su potencial[7].

Puesto que son «virtuales», toda la empresa se basa en la red, y precisa de una intranet donde sus trabajadores puedan interactuar entre sí y la empresa

---

5 Otra posible definición es aquella que señala que son «*aquellas que conducen sus operaciones mediante comunicaciones remotas apoyadas por computador*», por lo que existen en el espacio virtual y sin interacción física. En Villegas Arias, G. C., «Organizaciones virtuales», en *Revista AD-Minister*, Universidad EAFIT, núm. 2, 2003, p. 72. Documento disponible en: https://repository.eafit.edu.co/server/api/core/bitstreams/5aba8e6e-e64c-4020-9b50-f76089a1618a/content

6 En este sentido, véase Rodríguez-Piñeiro Royo, M., «Acceso al empleo, formación y contratación en el contexto de la digitalización», en AA. VV., *Digitalización, recuperación y reformas laborales, Ponencias del XXXII Congreso Anual de la AEDTSS*, Ministerio de Trabajo y Economía Social, 2022, pp. 76 y ss. Documento disponible en: https://libreriavirtual.trabajo.gob.es/libreriavirtual/descargaGratuita/WIYE0262

7 Arjonilla Domínguez, S. J. y Medina Garrido, J. A., «La empresa virtual», en *Dirección y organización: Revista de dirección, organización y administración de empresas*, núm. 31, 2005, p. 10. Documento disponible en: https://revistadyo.es/index.php/dyo/article/view/106/106

pueda, a su vez, comunicarse con ellos en un entorno seguro y con agilidad. De igual forma, y como consecuencia de esta forma de organizar el trabajo, sus empleados son teletrabajadores, pues no solo las comunicaciones y la prestación de servicio se realiza «en red», sino que habitualmente ni siquiera existe un centro físico al que estos puedan acudir a desempeñar sus funciones.

Así, las empresas virtuales prestan servicios de forma globalizada, no en un ámbito geográfico determinado; lo que es posible, además, por la tendencia a la descentralización de servicios por parte de otras empresas que, en muchas ocasiones, sí tienen sede física[8].

2.2. La externalización o deslocalización del trabajo mediante el uso de plataformas digitales

El concepto de plataforma digital es un concepto complejo, y que encierra múltiples aristas a las que debe atenderse con el fin de determinar, de forma adecuada, las características principales y determinantes de este tipo de prestación de servicios frente a otros modelos de negocio actuales. Así, el Consejo Europeo ha señalado que el trabajo en plataformas digitales debe considerarse «*una forma de empleo en el que las organizaciones o las personas se sirven de una plataforma en línea para acceder a otras organizaciones o personas con el fin de solucionar problemas concretos o de ofrecer servicios específicos a cambio de una retribución*»[9].

Esta forma de ofrecer servicios apareció hace algunos años, si bien no fue hasta la pandemia del Covid-19 cuando la misma aumentó exponencialmente y se estabilizó como nueva forma de prestar servicios. En la actualidad, más de 28,3 millones de personas trabajan para plataformas digitales en la Unión Europea; cifra que se estima aumentará a los 43 millones para el año 2025[10]. Actualmente, se puede hablar de las empresas de prestación de servicios a través de plataformas digitales como un nuevo mercado de trabajo que, sin embargo, presenta diferentes formas de negocio dentro del mismo, que se diferencian entre sí, aunque se trate de prestar servicio a través de una plataforma digital[11].

---

8 En este sentido, véase Sotres Arévalo, S. G., «La empresa virtual, un nuevo esquema de negocios en la red», en *Revista digital universitaria*, vol. 11, núm. 10, 2010, pp. 6 y ss. Documento disponible en: https://www.revista.unam.mx/vol.11/num10/art98/art98.pdf

9 Disponible en: https://www.consilium.europa.eu/es/policies/platform-work-eu/#what

10 Así lo señala el Parlamento Europeo en *Gig economy: legislación europea para mejorar los derechos de los trabajadores*, Parlamento Europeo, 2024. Disponible en: https://www.europarl.europa.eu/topics/es/article/20190404STO35070/gig-economy-legislacion-europea-para-mejorar-los-derechos-de-los-trabajadores

11 En este sentido, véase Raso Delgue, J., «La empresa virtual: nuevos retos para el Derecho del Trabajo», en *Revista Internacional y Comparada de Relaciones Laborales y Derecho*

2.2.1. La empresa de plataformas

La característica fundamental del modelo de negocio basado en plataformas digitales es que, «*mientras que en la empresa tradicional el valor se mueve de izquierda a derecha (a la izquierda los costes, a la derecha los ingresos) en las "redes de dos caras", los costes e ingresos están tanto a la izquierda como a la derecha, porque la plataforma tiene un grupo distinto de usuarios en cada lado. La plataforma incurre en costes al servir a ambos grupos y puede recaudar ingresos de cada uno de ellos, aunque uno de los lados esté, muy a menudo, subvencionado*»[12]. Dicho de otro modo, la plataforma pone en contacto a quien tiene una necesidad concreta con aquel que puede dar respuesta a dicha necesidad, por lo que, a mayor número de usuarios de ambos tipos, mayor valor de la plataforma.

Sin embargo, y aunque esta es la base del negocio de plataformas, desde el ámbito laboral este modelo de negocio basado en poner en contacto al consumidor con el proveedor ha sido constantemente cuestionado. Así, existen plataformas dedicadas exclusivamente a la puesta en contacto de alguien con una necesidad y la persona o entidad que puede dar respuesta a la misma, y otras en las que tan solo se trata de una organización del trabajo tradicional distinta y basada en el uso de la tecnología.

Debe diferenciarse, pues, entre dos tipos de empresas de plataformas. En primer lugar, está la plataforma que dedica su negocio a conectar productores o prestadores de servicio con consumidores o usuarios, en la que ésta tan solo ejerce como intermediario, sin ofrecer ningún tipo de producto concreto. En estos casos, «*la plataforma facilita la infraestructura y establece las condiciones para la gobernanza de las interacciones*», pero no ejerce control sobre la interacción o el intercambio de productos y servicios en sí mismo. Así, la plataforma «*proporciona a los productos de empresas tradicionales una gran base de potenciales clientes y, al mismo tiempo, ofrece a los potenciales clientes de manera muy sencilla, una amplia gama de ofertas*»[13].

En segundo lugar, y como manifestación de una relación tradicional de prestación de servicios trasladada al mundo digital, están aquellas empresas de plataformas que no se basan en poner en contacto necesidades de clientes y posibles soluciones; sino que basan su actividad laboral en la plataforma. Esto supone la creación de un nuevo mercado de trabajo real, inexistente

---

del Empleo, vol. 5, núm. 1, 2017, p. 9. Documento disponible en: file:///C:/Users/departamento.derecho/Downloads/_helpdesk,+raso_revista_n1_2017_def.pdf
En similar sentido, Avendaño Martínez, F., *Capitalismo y modelos de negocio en la revolución digital y transformación del mercado de trabajo*, Ed. Dykinson, Madrid, 2023, p. 225.

12 Avendaño Martínez, F., *Capitalismo y modelos de negocio en la revolución digital y transformación del mercado de trabajo*, Ed. Dykinson, Madrid, 2023, p. 221.

13 Avendaño Martínez, F., *Capitalismo y modelos de negocio en la revolución digital y transformación del mercado de trabajo*, Ed. Dykinson, Madrid, 2023, pp. 223 y 224.

hasta la fecha, en el que la relación entre empresa y trabajador se digitaliza, perdiendo así la relación física entre trabajadores y trabajador-empresa, por no existir un lugar físico de prestación de servicios. Por otra parte, este tipo de trabajo se adapta constantemente a las necesidades reales de producción de la empresa, que solo «activa» a sus trabajadores cuando tiene demanda, lo que supone un importante ahorro de costes para la empresa y una importante precarización del trabajo, pues las retribuciones dependen del tiempo efectivo de prestación de servicios, y cargan sobre el trabajador los costes de la falta de demanda en un momento determinado[14].

El primer tipo, la empresa que realiza una función de simple intermediaria entre cliente y empresa, no tiene mayores implicaciones en materia laboral, pues se trata de una relación que carece de este carácter, y, por tanto, queda fuera del ámbito de estudio de este trabajo. Mayor reto presenta, por su parte, la plataforma digital que opera como una empresa tradicional, prestando un determinado servicio a sus clientes, pero sin contar con una plantilla estable de trabajadores o sin un centro de trabajo al que acudir. Este segundo tipo será el que se estudiará a continuación.

2.2.1. El uso de plataformas digitales para el desarrollo de ciertas tareas: la *gig-economy* y la economía *on-demand*

Antes de abordar los retos que estas nuevas formas de prestación de servicio presentan en materia de representación de los trabajadores en la empresa, debe diferenciarse entre la *gig-economy* y la economía *on-demand* pues, si bien presentan similitudes, son dos modelos de negocio a través de plataformas digitales claramente diferenciados.

La *gig-economy* es la empresa de plataformas que basa su negocio en la realización de microtareas, bien para otras empresas o bien para clientes concretos. Tal como señaló la BBC, «*se trata de un mercado laboral caracterizado por la prevalencia de contratos de corta duración o trabajo autónomo*», lo que supone una enorme precarización del trabajo. Se trata de una economía basada en la demanda, que activa a los trabajadores solo cuando estos son necesitados, lo que supone trabajos esporádicos y de muy corta duración. En este tipo de negocio, el trabajador percibe una remuneración por cada una de las tareas que ejecuta, pero no por su disponibilidad. Así, tal como señala el Parlamento Europeo, «*en la llamada gig economy, son habituales los puestos temporales y los contratos a corto plazo con trabajadores independientes,*

14 En este sentido, Avendaño Martínez señala que «está por ver que el futuro del trabajo se convierta en el futuro de los ingresos (salarios), dada la volatilidad de éstos en el trabajo que brindan las plataformas». En Avendaño Martínez, F., *Capitalismo y modelos de negocio en la revolución digital y transformación del mercado de trabajo*, Ed. Dykinson, Madrid, 2023, p. 223.

lo que coloca a los trabajadores en una posición de debilidad frente a las plataformas digitales»[15], que, de forma habitual, se manifiesta en salarios que generalmente son bajos, una importante inestabilidad laboral y la imposibilidad de ejercer sus derechos por parte de los trabajadores. Estas empresas desarrollan su actividad a través de contratos con trabajadores autónomos en la mayoría de los casos[16].

Por su parte, el modelo de las plataformas *on-demand*, se basa en la idea de que «*una empresa no es viable sin clientes que demanden sus servicios o productos*»[17]. Así, en estas plataformas, se mercantiliza la propia relación laboral en la que, si bien el trabajador logra un acceso más rápido, las condiciones laborales en las que se desarrolla la prestación de servicio se precarizan, lo que impide el ejercicio por parte de los trabajadores de muchos de sus derechos. Además, y como señalan algunos autores, «*la on demand economy altera la esencia de la economía colaborativa, planteando el tema de si estamos ante trabajadores autónomos que emplean los beneficios de una plataforma o si la on-demand economy es la expresión más extrema de la externalización del trabajo*»[18].

Este modelo de negocio basado en microtareas (bien externalizándolas o desarrollándolas a través de la economía *on-demand* dentro de la propia empresa) no es novedoso. Así, hasta la aparición de este tipo de plataformas digitales, estas tareas eran desempeñadas por trabajadores con contratos temporales, generalmente de obra o servicio, lo que suponía una importante inversión para las empresas, tanto de costes directos como indirectos, derivados del tiempo dedicado a la gestión de estos contratos de trabajo. La economía de plataformas ha permitido a las empresas externalizar aquellas tareas que precisaban, para su desarrollo, de contrataciones de corta duración por su parte y ahorrarse esos costes, tanto directos como indirectos de las mismas[19].

---

15 *Gig economy: legislación europea para mejorar los derechos de los trabajadores*, Parlamento Europeo, 2024. Disponible en: https://www.europarl.europa.eu/topics/es/article/20190404STO35070/gig-economy-legislacion-europea-para-mejorar-los-derechos-de-los-trabajadores

16 En este sentido, Todolí Signes, A., «El impacto de la "Uber Economy" en las relaciones laborales: los efectos de las plataformas virtuales en el contrato de trabajo», en *IUSLabor*, núm. 3/2015. Documento disponible en: https://www.raco.cat/index.php/IUSLabor/article/view/305786

17 Así se manifiesta Avendaño Martínez, F., *Capitalismo y modelos de negocio en la revolución digital y transformación del mercado de trabajo*, Ed. Dykinson, Madrid, 2023, p. 229.

18 Raso Delgue, J., «La empresa virtual: nuevos retos para el Derecho del Trabajo», en *Revista Internacional y Comparada de Relaciones Laborales y Derecho del Empleo*, vol. 5, núm. 1, 2017, p. 11. Documento disponible en: file:///C:/Users/departamento.derecho/Downloads/_helpdesk,+raso_revista_n1_2017_def.pdf

19 Así se manifiesta Avendaño Martínez, F., *Capitalismo y modelos de negocio en la revolución digital y transformación del mercado de trabajo*, Ed. Dykinson, Madrid, 2023, p. 226, haciéndose eco de lo señalado por Amazon Mechanical Turk en su página web.

Con todo, y pese a que la intención de las plataformas siempre ha sido la de ejercer de simples intermediarios, la realidad ha puesto de manifiesto que «*la realización efectiva de microtrabajos por parte de los usuarios de una plataforma en línea (crowdworkers) sobre la base de un acuerdo marco celebrado con su operador (crowdsourcer) puede dar lugar a que la relación jurídica se califique como relación laboral*», y esto es así porque, tal como ha señalado en reiteradas ocasiones la jurisprudencia, al analizar detalladamente dicha relación, se dan las características propias de una relación laboral por cuenta ajena establecidas en el art. 1.1 TRET; a saber: voluntariedad, ajenidad, retribución y dependencia[20]. Esta postura jurisprudencial fue, por otra parte, incluida en el propio texto legal, que en su Disposición Adicional Vigesimotercera que establece que la presunción de laboralidad recogida en el art. 8.1 TRET se aplica a las personas que prestan servicios de reparto a través de plataformas digitales y bajo control de la gestión algorítmica.

3. La representación colectiva de los trabajadores en la empresa: el centro de trabajo físico como eje fundamental en materia de representación colectiva de los trabajadores

Si este trabajo pretende analizar cuál es el marco jurídico actual en materia de representación de los trabajadores, no es por que deba darse por hecho que el ordenamiento jurídico laboral español será el aplicable a aquellos trabajadores que residan en España, sino porque, salvo la improbable gesta de lograr un ordenamiento jurídico laboral universal, esta es la legislación que, entendemos, debemos adaptar a la nueva realidad en nuestro país.

Sin embargo, y antes de entrar a analizar cuestiones concretas, debe señalarse la importancia que, para los trabajadores en red, teletrabajadores o nómadas digitales, tiene la determinación de la normativa aplicable en función de sus circunstancias individuales; determinación que deberá ser analizada en cada caso.

20 En este sentido, véanse, entre otras, SSTSJ Cataluña, de 21 de febrero, 7 y 12 de mayo y 16 de junio de 2020; STSJ Castilla y León de 17 de febrero de 2020 o SSTSJ Madrid de 17 de enero y 3 de febrero de 2020.
Así se han manifestado numerosos autores, como Raso Delgue, J., «La empresa virtual: nuevos retos para el Derecho del Trabajo», en *Revista Internacional y Comparada de Relaciones Laborales y Derecho del Empleo*, vol. 5, núm. 1, 2017, p. 15. Documento disponible en: file:///C:/Users/departamento.derecho/Downloads/_helpdesk,+raso_revista_n1_2017_def.pdf o Todolí Signes, A., «El impacto de la "Uber Economy" en las relaciones laborales: los efectos de las plataformas virtuales en el contrato de trabajo», en *IUSLabor*, núm. 3/2015. Documento disponible en: https://www.raco.cat/index.php/IUSLabor/article/view/305786

Sin ser objeto de estudio en el presente trabajo, debe hacerse, pues, una breve referencia a esta cuestión. Así, para determinar la normativa aplicable, habrá que acudir al Reglamento 593/2008 del Parlamento Europeo y del Consejo para la ley aplicable al contrato individual de trabajo (Reglamento Roma I). Atendiendo al contenido del art. 8.2 del Reglamento Roma I, se aplica, como norma general, la *lex loci laboris*, es decir, la legislación del país donde se presta el servicio de forma habitual o en el que reside el trabajador digital, y no el lugar en el que la empresa contratante tiene su sede oficial. De no poder aplicarse este criterio, el apartado 3 del citado artículo señala que la legislación aplicable se determinará en función del país donde tenga su domicilio la empresa contratante y, por último, en caso de que la situación ponga de manifiesto «*que el contrato presenta vínculos más estrechos con un país distinto, se aplicará la ley de ese otro país*». Ante este precepto legal, y ante la dificultad aplicativa del mismo, la doctrina iuslaboralista propone «*que el criterio general sea el del lugar del establecimiento empresarial que se beneficia de los frutos laborales*», que también sería «*el lugar adecuado de conexión para determinar la ley aplicable al ser este el país donde se obtienen los frutos del trabajo y donde se encuentra el centro de trabajo al que la persona necesariamente debe estar adscrita y con el que se encuentra conectada*»[21]. Sin embargo, este criterio (bien el señalado en el Reglamento Roma I o el propuesto por la doctrina) que, en apariencia, resulta sencillo en su aplicación, no lo es tanto cuando la empresa tiene varios centros de trabajo, en distintos países, y no está claro a cuál debe adscribirse al trabajador en red o de plataformas, cuestión que resulta compleja por las características de la propia prestación del servicio, tal como se ha señalado en el apartado anterior.

A continuación, y partiendo de la premisa de que se determine que la normativa de aplicación es la española, se analizarán los principales puntos críticos que presenta nuestra normativa para adaptarse a la nueva realidad laboral en esta materia.

Una vez señalada la complejidad de determinar la normativa aplicable es imprescindible hacer referencia a cómo nuestro ordenamiento jurídico ha basado el derecho colectivo a la representación de los trabajadores en un concepto de centro de trabajo físico y los problemas que ello acarrea en la actualidad.

Tal como señalan algunos autores, el derecho colectivo del trabajo en España está construido sobre la idea de empresa fordista[22]. La regulación actual hace referencia de forma indistinta o conjunta a empresa y centro de trabajo cuando abordan la representación de los trabajadores. Así, los

---

21 Nogueira Guastavino, M., «Metaverso y legislación aplicable al contrato de trabajo», en *Revista de Trabajo y Seguridad Social*, CEF, 471, p. 36.

22 En este sentido, Pastor Martínez, A., «Representación de los trabajadores en la empresa digital», en *Anuario IET. Presente y futuro del trabajo*, 2018, Vol. 5, p. 112.

arts. 62 y 63 TRET, en su apartado primero, señalan que la representación de los trabajadores corresponderá a la «*empresa o centro de trabajo*» con un número determinado de trabajadores censados. Sin embargo, aunque la referencia general de ambos artículos es al número total de trabajadores de la empresa o centro, la realidad fáctica es que se aplica al centro de trabajo, y no de la empresa, pues es el centro de trabajo donde se constituye la unidad electoral básica, y no es potestad de empresario y trabajadores determinar dicha unidad, sino que para aquellas empresas con un único centro de trabajo, este será el ámbito referencial, pero cuando cuenten con una estructura compleja, cada centro será independiente en materia electoral de los demás[23]. Tanto es así que existe la posibilidad, siempre y cuando lo recoja el convenio colectivo, de crear un comité intercentros, pues es en el centro donde está el ámbito de referencia para ejercer el derecho a la representación mediante delegados de personal y comité de empresa.

4. Los retos de la representación colectiva en las nuevas formas de prestación de servicios: la necesaria revisión normativa para adaptarse a los nuevos tiempos

En primer lugar, y antes de abordar en profundidad los retos jurídicos que presenta la adaptación de la normativa en materia de representación de los trabajadores a las nuevas realidades empresariales, debe señalarse que los nuevos modelos de negocio analizados anteriormente y la flexibilidad laboral que estos ofrecen «*no está reñida con la aplicación de la legislación laboral*» y que, la dicotomía planteada por las empresas sobre flexibilidad vs derechos «*no deja de ser un intento de manipulación social*»[24]. Tradicionalmente, ante los cambios en modelos de negocios y en la sociedad, las empresas plantean la inviabilidad de las mismas en caso de mantener los derechos sociolaborales alcanzados por los trabajadores. Sin embargo, la experiencia ha demostrado invariablemente que la aparición de nuevas formas de prestación de servicios no debe suponer una merma de derechos laborales, sino que debe conllevar una adaptación de estos a las nuevas realidades, garantizando siempre la protección social alcanzada hasta la fecha y mejorándola siempre que sea posible[25]. Con todo, las empresas no tienen la capacidad de

23 En este sentido se ha manifestado la jurisprudencia en numerosas ocasiones. Véase STS de 19/03/2001. De 20/02/2008 o de 07/02/2012 o STS núm. 172/2023, de 07/03/2023 entre otras.

24 Avendaño Martínez, F., *Capitalismo y modelos de negocio en la revolución digital y transformación del mercado de trabajo*, Ed. Dykinson, Madrid, 2023, p. 234.

25 En este sentido se manifiesta Avendaño Martínez, F., *Capitalismo y modelos de negocio en la revolución digital y transformación del mercado de trabajo*, Ed. Dykinson, Madrid,

decidir qué tipo de relación les une con sus trabajadores, ni qué preceptos normativos aplican a los mismos. Las cosas son lo que son y no lo que queremos que sean.

Así, si una relación entre plataforma y usuario presenta las notas características de la relación laboral por cuenta ajena establecidas en el art. 1.1 TRET, tal como señala además la Disposición Adicional Vigesimotercera TRET (y, como se ha señalado anteriormente, en la mayor parte de casos la jurisprudencia ha entendido que es así), se tratará de una relación laboral por cuenta ajena y, por tanto, el trabajador estará protegido por la normativa laboral en su conjunto, sin que la empresa pueda limitar el ejercicio de ninguno de sus derechos laborales. En este sentido, nuestros tribunales parecen «*querer poner fin a las aspiraciones de las grandes plataformas digitales de mantener al margen del Derecho del Trabajo y de la Seguridad Social*» a sus trabajadores, al manifestar en sus diversas sentencias que la plataforma no ejerce como simple intermediaria entre trabajador y cliente, sino que asume una verdadera posición de empleador, atendiendo al concepto de este de nuestro ordenamiento jurídico-laboral[26].

Sin embargo, y aun determinando la existencia de relación laboral, el derecho colectivo a la representación de los trabajadores en la empresa presenta importantes disfunciones para adaptarse a una prestación de servicios virtual y deslocalizada. Esto supone, en la práctica, la pérdida de este derecho colectivo por parte de los trabajadores virtuales y de plataformas; y es una pérdida grave, pues puede hacer tambalearse nuestro sistema de protección social. Por ello, es indispensable que tanto el jurista como el legislador analicen los retos actuales y la manera de adaptar la normativa a los nuevos tiempos y formas de prestación de servicio, con objeto de garantizar, en estos nuevos contextos laborales, el ejercicio de los derechos sindicales y de participación de los trabajadores en las empresas, así como de su propia representación[27].

El presente trabajo plantea dos grandes retos: la necesaria revisión del concepto de «centro de trabajo» actual para lograr flexibilizarlo y hacerlo

---

2023, p. 234, al señalar que «*las afirmaciones que suelen hacer los representantes de las plataformas digitales de que no pueden considerar como trabajadores por cuenta ajena a sus empleados porque afectaría a la flexibilidad laboral es una impostura*».

26 En Monereo Pérez, J.L. y Martín Muñoz, M.R., «La laboralidad de quienes prestan servicios a través de plataformas digitales», en *Revista de Jurisprudencia Laboral*, núm. 9, 2020, p. 9.

27 En este sentido, la «Agenda europea para la economía colaborativa», aprobada por el Parlamento Europeo, ya en 2017 solicitaba a la Comisión un estudio sobre la posible adaptación de las normas de la UE al mercado laboral digital, así como a los Estados miembros que trabajasen en pro de modernizar la legislación para adaptarla a las nuevas formas de prestación de servicios y lograr garantizar el mantenimiento de los derechos de los trabajadores. Documento disponible en: https://eur-lex.europa.eu/legal-content/ES/TXT/?uri=CELEX%3A52016DC0356

adaptable, escapando de su identificación con un espacio físico, por un lado; y la posibilidad de dotar de mayor protagonismo a la representación sindical en nuestro ordenamiento jurídico; tal como se analizará a continuación.

Los avances tecnológicos y los cambios que conllevan son imparables. Si hoy el reto está en adaptar el derecho laboral a la prestación de servicios en red, en los próximos años se deberá adaptar al metaverso y a la prestación de servicios virtual[28]. La adaptación del Derecho del Trabajo debe plantearse, no solo para que responda a las necesidades actuales, sino también a las que se plantearan en los próximos años.

4.1. La necesaria revisión del concepto de «centro de trabajo» para adaptarlo a la situación actual

La nueva realidad pone de manifiesto que el centro de trabajo físico, como espacio en el que se desarrolla la actividad laboral, ha perdido la relevancia que adquirió en los siglos anteriores. El hecho de que nuestra regulación en materia representativa le otorgue ese papel de unidad electoral básica y referencia a la que acudir para determinar el alcance del mismo transforma al teletrabajador, como han señalado algunos autores, en un trabajador «apátrida». Sin un centro físico al que adscribirse, queda huérfano y sin capacidad de ejercer muchos de sus derechos laborales, pero en especial, de aquellos de carácter colectivo «*por cuanto su naturaleza y su configuración legal se construyen sobre la idea de una colectividad que pivota en torno al centro de trabajo*»[29].

La normativa reguladora de este tipo de prestación de servicios reconoce y equipara, de forma expresa, a los trabajadores a distancia y presenciales en derechos laborales, salvo aquellos derechos que, por su propia naturaleza, solo pueden ser ejercidos en el centro de trabajo físico[30]. En materia colectiva, la Ley 10/2021, de 9 de julio, de trabajo a distancia (en adelante, LTD) establece, en su art. 19 que «*las personas trabajadoras a distancia tendrán derecho a ejercitar sus derechos de naturaleza colectiva con el mismo contenido y alcance que el resto de las personas trabajadoras del centro al que estén adscritas*», estableciendo así la necesidad de que estos (tele)

28 Hay quien señala que, «*en la próxima década, millones de personas trabajarán a través de un metaverso con una representación virtual*». En Avendaño Martínez, F., *Capitalismo y modelos de negocio en la revolución digital y transformación del mercado de trabajo*, Ed. Dykinson, Madrid, 2023, p. 238.

29 Gallego Montalbán, J., «El concepto de centro de trabajo y adscripción de las personas trabajadoras como presupuestos de los derechos de representación en el trabajo a distancia y las empresas digitalizadas», en *IUSLabor*, núm. 1, 2022, p. 264

30 Álvarez Cuesta, H., «Del recurso al teletrabajo como medida de emergencia al futuro del trabajo a distancia», en *Lan Harremanak*, núm. 43, 2020, p. 182.

trabajadores sean vinculados a un centro de trabajo físico, con objeto de garantizar el ejercicio de este derecho.

Sin embargo, como se señalaba anteriormente, esto no siempre será posible, pues asistimos en la actualidad a la aparición de empresas virtuales, sin ningún centro de trabajo físico; y ya se empieza a plantear la distopía entre derechos laborales y metaverso, entendiendo que en unos años ni siquiera se tratará de trabajar a distancia, sino de trabajar, directamente, en un mundo virtual paralelo[31].

Así, la regulación parte, una vez más, del centro de trabajo físico; y da por sentada su existencia, pese a que la realidad pone de manifiesto que nos enfrentamos a un futuro en el que no siempre podremos acudir a él como ámbito referencial. No es suficiente, pues no se garantizan los derechos colectivos de los trabajadores a distancia en empresas virtuales, por más que la intención del legislador haya sido la de garantizar dicho derecho.

La necesaria garantía del derecho colectivo a la representación de los trabajadores debe partir de que el centro de trabajo no debe ser, por definición, un espacio físico, sino que puede ser, también, un espacio virtual, en el que el empresario —tal como señala el art. 1.5 TRET—, ejerce su poder de dirección y organización del trabajo, pues en ese espacio virtual seguirá existiendo «*una unidad productiva compuesta, entre otros elementos, por las personas trabajadoras que prestan servicios bajo la dirección y organización de estas empresas"*, donde *"el poder de dirección y organización se realiza de manera no presencial*»[32].

En definitiva, es necesario revisar y actualizar la regulación en materia de representación de los trabajadores actual[33]. El legislador y nuestros tribunales deben aceptar la premisa de que «*es falsa la distinción entre un mundo "real" o físico y un mundo "virtual" o digital. Solo hay un mundo "real", pero dos entornos: físico y virtual*». Partiendo de esta base, adaptar la normativa actual a los nuevos escenarios no debería resultar tan complejo, pues bastaría con flexibilizar el concepto de centro de trabajo y determinar, en el contrato de

---

31 En este sentido, Gallego Montalbán señala que «*la norma no contempla la hipótesis de que una empresa no tenga un centro de trabajo físico donde adscribir a las personas trabajadoras*», y no da solución a este problema que ya se manifiesta en la actualidad. En «El concepto de centro de trabajo y adscripción de las personas trabajadoras como presupuestos de los derechos de representación en el trabajo a distancia y las empresas digitalizadas», en *IUSLabor*, núm. 1, 2022, p. 264.

32 Gallego Montalbán, J., «El concepto de centro de trabajo y adscripción de las personas trabajadoras como presupuestos de los derechos de representación en el trabajo a distancia y las empresas digitalizadas», en *IUSLabor*, núm. 1, 2022, p. 265.

33 En este sentido, véase Cruz Villalón, J., «Una propuesta de revisión de las reglas sobre representación de los trabajadores en la empresa», en *Revista Galega de Dereito Social*, núm. 1, 2016, pp. 56y ss. Igualmente, Nieto Rojas, P., *Las representaciones de los trabajadores en la empresa*, Thomson Reuters Aranzadi, Cizur Menor, 2015, pp. 199 y ss.

trabajo, cual es el centro (físico o virtual) al que el trabajador de plataformas o en red debe adscribirse para el ejercicio de sus derechos, como una parte más del contenido del acuerdo de trabajo a distancia.

Así, de existir un espacio físico en la empresa, la determinación del centro de adscripción podría determinarse según tres posibles criterios: en primer lugar, el legislador podría establecer que el centro de trabajo al que el trabajador debe adscribirse será aquel más cercano al domicilio del trabajador, en caso de que este sea estable y no se trate de un nómada digital. En segundo lugar, es posible establecer que el trabajador debe adscribirse al centro de trabajo para el que desarrolla sus servicios en mayor medida, es decir, con quien tiene una relación laboral más directa; con independencia de la ubicación física de este y el domicilio del trabajador. Por último y, en tercer lugar, sería posible determinar que serán las partes, mediante acuerdo en el contrato de trabajo, quienes determinarán el centro de trabajo al que se adscribe el trabajador que firma dicho contrato. Sería, por tanto, un pacto de trabajo individual, que precisaría de una regulación no solo nacional, sino supranacional que permitiese cierta uniformidad[34].

Ahora bien, de no existir centro de trabajo físico al que adscribir al trabajador, por tratarse de una empresa virtual, deberá entenderse «centro de trabajo» como la unidad productiva virtual donde el empresario ejerce sus poderes de dirección, organización y control, adscribiendo al trabajador a la misma y ejerciendo sus derechos laborales en función de dicha consideración[35].

5. Conclusiones

Tras el breve análisis realizado, no cabe duda de la necesidad de que el legislador adopte medidas urgentes, dirigidas a una real y efectiva adaptación de la normativa actual a un nuevo modelo de negocio en el que, cada vez con más frecuencia, los elementos típicos de la relación laboral por cuenta ajena resultan difusos o, directamente, son inexistentes. Si hasta ahora el legislador tan solo ha realizado un reconocimiento expreso a que los trabajadores a distancia son sujetos de derecho en igualdad de condiciones que

34 En este sentido, Rodríguez Fernández ha señalado que, para regular adecuadamente el trabajo en plataformas, debe perseguirse el objetivo de lograr una regulación global e internacional que establezca unas condiciones mínimas y homogéneas para evitar el outsourcing de plataformas o digital. En Rodríguez Fernández, M. L., «Nuevas formas de empleo digital: el trabajo en plataformas, diez propuestas para su regulación internacional», en AA. VV., *Digitalización, recuperación y reformas laborales, Ponencias del XXXII Congreso Anual de la AEDTSS*, Ministerio de Trabajo y Economía Social, 2022, pp. 111-118. Documento disponible en: https://libreriavirtual.trabajo.gob.es/libreriavirtual/descargaGratuita/WIYE0262

35 En este sentido, véase Álvarez Cuesta, H.: «Del recurso al teletrabajo como medida de emergencia al futuro del trabajo a distancia», en *Lan Harremanak*, núm. 43, 2020, pp. 191 y ss.

trabajadores presenciales, ahora es imprescindible un desarrollo de todos los derechos laborales que se manifiesta más que necesario para adaptarlos a esta nueva realidad.

Ante esto, se presentan dos posibilidades: realizar un extenso trabajo de adaptar la normativa general para que abarque a todas las formas de prestación de servicios o bien continuar como hasta ahora, aprobando leyes específicas aplicables a colectivos específicos de trabajadores (como los trabajadores a distancia). Sin embargo, de optar por esta segunda opción, no debe continuarse con la tónica actual de realizar una mera mención al reconocimiento de estos derechos, sino que debe haber un esfuerzo legislador real para establecer las formas en que los trabajadores a distancia podrán ejercitar dichos derechos. De lo contrario, la realidad laboral siempre se encontrará varios pasos por delante que la normativa aplicable.

La flexibilización del concepto de centro de trabajo recogido en nuestra normativa (tanto general como específica), y que ha manejado siempre la jurisprudencia es imprescindible en la actualidad. Debe dejarse atrás el espacio físico como referente para el ejercicio de derechos laborales, abriendo dicho concepto a la realidad laboral en constante cambio y que evoluciona hacia una virtualización masiva. Así, la forma más sencilla parece ser la de entender que el centro de trabajo es el espacio donde el empresario ejerce su poder de dirección, organización y control de la actividad laboral y que conforma una unidad productiva en sí misma dentro de la organización general de la empresa, sin que resulte relevante que todo esto ocurra en el mundo «real» o «virtual» por ser, como se ha señalado, dos entornos de un mismo mundo.

Bibliografía

Arjonilla Domínguez, S. J. y **Medina Garrido, J. A.**, «La empresa virtual», en *Dirección y organización: Revista de dirección, organización y administración de empresas*, núm. 31, 2005, pp. 5-16. Documento disponible en: https://revistadyo.es/index.php/dyo/article/view/106/106

Avendaño Martínez, F., *Capitalismo y modelos de negocio en la revolución digital y transformación del mercado de trabajo*, Ed. Dykinson, Madrid, 2023.

Comisión Europea, *Agenda Europea para la economía colaborativa*, 2017. Documento disponible en: https://eur-lex.europa.eu/legal-content/ES/TXT/?uri=CELEX%3A52016DC0356

Cruz Villalón, J., «Una propuesta de revisión de las reglas sobre representación de los trabajadores en la empresa», en *Revista Galega de Dereito Social*, núm. 1, 2016, pp. 147-175.

Gallego Montalbán, J.: «El concepto de centro de trabajo y adscripción de las personas trabajadoras como presupuestos de los derechos de representación en el trabajo a distancia y las empresas digitalizadas», en *IUSLabor*, núm. 1, 2022.

Monereo Pérez, J. L. y **Martín Muñoz, M. R.**, «La laboralidad de quienes prestan servicios a través de plataformas digitales», en *Revista de Jurisprudencia Laboral*, núm. 9, 2020.

Nieto Rojas, P., *Las representaciones de los trabajadores en la empresa*, Thomson Reuters Aranzadi, Cizur Menor, 2015.

Nogueira Guastavino, M., «Metaverso y legislación aplicable al contrato de trabajo», en *Revista de Trabajo y Seguridad Social*, CEF, 471, pp. 17-53.

Parlamento Europeo, «Gig economy»: legislación europea para mejorar los derechos de los trabajadores, 2024. Disponible en: https://www.europarl.europa.eu/topics/es/article/20190404STO35070/gig-economy-legislacion-europea-para-mejorar-los-derechos-de-los-trabajadores

Pastor Martínez, A., «Representación de los trabajadores en la empresa digital», en *Anuario IET. Presente y futuro del trabajo*, 2018, vol. 5, pp. 111-122.

Raso Delgue, J., «La empresa virtual: nuevos retos para el Derecho del Trabajo», en *Revista Internacional y Comparada de Relaciones Laborales y Derecho del Empleo*, vol. 5, núm. 1, 2017, pp. 73-107. Documento disponible en: file:///C:/Users/departamento.derecho/Downloads/_helpdesk,+raso_revista_n1_2017_def.pdf

Rodríguez Fernández, M. L., «Nuevas formas de empleo digital: el trabajo en plataformas, diez propuestas para su regulación internacional», en AA. VV., *Digitalización, recuperación y reformas laborales, Ponencias del XXXII Congreso Anual de la AEDTSS*, Ministerio de Trabajo y Economía Social, 2022, pp. 111-118. Documento disponible en: https://libreriavirtual.trabajo.gob.es/libreriavirtual/descargaGratuita/WIYE0262

Rodríguez-Piñeiro Royo, M., «Acceso al empleo, formación y contratación en el contexto de la digitalización», en AA. VV., *Digitalización, recuperación y reformas laborales, Ponencias del XXXII Congreso Anual de la AEDTSS*, Ministerio de Trabajo y Economía Social, 2022, pp. 59-90. Documento disponible en: https://libreriavirtual.trabajo.gob.es/libreriavirtual/descargaGratuita/WIYE0262

Sotres Arévalo, S. G., «La empresa virtual, un nuevo esquema de negocios en la red», en *Revista digital universitaria*, vol. 11, núm. 10, 2010. Documento disponible en: https://www.revista.unam.mx/vol.11/num10/art98/art98.pdf

Todolí Signes, A., «El impacto de la "Uber Economy" en las relaciones laborales: los efectos de las plataformas virtuales en el contrato de trabajo», en *IUSLabor,* núm. 3/2015. Documento disponible en: https://www.raco.cat/index.php/IUSLabor/article/view/305786

Villegas Arias, G. C, «Organizaciones virtuales», en *Revista AD-Minister Universidad EAFIT*, núm. 2, 2003, pp. 71-89. Documento disponible en: https://repository.eafit.edu.co/server/api/core/bitstreams/5aba8e6e-e64c-4020-9b50-f76089a1618a/content

CAPÍTULO IV

CUESTIONES TRANVERSALES DE INTELIGENCIA ARTIFICIAL

Miguel Ángel Hernández Rubio
Letrado del INSS
Letrado de la CARM
miguela.hernandez4@carm.es

«Las personas llegarán a amar su opresión, a adorar las tecnologías que deshacen su capacidad de pensar».

Aldous Huxley

1. Introducción

La presente comunicación tiene por objeto el análisis de distintas cuestiones relativas a la regulación de la Inteligencia Artificial (IA) en España, así como hacer un repaso de las previsibles luces y sombras que arroja el uso de la IA en distintos ámbitos jurídicos, que si bien tienen una naturaleza muy heterogénea, si deberían recibir un tratamiento homogéneo y uniforme en cuanto a los límites del uso de la IA, por tratarse de sectores en los que va a existir una posición contractual dominante y consumidores o usuarios implicados en la parte contractual.

Igualmente se intenta ofrecer una breve aproximación a como el lenguaje jurídico puede condicionar el esquema analítico de la IA, y viceversa, como la enunciación de las reglas para el razonamiento jurídico predetermina un lenguaje alejado de conceptos universales.

La concepción actual de la inteligencia artificial, como transformación de una cantidad ingente *—y potencialmente infinita—* de datos (obrantes en internet o en bases de datos especificas) en información útil mediante el uso de algoritmos matemáticos[36], está aún por desarrollarse y explotar, si bien podemos apuntar cuales han sido los principales hitos en el nacimiento de esta disciplina y sus perfiles actuales.

Parece oportuno recordar que en el presente de siglo XXI, definido por un imparable «boom» tecnológico hemos sufrido una rápida evolución desde la robótica (aunque no parece existir aun un consenso absoluto sobre qué se entiende por el término «robot») hasta la cibernética y la inteligencia artificial, si bien ésta última no es una expresión novedosa, pues parece que ya se acuño en el año 1956, según recoge en su obra el Catedrático de filosofía del Derecho de la Universidad Carlos III de Madrid, Rafael Asís [37], reconociendo asimismo que existen hasta cuatro posibles definiciones de la IA.

Y aunque parezca más sorprendente aún, se sitúan los origines de los principios lógicos-matemáticos de la IA en Leibniz, Boole y Gödel[38], cuyos trabajos en el campo de la lógica han sido claves para el desarrollo de la actual IA y que siguen siendo mencionados en múltiples estudios, comisiones y proyectos relacionados con la IA[39].

2. Marco normativo

2.1. Normativa nacional

Partimos del **Real Decreto 817/2023, de 8 de noviembre**, que establece un entorno controlado de pruebas para el ensayo del cumplimiento de la propuesta de Reglamento del Parlamento Europeo de 13 de marzo de 2024 por el que se establecen normas armonizadas en materia de inteligencia artificial.

---

36 Danièle Bourcier, directora de Investigación del CNRS y profesora de la Universidad de la Sorbona, la define en su obra *Inteligencia artificial y derecho*, Editorial UOC, exponiendo que «*La inteligencia artificial es una rama de la informática que intenta reproducir las funciones cognitivas humanas como el razonamiento, la memoria, el juicio o la decisión y, después, confiar una parte de estas facultades, que consideramos signos de inteligencia, a los ordenadores*».

37 De Asís, Rafael, *Derechos y Tecnologías*, Dykinson, 2022 «*Por su parte, la Inteligencia Artificial es una de las ciencias más recientes. Se origina poco después de la Segunda Guerra Mundial, y el nombre se acuñó en 1956 112, en una conferencia de John McCarthy en el Dartmouth College, en un foro donde Marvin Minsky, Claude Shannon y N. Rochester entre otros, discutieron sobre la posibilidad de simular la inteligencia humana mediante las máquinas*».

38 Si bien el científico pionero del S. XX. en materia de lógica computacional fue Alan Turing, que aplicó el concepto de algoritmo a las computadoras digitales.

39 La primera investigación que se encargó de estas cuestiones fue el proyecto financiado con fondos comunitarios «Regulating emerging robotic technologies in Europe: Robotics facing law and ethics» (ROBOLAW).

Este **Real Decreto 817/2023** ofrece el punto de partida básico para futuros marcos regulativos, al incluir en el art.3, definiciones de las diferentes modalidades de los sistemas de inteligencia artificial, que anticipan (más bien, quieren anticipar) las del ya aprobado Reglamento europeo, incluyendo como Anexo I un *resumen de la «Propuesta de Reglamento del Parlamento Europeo y del Consejo por el que se establecen normas armonizadas en materia de inteligencia artificial»* con cita de los términos de la propuesta de Reglamento por el que se establecen normas armonizadas en materia de inteligencia artificial (Reglamento de Inteligencia Artificial de la Comisión Europea el 21 de abril de 2021); y en su Anexo II un «*Listado de* áreas *de sistemas de inteligencia artificial de alto riesgo específicos*».

Más recientemente, el **Consejo de ministros celebrado el 14 de mayo de 2024** ha aprobado la Estrategia de Inteligencia Artificial 2024 con la finalidad de dar «*continuidad a las iniciativas desplegadas por el Gobierno de España hasta el momento en materia de Inteligencia Artificial (IA), adaptándolas a los notables cambios experimentados en esta tecnología en los* últimos *años*».

Será a lo largo de 2024 y 2025 cuando se desplieguen los tres ejes en que se basa:

Eje 1 de «***refuerzo de las capacidades para el desarrollo de la IA***».

Eje 2 destinado a «***facilitar la aplicación de la IA en el sector público y privado***».

Eje 3 destinado a «***fomentar una IA transparente,*** ética ***y humanística***».

2.2. Normativa europea

El viernes 12 de julio de 2024 se publica en el Diario Oficial de la Unión Europea el **Reglamento (UE) 2024/1689 del Parlamento Europeo y del Consejo, de 13 de junio de 2024, por el que se establecen normas armonizadas en materia de inteligencia artificial y por el que se modifican los Reglamentos (CE) n.º 300/2008, (UE) n.º 167/2013, (UE) n.º 168/2013, (UE) 2018/858, (UE) 2018/1139 y (UE) 2019/2144 y las Directivas 2014/90/UE, (UE) 2016/797 y (UE) 2020/1828** (Reglamento de Inteligencia Artificial)[40].

Este esperado marco normativo constituye la primera iniciativa a nivel mundial en fijar directrices y normativas específicas para el uso de la Inteligencia Artificial, y representando un antes y un después en el devenir de la legislación tecnológica. Uno de los principales objetivos es conseguir que la IA se desarrolle y utilice de manera ética y segura, reduciendo sus riesgos inherentes.

El Reglamento establece una serie de requisitos y obligaciones tanto para los desarrolladores como para usuarios de los sistemas de IA, que se dividen

40 https://eur-lex.europa.eu/legal-content/ES/TXT/?uri=OJ:L_202401689

en función del nivel de riesgo inherente a la propia aplicación de IA, descendiendo a un total de cuatro niveles: riesgo inaceptable, alto riesgo, riesgo limitado y riesgo mínimo.

1. Riesgo Inaceptable

Determinados usos de la IA están prohibidos por el Reglamento, considerándolos inaceptables por la potencialidad del daño que pueden causar. Entre estos usos interdictados destacamos:

- **Sistemas de IA que manipulen comportamientos humanos**: Se refiere al uso de técnicas subliminales para influenciar en esferas del comportamiento de las personas.
- **Reconocimiento facial en tiempo real en espacios públicos**: La prohibición tiene una justificación bastante evidente, pues supone la localización espacio temporal de personas por la Administración. Solo podría tener una excepción muy concreta y tasada, en los supuestos de búsqueda de un sospecho de un crimen de especial gravedad —*como en el caso de atentados terroristas*—.

2. Riesgo Alto

Los sistemas de IA considerados de alto riesgo están encorsetados por una serie de importantes requisitos por su potencial impacto en los derechos fundamentales. Comprende:

- **Infraestructuras críticas**: Puede afectar a sectores como el de la energía, o los transportes.
- **Servicios esenciales**: Como banca y los servicios públicos (debe incluirse aquí a la Abogacía).
- **Educación y formación profesional**: Sistemas de IA que inciden en el acceso a la educación o carrera profesional.

Para los desarrolladores y usuarios de sistemas de IA de alto riesgo, el reglamento impone obligaciones de Gestión de riesgos, documentación técnica, transparencia y supervisión.

3. Riesgo Limitado

Los sistemas de IA incluidos dentro de esta categoría están sometidos a una serie de obligaciones, si bien menos intensas que para la categoría anterior, aunque garantizando un sustrato mínimo en relación a la **transparencia** y la **responsabilidad**. Los usuarios de estos sistemas deben:

- **Información a los usuarios**: Cuando se interactúa con un sistema de IA. Es precisamente este aspecto el ausente en múltiples llamadas publicitarias en las que el receptor desconoce si está hablando o no con un programa de IA, como la reciente campaña telefónica sobre instalación de placas solares.

- **Supervisión humana**: La correcta supervisión humana se hace necesaria en ciertas profesiones colegiadas como Abogados o Médicos.

4. Riesgo Mínimo

Estos sistemas de IA quedan exentos de las obligaciones anteriormente relatadas, pero no por ello pueden obviarse ciertos extremos relativos a Propiedad Intelectual, Protección de Datos o protección de consumidores y usuarios.

3. Actividad bancaria y de seguros tras la irrupción de la IA

3.1. Delimitación

Al igual que sucede con los programas de IA de predicción jurídica, la IA que interviene en el mundo de la Banca y de los seguros tiene la consideración de sistema de alto riesgo según el artículo 3 del **Real Decreto 817/2023, de 8 de noviembre, que establece un entorno controlado de pruebas para el ensayo del cumplimiento de la propuesta de Reglamento del Parlamento Europeo y del Consejo por el que se establecen normas armonizadas en materia de inteligencia artificial**[41], en un sentido plenamente coincidente con el apuntado por el Reglamento 2024/1689.

Esta afirmación tiene apoyo en el Anexo II del Real Decreto 817/2023, que ofrece un «*listado de* áreas *de sistemas de inteligencia artificial de alto riesgo específicos*» que comprende, entre otros, los que gestionan el acceso y disfrute de servicios públicos y privados esenciales y sus beneficios; los

---

41 «Sistema de inteligencia artificial de alto riesgo»: sistema de inteligencia artificial que cumpla alguno de los siguientes supuestos:
a) Un sistema de inteligencia artificial que constituya un producto regulado por la legislación de armonización de la Unión especificada en el anexo VII del presente real decreto se considerará de alto riesgo si debe someterse a una evaluación de la conformidad por un tercero con vistas a la introducción en el mercado o puesta en servicio de dicho producto con arreglo a la legislación mencionada.
b) Un sistema de inteligencia artificial que vaya a ser utilizado como un componente que cumple una función de seguridad y cuyo fallo o defecto de funcionamiento pone en peligro la salud y la seguridad de las personas o los bienes en un producto regulado por una norma armonizada de la Unión Europea, si debe someterse a una evaluación de conformidad por parte de un tercero con vistas a la introducción en el mercado o puesta en servicio de dicho producto con arreglo a la legislación de armonización aplicable. Este supuesto será aplicable, aunque el sistema de inteligencia artificial se comercialice o se ponga en servicio independientemente del producto.
c) Sistemas de inteligencia artificial mencionados en el anexo II, siempre que la respuesta del sistema sea relevante respecto a la acción o decisión a tomar, y pueda, por tanto, provocar un riesgo significativo para la salud, los derechos de las personas trabajadoras en el ámbito laboral o la seguridad o los derechos fundamentales».

sistemas de IA destinados a utilizarse para **evaluar la solvencia de personas físicas** o establecer su **calificación crediticia**; los sistemas de IA destinados a utilizarse para la **evaluación de riesgos** y la fijación de precios en relación con las personas físicas en el caso de los seguros de vida y de salud; etc.

Sobre la cuestión relativa a las pólizas de seguro, cabe hacer un breve apunte, debiendo señalar la necesidad de limitar la analítica predictiva de la IA en relación a la confección de pólizas de seguros de salud, desde la ética y licitud impulsadas por la UE. A partir de los datos de Internet de las Cosas y datos on-line existe una gran cantidad de información relativa a nuestra salud que puede ser recopilada desde un sistema de IA, y que convierta los «big data» en información relevante para crear perfiles de clientes de seguros de vida, y poniendo en duda la imparcialidad de las clasificaciones de riesgo como se conocen hasta hoy en día.

3.2. La banca y la IA

A continuación, vamos a analizar distintos aspectos de la implantación de la IA en el ámbito **bancario**, donde se manejan cada vez con más frecuencia los términos «tecnofinanzas» o «Fintech»[42].

1) La primera y principal proyección del uso de sistemas de IA en el ámbito bancario puede apreciarse sin dificultad en las **relaciones con el cliente**: La popularización de los «chatbots» ha implicado la relación impersonal —y supuestamente más rápida y eficaz— entre los clientes y su entidad bancaria. En la actualidad se ha desplazado hacia el cliente el «onus» de implantar una aplicación en su teléfono móvil que le permite acceder a un chat en el que puede plantear las preguntas que tenga por oportuno. El asesoramiento robotizado (robo-advisors) resulta ya una herramienta corriente para cualquier Banco o Caja de Ahorros, popularizando un estándar impersonal para todos los clientes.

Depende pues, de cómo se encauzan las preguntas a través de la Interfaz para que el mecanismo de IA que actúa de intérprete conduzca a uno u otro razonamiento[43], y con más o menos satisfacción para el interlocutor.

La IA que rige tal programa está orientada a buscar una serie de términos clave, como pueden ser (en este ámbito bancario) «tarjetas», «transferencias», «comisiones» entre otros, para ofrecer un «desplegable» de «F.A.Q» (preguntas más frecuentes) sobre el término deseado, y así ir perfilando la naturaleza de la consulta.

---

42 «Finance and Technology».

43 BOURCIER, Danièle, *Inteligencia artificial y derecho*, págs. 18 a 20. A propósito del análisis de la «Estructura de un sistema experto».

El problema es que la información proporcionada es puramente estandarizada y genérica, y difícilmente llega a los requerimientos de «*información clara, accesible y fácil de manejar*», referidos en la **Ley 4/2022, de 25 de febrero, de protección de los consumidores y usuarios frente a situaciones de vulnerabilidad social y económica**[44].

Naturalmente, existe una segunda capa o nivel de acceso, a través de un operador telefónico, pero el acceso al mismo viene igualmente condicionado a la exposición del motivo de consulta mediante ordenes de voz a analizar por un programa de IA (que está orientado a reconocer la voz del cliente) y que en ocasiones *—según es de dominio popular—* encuentra más que dificultoso el proceso de «entender» simple y llanamente cual es objeto de la consulta.

Sin perjuicio de que posteriormente va a ser objeto de análisis más detallado en el apartado IV de la presente comunicación, hemos de adelantar que la propia y especial naturaleza del lenguaje de la IA va orientada a la comprensión de un lenguaje nominalista: Vocablos concretos que expresen un voluntarismo y proyección al caso concreto.

Dentro de ese contexto de relación entre cliente y máquina con voz pregrabada también adquiere relevancia la protección de datos, de suerte que muchas de las alocuciones pregrabadas empiezan por afirmar la consabida expresión de: «*Esta conversación puede ser grabada*».

Pues bien, si no se afirma con claridad si la supuesta «conversación» se va a grabar o no, nunca va a existir un sustrato material y concreto sobre el que proyectar los derechos de acceso o rectificación que proclama el **Reglamento (UE) 2016/679 del Parlamento Europeo y del Consejo de 27 de abril de 2016 relativo a la protección de las personas físicas en lo que respecta al tratamiento de datos personales y a la libre circulación de estos datos y por el que se deroga la Directiva 95/46/CE (Reglamento general de protección de datos)**[45], en plena consonancia con la **Ley Orgánica 3/2018, de 5 de diciembre, de Protección de Datos Personales y garantía de los derechos digitales**. Por otra parte, cuantas más llamadas de consulta se hagan más riesgo existe de una eventual dispersión de los datos personales (que han de ser repetidos hasta la saciedad: *DNI, nombre y apellidos, los* últimos *cuatro dígitos de su número de cuenta...*), con lo que la adecuada gestión de los «big data» por los programas de IA resulta de vital importancia, y sin perder de vista la incidencia del Reglamento (UE) 2022/2554 del Parlamento Europeo y del Consejo de 14 de diciembre de 2022 sobre la resiliencia operativa digital del sector financiero y por el que se modifican los Reglamentos (CE) n.° 1060/2009, (UE) n.° 648/2012, (UE) n.° 600/2014, (UE) n.° 909/2014 y (UE) 2016/1011[46].

44 https://www.boe.es/buscar/act.php?id=BOE-A-2022-3198

45 https://www.boe.es/doue/2016/119/L00001-00088.pdf

46 Principio general de responsabilidad aplicable a todas las entidades en la externalización y subcontratación de servicios o actividades en terceras entidades.

Por otra parte, que se denomine, de forma unilateral al mero de hecho de interactuar con un programa de inteligencia artificial con reconocimiento de la voz, nunca puede ser considerado como una «conversación», pues una conversación solo puede producirse entre personas reales, con plena facultad volitiva y de expresión, pudiendo discurrir por derroteros que ninguno de los interlocutores había previsto. Tales extremos no concurren en la interacción con el programa de IA que utiliza voces pregrabadas y que, dependiendo de lo que le diga el interlocutor humano, va evolucionando hacia una u otra conclusión ya vaticinada por el desarrollador de la IA.

Si el lenguaje de las IA´s es esencialmente nominalista, es normal que su comprensión del lenguaje humano se complique cuando más genérico o universal se torne, pues no en vano el «deus ex machina» no está concebido más allá de la finalidad perentoria y concreta de resolver una duda concreta, pues para otros temas como la conveniencia de contratar un producto financiero clasificado[47] como 5/6 o bien 6/6, un programa de IA como mucho incidirá en la descripción del producto y el alcance a si el capital está garantizado o cual es el plazo de devolución, pero no podrá sustituir la quiescencia del agente comercial del Banco que le pueda informar sobre que producto en concreto se adapta mejor a sus necesidades y disponibilidades[48].

II) La **Evaluación crediticia**: Es ya perfectamente habitual que la IA se utilice para analizar el historial crediticio de los clientes y evaluar su solvencia. Así las entidades bancarias pueden tomar decisiones más precisas sobre eventuales préstamos, apertura de líneas de crédito o concesión de hipotecas.

La **Ley 10/2014, de 26 de junio, de ordenación, supervisión y solvencia de entidades de crédito** recoge en su artículo 1.1[49] este tipo de operaciones,

---

47 Orden ECC/2316/2015, de 4 de noviembre, relativa a las obligaciones de información y clasificación de productos financieros. (1 sobre 6 implica un ínfimo riesgo y va aumentando hasta el 6/6, riesgo máximo)

48 **Ley 4/2022, de 25 de febrero, de protección de los consumidores y usuarios frente a situaciones de vulnerabilidad social y económica.**
Artículo 8. Derechos básicos de los consumidores y usuarios.
1. Son derechos básicos de los consumidores y usuarios y de las personas consumidoras vulnerables:
a) La protección contra los riesgos que puedan afectar su salud o seguridad.
b) La protección de sus legítimos intereses económicos y sociales; en particular frente a las prácticas comerciales desleales y la inclusión de cláusulas abusivas en los contratos.
c) La indemnización de los daños y la reparación de los perjuicios sufridos.
d) La información correcta sobre los diferentes bienes o servicios en formatos que garanticen su accesibilidad y la educación y divulgación para facilitar el conocimiento sobre su adecuado uso, consumo o disfrute, así como la toma de decisiones óptimas para sus intereses.

49 **Artículo 1. Entidades de crédito.**
1. Son entidades de crédito:
a) Las empresas autorizadas cuya actividad consiste en recibir del público depósitos u otros fondos reembolsables y en conceder créditos por cuenta propia.

configurando la actividad financiera como de intermediación en el crédito. En estas operaciones bancarias activas son las entidades bancarias las que deciden de forma unilateral las condiciones de devolución del dinero y los intereses a abonar por el cliente, colocándole en una situación de inferioridad respecto al Banco, de suerte que el consumidor del crédito bancario solo podrá —*con nula capacidad negociadora*— adherirse a unas condiciones preestablecidas por la entidad financiera y que se aplican uniforme e indeterminadamente para todos sus clientes.

Pues bien, la utilización de la IA en estas operaciones básicas agrava aún más la desigualdad entre el cliente y el Banco, de suerte que este último cuenta con una herramienta privilegiada para examinar, juzgar y pronunciarse acerca de su solvencia (presente y futura) en el contexto de un plan financiero personalizado.

III) **Análisis de riesgos e inversiones**: Como no toda aplicación de la IA va a incidir negativamente sobre los clientes de los bancos, hemos de subrayar el eventual efecto positivo de implantar la IA en los campos de análisis y monitorización de carteras de inversión para realizar diagnóstico del riesgo de las operaciones, en la medida que la IA puede realizar estimaciones y prognosis en tiempo real, esta funcionalidad puede un importante valor en el mercado bursátil, pero en el bien entendido de que, ni por muy predecible que sea el mercado bursátil ni por muy eficiente que sea la IA, no parece plausible que pueda crearse un software que aúne todas las tendencias y patrones que puedan afectar los mercados financieros.

4. Relaciones abogado-cliente

Las siguientes reflexiones van encaminadas a evidenciar la falta de un marco normativo sólido y fiable para analizar la relación entre un Abogado que usa un software de IA y sus clientes en el actual contexto que el Blog del Consejo General de la Abogacía Española bien resumía el año pasado: «*La Inteligencia Artificial ya es inevitable para la profesión jurídica*»[50], pues hemos pasado en muy poco tiempo de una simple «jurimetría» tecnológica al imperio de la Inteligencia Artificial.

Vaya por delante que nos referimos al uso de programas de inteligencia artificial «generativa», esto es, capaces de formular expresiones jurídicas o argumentos en base a Ley y Jurisprudencia y proporcionando herramientas más avanzadas para el análisis y manejo de la información, y, por tanto, un paso más allá de las aplicaciones de automatización de tareas legales o algoritmos orientados al análisis predictivo.

50 Irazabal, Elen. Publicación de 6-03-2023 https://www.abogacia.es/publicaciones/blogs/blog-de-innovacion-legal/la-inteligencia-artificial-ya-es-inevitable-para-la-profesion-juridica/

Partimos de que cualquier programa de IA con orientación jurídica ha de recibir la consideración de programa de «alto riesgo» *(pues detecta patrones de toma de decisiones o desviaciones de patrones de toma de decisiones anteriores y no pretende sustituir o influir en la evaluación humana completada previamente sin una revisión humana adecuada)* por los desarrolladores del citado Software, y que el usuario del mismo (implantador) tiene también una serie de obligaciones —*sobre todo en lo relativo a gobernanza de datos*— antes de ofrecer el producto al usuario final afectado.

El contexto en que se aplica dicha nueva tecnología es el propio de la relación entre abogado y cliente habitualmente dentro de contrato de arrendamiento de servicios, que tendrá por objeto una primera aproximación de asesoramiento jurídico y, posteriormente la defensa de del cliente, lo cual da lugar a la obligación de abonar una contraprestación económica, y siendo la Abogacía la profesión liberal por excelencia, no hay una tarifa estándar para la remuneración del Abogado, siendo los honorarios estos libremente pactados con el cliente con los límites propios de la deontología profesional.

4.1. Minutas

Pues bien, si la citada compensación económica a que los abogados tienen derecho, debe ser adecuada a los servicios prestados, parece lógico plantearse si la Inteligencia Artificial, como elemento coadyuvante a hacer el proceso «creativo» más sencillo puede y debe valorarse como criterio para disminuir una minuta de un Abogado, pero claro, atendiendo a la situación en su conjunto, el desembolso económico a realizar por un despacho de Abogados para comprar un programa de inteligencia artificial predictiva, ¿no debiera ser imputado a sus clientes?...y por otra parte, ¿el pleito es más o menos complejo «per se» o en base al uso de la inteligencia artificial?

El cliente que busca un despacho de Abogados con un perfil «moderno» y adaptado a las nuevas tecnologías parece querer implícitamente que en ese Despacho se use de cualquier «arma» a su favor, y por ende parece predeterminado a pagar por tales modernismos. A tal efecto, debemos de partir de que «*dependiendo del prestigio del profesional, las* ***minutas*** *pueden variar considerablemente*»[51], y plantearnos si ese prestigio profesional se debe al uso de una herramienta de Inteligencia Artificial o si ese prestigio era ya previo y simplemente se ha complementado y enriquecido por un nuevo específico «know-how».

Dentro de este panorama resulta de especial interés el análisis de la **Directiva (UE) 2024/1760, de 13 de junio de 2024, sobre diligencia debida de**

51 Martínez González, M. y Pedrosa Preciado, L., *Manual Práctico sobre la Tasación de Costas Procesales* (3.ª edición), Ediciones Experiencia. Páginas: 175-195

las empresas en materia de sostenibilidad[52], y en concreto lo relativo a las responsabilidades administrativas y civiles derivadas de su incumplimiento. La citada Directiva impone deberes de diligencia empresarial en materia de sostenibilidad y las consecuencias en caso de incumplimiento[53], constituyendo una relación de causalidad normativa según expresa su artículo 1:

> 1. La presente Directiva establece normas sobre:
> a. Las obligaciones que incumben a las empresas en relación con los efectos adversos, reales y potenciales, para los derechos humanos y el medio ambiente de sus propias operaciones, de las operaciones de sus filiales y de las operaciones efectuadas por sus socios comerciales en las cadenas de actividades de dichas empresas;
> b. La responsabilidad que se deriva del incumplimiento de las obligaciones a que se refiere la letra a), y...

El artículo 26 de la Directiva y parte del concepto de «**inquietudes fundadas**» que permiten a toda persona física o jurídica que tenga motivos para pensar, a partir de circunstancias objetivas, que una empresa está incumpliendo las disposiciones de Derecho nacional adoptadas en virtud de la Directiva; a exponer **sus inquietudes fundadas**[54], a través de canales de fácil acceso, ante cualquier autoridad de control.

Es interesante plantear la citada Directiva como futuro instrumento de control de los despachos de Abogados articulados como personas jurídicas, que no dejan de ser empresas[55] que ofrecen servicios al público y que pueden estar ofreciendo sus servicios de asesoramiento jurídico con unos costes abusivos o en régimen de competencia desleal, debiendo por ende hacerse eco de esta normativa sobre responsabilidad social corporativa.

---

52 https://www.boe.es/buscar/doc.php?id=DOUE-L-2024-81037

53 No obstante, la aplicabilidad no es inmediata: Los Estados miembros de la UE aplicarán dichas medidas conforme a un calendario que se extenderá en tres fases en función de las obligaciones impuestas a partir del **26 de julio de 2027 de 2028 y de 2029**

54 **Artículo 26** Inquietudes fundadas:
1. Los Estados miembros velarán por que toda persona física o jurídica tenga derecho a exponer sus inquietudes fundadas, a través de canales de fácil acceso, a cualquier autoridad de control cuando tenga motivos para pensar, a partir de circunstancias objetivas, que una empresa está incumpliendo las disposiciones de Derecho nacional adoptadas en virtud de la presente Directiva.
2. Los Estados miembros velarán por que, cuando las personas que expongan inquietudes fundadas así lo soliciten, la autoridad de control adopte las medidas necesarias para la protección apropiada de la identidad de la persona y de su información personal que, de revelarse, resultaría perjudicial para dicha persona.
3. Cuando el objeto de una inquietud fundada se sitúe bajo la competencia de otra autoridad de control, la autoridad que la reciba la transmitirá a dicha autoridad.

55 El concepto de «empresa» según el artículo 3 de la Directiva es amplísimo.

De este modo, no solo cualquier cliente, sino terceras personas conocedoras de ese tipo de prácticas podrían ponerlas (a modo de «inquietud fundada») en conocimiento de las autoridades de control para la adopción de medidas que impidan la continuación de una práctica abusiva o desleal.

Pues bien, esta Directiva parece ir en la línea de la **Directiva (UE) 2019/1937 sobre la protección de los denunciantes («whistleblowers») de infracciones del Derecho de la UE**[56], que establece un marco jurídico orientado a la protección de los denunciantes, de suerte que la **Directiva 2024/1760** articula medidas para proteger la **identidad**[57] de la persona denunciante y de su información personal, existiendo asimismo —y en relación al denunciante— una obligación de **transparencia**, pues la citada autoridad de control receptora ha de informar, a las personas denunciantes del resultado de la evaluación de sus «inquietudes fundadas» y comunicando la motivación de dicho resultado.

Volviendo otra vez a la cuestión de la minutación de los servicios, hasta la fecha, parece ser Estados Unidos el país más avanzado a la hora de considerar la IA como parámetro de referencia a la hora de minutar los servicios jurídicos: El día el 6 de abril de 2024, la Cámara de Delegados del Colegio de Abogados del Estado de Nueva York (NYSBA) aprobó el *Informe y recomendaciones del Grupo de Trabajo sobre Inteligencia Artificial («Report and Recommendations of the New York State Bar Association Task Force on Artificial Intelligence»*[58]*)*.

> Se dice en la introducción «**Si este es nuestro momento prometeico en la evolución de la IA, ahora es el momento de comprender, adoptar, utilizar y analizar mejor esta tecnología**».
>
> **e.2) Si las herramientas de la IA hacen que su trabajo en nombre de un cliente sea sustancialmente más eficiente, entonces su uso de (o la falta de uso de) dichas Herramientas puede ser considerado como factor para determinar si los honorarios que cobró por una determinada tarea o asunto eran razonables. Si va a añadir un** «recargo» **(es decir, una cantidad por encima del coste real) al utilizar determinadas Herramientas, deberá indicar claramente en la carta de encargo, siempre que el importe total sea razonable**.

La ética en la deontología profesional parece desbordada y se antoja insuficiente para hacer frente a los nuevos retos que el uso de una herramienta

---

56 https://www.boe.es/doue/2019/305/L00017-00056.pdf

57 **Artículo 30** Denuncia de infracciones y protección de los denunciantes:
Los Estados miembros adoptarán las medidas necesarias para garantizar que lo dispuesto en la Directiva (UE) 2019/1937 se aplique a la denuncia de las infracciones de las disposiciones de Derecho nacional por las que se transpone la presente Directiva y la protección de quienes las denuncien.

58 https://www.ncsc.org/consulting-and-research/areas-of-expertise/technology/artificial-intelligence/state-activities/resource-center/state-task-forces-committees

informática puede plantear en la relación Abogado-Cliente, sobre todo si no existe un Código deontológico[59] adecuado a la realidad vigente o no existe una IA fiable... o peor aún, una IA fiable no gestionada responsablemente.

4.2. Costas

Con independencia de si se incluyen *(más bien repercuten)* en las minutas los costes de tener un programa de IA —*extremo más o menos consentido por el cliente*—, hay igualmente una repercusión para un tercero en la tasación de costas.

Ahora bien, la tasación de costas no se basa únicamente en la cuantía fijada en la minuta del abogado. La Sala 1.ª del Tribunal Supremo establece en su **Sentencia de la Sala 1.ª de 25 de julio de 2023** que la minuta debe ser razonable y ponderada, considerando no solo la cuantía del proceso, sino también otros factores como la complejidad del asunto y la fase del proceso. Esto implica que no todas las cantidades fijadas en una minuta son automáticamente trasladables a la tasación de costas, debiendo ser evaluadas en función de varios parámetros.

El Ilustre Colegio de Abogados de Murcia no hace referencia alguna a la inteligencia artificial en sus **Criterios orientativos a efectos de emisión de informes judiciales en materia de tasación de costas (incluida justicia gratuita) del Ilustre Colegio de la Abogacía de Murcia** del año 2024, pero si centra tales criterios en la «dificultad» o «complejidad» del asunto en cuestión *(eso sí, con una notoria moderación de los criterios para los Letrados públicos: Abogacía del Estado, Letrados de la Administración de la Seguridad Social y Letrados Autonómicos, sin que se pueda alcanzar una «cantidad exorbitada»).*

El **Auto del Tribunal Supremo (REC. 764/2016), de 8 de marzo de 2017**, argumenta que «*la condena en costas va dirigida a resarcir al vencedor de los gastos originados directa e inmediatamente en el pleito, entre los que se incluyen los honorarios del Letrado. La minuta incluida en la tasación debe ser una media ponderada y razonable dentro de los parámetros de la profesión, no sólo calculada de acuerdo a criterios de cuantía, sino además adecuada a las circunstancias concurrentes en el pleito, el grado de complejidad del asunto, la fase del proceso en que nos encontramos, los motivos del recurso, la extensión y desarrollo del escrito de impugnación del mismo, la intervención de otros profesionales en la misma posición procesal y las minutas por ellos presentadas a efectos de su inclusión en la tasación de costas, sin que, para la fijación de esta media razonable que de incluirse en la tasación de costas, resulte vinculante el preceptivo informe del Colegio de Abogados*»[60].

---

59 Aparisi Miralles, Á., *Deontología profesional del Abogado*, Valencia, Tirant lo Blanch, 2013, páginas 472-475

60 En sentido análogo, el **Auto del Tribunal Supremo (RC. 2375/2011), de 11 de febrero de**

Desde esa perspectiva de esfuerzo y la dedicación del Letrado minutante, los Tribunales de Justicia europeos analizan y valoran si el importe facturado se corresponde, sobre todo, con el número total de horas de trabajo que objetivamente pueda parecer indispensable realizar para evaluar el trabajo realizado. **Auto del Tribunal General (Sala Sexta) de 26 de enero de 2017. Asunto T- 181/14DEP.**

En base a tales pronunciamientos cabe entonces preguntarse si el establecimiento de una «cuota fija» por el uso de la Inteligencia artificial en la minuta es igualmente trasladable a la tasación de costas. Si las costas han de tasarse en base al criterio de la complejidad[61], va a ser necesaria una normativa específica que aborde esta cuestión, y quizás incluso en el sentido de minorar la cuantía de la minuta y las costas si la IA incide esencialmente en que disminuyan las horas de trabajo o haya que esforzarse menos en un determinado asunto.

Cuestión también de interés será la eventual responsabilidad de un Abogado frente a su cliente por el uso de un programa de IA que arroje un resultado erróneo.

Si el programa de IA que contrate un abogado de justicia resulta ser defectuoso, ¿la responsabilidad del desarrollador del software cual sería? Los —hasta la fecha— pocos proveedores de estas herramientas parecen coincidir en la inclusión de cláusulas limitativas de responsabilidad que pasan por el reconocimiento expreso del usuario de que el software puede contener errores, no haciéndose la empresa responsable de ningún daño, directo o indirecto, que pueda surgir por el uso de la IA.

2014 señala que: «*según reiterada doctrina de esta Sala en materia de impugnación de los honorarios de Letrado por excesivos, debe atenderse a todas las circunstancias concurrentes, tales como trabajo realizado en relación con el interés y cuantía económica del asunto, tiempo de dedicación, dificultades del escrito de impugnación o alegaciones, resultados obtenidos, etc., sin que por tanto sean determinantes por sí solos ni la cuantía ni los criterios del colegio de abogados, precisamente por ser* éstos *de carácter orientador*».

61 Criterios orientativos a efectos de emisión de informes judiciales en materia de tasación de costas (incluida justicia gratuita) y jura de cuentas que el Ilustre Colegio de la Abogacía de Murcia.
SEPTIMO. Dificultad o complejidad.
1.- A los efectos de determinar el grado previsto en el apartado sexto anterior se entenderá que hay complejidad cuando se dé alguna circunstancia no habitual, como el carácter novedoso o poco frecuente en la materia litigiosa, la relevancia o entidad propia de los aspectos procesales, el número o dificultad intrínseca de las acciones ejercitadas, el especial volumen de la prueba practicada o de las actuaciones no reiterativas ni irrelevantes, el número de litigantes, la excepcional especialidad de la materia u otras análogas.
También se podrá entender que existe complejidad por el tiempo empleado, cuando exista una dedicación superior a aquello que sea habitual o más frecuente, en función de cada tipo de procedimiento o actuación. A estos efectos se estará de forma prioritaria a la duración de las actuaciones, comparecencias o vistas orales.

5. El lenguaje nominalista de la IA

5.1. Delimitación

Es habitual que los programas de IA se nutran, complementen y perfeccionen con las propias preguntas que se les formula, y que incluso después se pida al usuario que valore la pertinencia y acierto de la respuesta ofrecida.

El lenguaje de programación jurídico ha tenido su propia silenciosa evolución, desde el lenguaje LEGOL (Legally Oriented Language) en los años 70, hasta la época actual, en la que se opta por PROLOG[62], o LISP [63] (mientras que el primero utiliza un sistema de deducción silogista, el segundo va más orientado a la manipulación de cadenas de datos).

Los usuarios de la IA, desde el primer momento en que usan dichas herramientas, dejan de tener un mero perfil de cliente o consumidor de un producto para convertirse en colaborador *—gratuito—* en el desarrollo del Software: Las consultas, sugerencias y críticas informan cómo evoluciona la herramienta de IA, convirtiéndola en una herramienta que a la postre satisfaga mejor las necesidades, no solo del usuario primigenio, sino de otros usuarios de las versiones 2.0, 3.0., etc., y ello porque los desarrolladores del software tienen acceso a las preguntas realizadas, perfecto campo de pruebas («sandbox») para implementar mejoras.

Resulta discutible si tal «feedback forzado» es compatible con las minuciosas cláusulas de confidencialidad que se imponen con el uso del Software, ya que todas las características, funcionalidades y otra información sobre el software de IA normalmente se reputan como confidenciales, de suerte que el usuario, al usar el software acepta implícitamente no revelar ninguna información que obtenga durante «ese desarrollo» a terceros sin el consentimiento previo por escrito de la empresa que desarrolla el Software.

5.2. El nominalismo en la inteligencia artificial: la IA se desarrolla si alguien la alimenta de «nudas» palabras

Introducida la cuestión, resulta inevitable caer en la cuenta de que cualquier programa de IA, ha de usar obligatoriamente un lenguaje nominalista. El Nominalismo, como gran corriente de pensamiento de la Edad Media, tuvo a su máximo exponente en GUILLERMO DE OCKHAM, que propugnó la inexistencia de conceptos universales, que en definitiva son simples nombres.

62 PROLOG, del francés PROgrammation en LOGique.

63 LISP, acrónimo de list processing.

Muchos escritores contemporáneos han expuesto tesis nominalistas en sus obras literarias como UMBERTO ECO en su opera prima «El nombre de la Rosa»[64], o como JORGE LUIS BORGES[65] en múltiples relatos, como «La Casa de Asterión» o «Funes el memorioso».

Pues bien, mientras que tales autores hacen gala de esas corrientes filosófico-lingüísticas por convicción, un programa de IA solo puede ser nominalista por obligación, pues no existen para él unos principios generales del derecho, una costumbre o una moral social que inspiren el contenido de sus respuestas. Mientras que cualquier estudiante de Derecho sigue el aprendizaje de una Teoría General del Derecho, de la Filosofía del Derecho o del Derecho natural, el programa de IA no está inspirado por nada de lo anterior en sus respuestas; simplemente se limita a predecir (o más bien, «formular») con palabras conclusiones acerca de escritos que han aplicado previamente algún principio general del derecho.

Así un jurista que analice una materia —*como la compraventa*— seguiría el proceso lógico de leer a cien contratos de compraventa distintos, analizaría sentencias sobre la materia y sacaría conclusiones generales sobre dicho contrato, para después aplicar dicho acervo a la solución del caso concreto; Mientras que la IA tendrá en su poder los cien contratos y sentencias e intentará buscar el que más se parezca al caso sobre el que se pregunta: Un algoritmo matemático que se expresará con lenguaje nominalista, y con independencia de cuál sea el mecanismo con que se haya programado al algoritmo: Silogismos (condicional, disyuntivo, conjuntivo), deducción, reglas inductivas, regla de la contraposición...

Es por eso que el lenguaje de la IA solo puede ser nominalista, para moverse siempre en el caso concreto e intentando extrapolar a otro caso concreto una solución análoga, e intentando evitar conceptos generales o universales, lo cual puede tener repercusiones en la calidad de la respuesta ofrecida: El Letrado bien puede dar el enfoque universal y extrapolar consecuencias del caso concreto o puede preferir enmarcar la respuesta de la IA a su propio contexto: Un conjunto de términos más o menos encadenados por un algoritmo y que evidencia una respuesta concreta y «humano more».

---

64 Eco, Umberto, *Il nome della rosa, Nuova edizione co i disegni e gli appuntati preparatori dell'autore*, 2020, La Nave di Teseo, p. 580: «Fa freddo nello scriptorium, il pollice mi duole. Lascio questa scritura, non so per chi, non so più intorno a che cosa: stat rosa pristina nomine, nomine nuda tenemus».

65 BORGES, Jorge Luis, *Borges Esencial*, Edición Conmemorativa, Real Academia Española. página 79 y ss. Ficciones-*Funes el Memorioso*: «Locke, en el siglo XVII, postuló (y reprobó) un idioma imposible en el que cada cosa individual, cada piedra cada pájaro y cada rama tuviera un nombre propio» página 170 y ss. El Aleph-*La casa de Asterión*: «*otra especie ridícula es que yo, Asterión, soy un prisionero*».

Pero claro, si la lógica del lenguaje jurídico va de lo general a lo particular[66]... ¿cómo puede ser la IA fiable si parte de la premisa nominal y concreta para arrojar una solución análoga que no tiene en cuenta el marco jurídico general? Este puede ser el *—por ahora—* gran defecto de la IA jurídica generativa.

El silogismo parte siempre de una premisa mayor (regla general) para después fijar la premisa menor y llegar a una conclusión. Es por ello que podríamos lógicamente concluir que si a la IA se le alimentase con todas las resoluciones judiciales que existen en nuestro país de todos los órdenes jurisdiccionales y que aplicasen la normativa vigente, la IA no podría realizar una labor de inducción de cuál es el ordenamiento jurídico vigente, y ello debe hacernos actuar con pies de plomo a la hora de dar por ciertos los resultados que nos ofrece la IA, y no perder de vista que su lenguaje programático probablemente no puede abarcar todas las categorías de la ontología jurídica.

6. Conclusiones

A modo de breve conclusión, hemos de apuntar que va a ser necesaria una revisión de calado (parece que por las llamadas «autoridades de control») sobre el funcionamiento de las relaciones jurídicas con consumidores a la luz de la aplicación de sistemas de IA: Asesoramiento jurídico, obtención de crédito en entidades bancarias o la suscripción de pólizas de seguro son esferas tan cotidianas como necesitadas de revisión, para que la IA no sustituya el insustituible criterio humano y que su uso como herramienta informática habitual no agrave la condición de inferioridad de consumidores y usuarios, condicionando sus posibilidades y derechos en relaciones jurídicas con otras partes contratantes entre las que no hay paridad; y por otra parte, se hace necesario establecer un régimen disciplinario para los responsables del mal funcionamiento de la IA, cuando se produzcan daños a clientes y consumidores.

Y más en concreto, dentro de la profesión jurídica, parece inviable que, a medio plazo, las relaciones Abogado-cliente puedan sustentarse exclusivamente en los actuales códigos deontológicos una vez implementadas las herramientas de IA: Si el software de IA ha de buscar una respuesta satisfactoria para el cliente, esa finalidad principal no va a verse coartada por cuestiones éticas, incluso sino puede asegurarse la idoneidad de la estrategia jurídica a seguir.

Al menos, debe parecer reconfortante que el estadio evolutivo de estos programas pueda sustituir *(al menos de momento)* la labor intelectual del

66 Tesis planteadas por Rafael Hernández Marín, Catedrático emérito de Filosofía del Derecho de la Universidad de Murcia en aplicación de la obra sobre la lógica de **Willard Van Orman Quine**.

Letrado actuante, por estar sus juicios de prognosis orientados a encontrar similitudes particulares y nominales, cuya solución impide ver el problema en su conjunto e impide la a veces necesaria afirmación de que el problema planteado no puede ser resuelto.

CAPÍTULO V

LA DIGITALIZACIÓN DE LOS PROCESOS DE SELECCIÓN DE PERSONAL COMO CAUSA DE DISCRIMINACIÓN INDIRECTA POR RAZÓN DE EDAD

José Manuel Pazó Argibay
Profesor Asociado (Dr.) de
Derecho del Trabajo y de la Seguridad Social
Universidad de Santiago de Compostela
josemanuel.pazo@usc.es

1. Introducción

La creciente digitalización del mercado de trabajo ha tenido también su incidencia en los procesos de reclutamiento y selección de personal donde, gracias a la incorporación de tecnologías de la información y la comunicación, las empresas se han dotado de un mayor alcance, agilidad y eficacia a la hora de gestionar sus necesidades de recursos humanos[67].

Sin embargo, estas ventajas que ofrecen las TIC´S desde el punto de vista empresarial se convierten en un obstáculo importante para los trabajadores de mayor edad quienes, con una menor capacitación digital por cuestiones sociales y/o educativas[68], ven mermadas con frecuencia, ya no sus posibili-

67 SEMPERE NAVARRO, V. *et al.*, *Políticas Sociolaborales*, Ediciones Laborum, Murcia, 2003, pág. 66.

68 En opinión de LÓPEZ AHUMADA «Este estereotipo también prejuzga el desinterés o la falta de adaptación a los cambios tecnológicos de las personas mayores, en un entorno laboral caracterizado por una incesante y progresiva digitalización». LÓPEZ AHUMADA, J. E., «Edad, discriminación y pobreza», en *Trabajo, edad y pensiones de jubilación*, XXXIV Con-

dades de acceso al empleo sino, siquiera, su participación en el previo proceso de selección[69].

Si bien, como se expondrá, desde el punto de vista europeo y nacional se han desarrollado instrumentos normativos de lucha contra la discriminación[70], entre otras, por razón de edad, la realidad muestra como la creciente digitalización de los procesos de selección de personal excluye indirectamente de su participación a las personas situadas en una franja de mayor edad, menos capacitadas para un acercamiento inicial al empleo por estos medios[71].

En modo alguno este trabajo pretende analizar con carácter general y completo el fenómeno de la discriminación por razón de edad en el empleo, en la que el papel del Tribunal de Justicia ha tenido un especial protagonismo[72], sino un análisis jurídico —también estadístico[73]— de la incidencia y/o relación de estos procesos de selección de personal con el factor de discriminación señalado. Se trata, por tanto, de un estudio acerca del impacto de este tipo de discriminación en las fases previas al acceso al empleo, es decir, la participación en el propio proceso de selección, sin atención a otras

greso Nacional de la Asociación Española de Derecho del Trabajo y de la Seguridad Social, Ministerio de Trabajo y Economía Social, Madrid, 2024, pág. 100.

69 Como señala Fernández Ramírez «su situación de aislamiento en la burbuja tecnológica que los aleja, todavía más, de una posibilidad de integración social, abriendo una clara brecha digital generacional». Fernández Ramírez, M., *Igualdad de trato integral para el empleo. Coordenadas normativas, jurisprudenciales y de política sociolaboral*, Ediciones Laborum, Murcia, 2024, pág. 55.

70 Con carácter general, la Directiva 2000/78/CE del Consejo, de 27 de noviembre de 2000, relativa al establecimiento de un marco general para la igualdad de trato en el empleo y la ocupación y la Ley 15/2022, de 12 de julio, integral para la igualdad de trato y la no discriminación, respectivamente.

71 «La brecha digital tiene una dimensión de edad clara, en el sentido de que la formación digital lleva implícito un problema generacional, que se ha expresado con la referencia comúnmente aceptada a las personas que nacieron antes del advenimiento de la red como inmigrantes digitales». Cabeza Pereiro, J., «La digitalización como factor de fractura del mercado de trabajo», en *Revista Temas Laborales*, núm. 155, 2020, pág. 27; «Se ha instaurado entre la clase empresarial un elemento disuasorio, a la par que discriminatorio, consistente en valorar positivamente el manejo de nuevas tecnologías a la hora de contratar a nuevo personal, por lo que, el colectivo de trabajadores maduros ve mermadas sus posibilidades de ser contratados al no disponer de dichas competencias». Roldán Conesa, J.M., «Trabajadores maduros: la era digital y la edad como motivos de discriminación social y laboral», *Revista Trabajo, Persona, Derecho y Mercado*, número 5, 2022, pág. 299.

72 Una ilustrativa recopilación en Fernández Ramírez, M., *op. cit.*, 2024, págs. 136-137.

73 Recuérdese que el Tribunal de Justicia de la Unión Europea reconoció tempranamente la validez probatoria de las fuentes estadísticas en supuestos de discriminación indirecta «si se refieren a un número suficiente de individuos, si no constituyen la expresión de fenómenos meramente fortuitos o coyunturales y si, de manera general, resultan significativos». Por todas, Sentencia del Tribunal de Justicia de 27 de octubre de 1993, asunto C-127/92, Enderby, (ECLI:EU:C:1993:859).

vertientes del factor edad como causa de discriminación; cuestiones ampliamente tratadas por la doctrina más solvente[74].

En síntesis, este trabajo pretende abordar la posible sujeción al principio de no discriminación por razón de edad de las fases previas al proceso de selección de personal, esto es, la propia elección del modelo de selección con un componente plenamente digital, la incidencia de esta elección en el colectivo de personas de mayor edad y, finalmente, qué papel debe jugar la negociación colectiva en la definición de este tipo de modelos de selección de personal.

2. Concepto y alcance de la discriminación por razón de edad en el empleo: perspectiva europea y española

Como acertadamente ha señalado la doctrina, la edad como causa de discriminación ha recibido una atención menor frente a otras causas de discriminación[75]. Desde el punto de vista europeo, amén de su configuración como principio general del Derecho de la Unión Europea[76], y su reconoci-

74 Entre otros, PRECIADO DOMÉNECH, C. H., «La discriminación por razón de edad», en CASAS BAAMONDE, M. E. y GIL ALBURQUERQUE, R. (Dirs.), *Derecho Social de la Unión Europea. Aplicación por el Tribunal de Justicia*, Editorial Francis Lefebvre, Madrid, 2018, págs. 407-429; CABEZA PEREIRO, J., «Trabajo de mayores y discriminación por edad», en *Revista Internacional y Comparada de Relaciones Laborales y Derecho del Empleo*, vol. 10, número 3, 2022, págs. 229-250; ARETA MARTÍNEZ, M., «La eficacia del Derecho de la Unión Europea en materia de igualdad de trato y no discriminación laboral por razón de edad», en *Revista Documentación Laboral*, núm. 114, vol. II, 2018, págs. 11-29; OLARTE ENCABO, S., «Edad y empleo. Colectivos desfavorecidos», en CABEZA PEREIRO, J., BALLESTER PASTOR, M.A. y FERNÁNDEZ PRIETO, M. (Dirs.), *La relevancia de la edad en la relación laboral y de Seguridad Social*, Thomson Reuters Aranzadi, Navarra, 2009, págs.81-97.

75 En opinión de PRECIADO DOMÉNECH, esto se debe a que «la tutela frente a la discriminación por edad es facultativa, de ámbito limitado (empleo y ocupación); sujeta a un mayor número de excepciones que justifican el tratamiento desigual por razón de edad, incluidos los objetivos legítimos de las políticas de empleo, del mercado de trabajo y de la formación profesional; lo que la situaría en el último lugar de las causas de discriminación». PRECIADO DOMÉNECH, C. H., *op. cit.*, 2018, pág. 428. En la misma dirección, RODRÍGUEZ SANZ DE GALDEANO apunta a la concreta circunscripción del «empleo y la ocupación» y a sus «características particulares» como causas de la consideración de la edad como «la hermana menor del elenco de causas de discriminación prohibidas». RODRÍGUEZ SANZ DE GALDEANO, B., «Trabajo y Edad. La singularidad de la edad como causa de discriminación y su replanteamiento desde la perspectiva de la vulnerabilidad», en AA. VV., *Trabajo, Edad y Pensiones de Jubilación*. XXXIV Congreso Anual de la Asociación Española de Derecho del Trabajo y de la Seguridad Social. Ministerio de Trabajo y Economía Social, Madrid, 2024, pág. 54.

76 Véase CARRILLO MÁRQUEZ, D., «Discriminación por razón de edad. Los retos sociales y jurídicos de la diversidad intergeneracional», en LÓPEZ ÁLVAREZ, M. J. (Coord.) *Los desafíos*

miento expreso como causa de discriminación en los artículos 10 y 19.1 del Tratado de Funcionamiento de la Unión Europea[77], ha sido en la Directiva 2000/78/CE[78], relativa al establecimiento de un marco general para la igualdad de trato en el empleo y la ocupación[79], donde el factor edad se alinea con otras, ya tradicionales, causas de discriminación en este ámbito. En ella se establece un marco general, aunque de mínimos, para luchar contra la discriminación, reconociendo a los Estados miembros la facultad de introducir o mantener disposiciones más favorables.

Partiendo de una estructura clásica, el artículo 2 de la Directiva 2000/78/CE ofrece una definición de lo que debe entenderse por igualdad de trato a efectos de la propia Directiva: una ausencia de toda discriminación directa o indirecta, ofreciendo, seguidamente, una caracterización común de cada una de ellas.

Así, existirá discriminación directa cuando una persona sea, haya sido o pudiera ser tratada de manera menos favorable que otra en situación análoga por motivos de religión o convicciones, de discapacidad, de edad o de orientación sexual. De esta forma, la Directiva incorpora de manera rotunda a la edad en la deshonrosa enumeración de motivos de discriminación.

Por otro lado, existirá discriminación indirecta cuando una disposición, criterio o práctica aparentemente neutros pueda ocasionar una desventaja particular a personas con una religión o convicción, con una discapacidad, de una edad, o con una orientación sexual determinadas, respecto de otras personas. En este punto, y sobre este particular, cabe comenzar a preguntarse ya si la elección del propio modelo o sistema de selección de personal, centrado al cien por cien a través de medios digitales, estaría incluido dentro de lo que la propia directiva denomina «criterio o práctica»; una interpretación que, unida a la delimitación del ámbito de aplicación que la propia Directiva hace en su artículo 3, abriría la puerta a considerar la elección de un determinado modelo de selección de personal como discriminatorio.

Su ámbito de aplicación abarca tanto al sector público como al privado, y en todo lo relacionado con las condiciones de acceso al empleo; a la actividad por cuenta propia y al ejercicio profesional, incluidos los criterios de selección y las condiciones de contratación y promoción, independiente-

de la conciliación, la igualdad y la diversidad en la post-pandemia, Wolters Kluwer, Universidad Pontificia de Comillas, Madrid, 2021, pág. 222.

77 Un interesante recorrido sobre el desarrollo legislativo del principio de no discriminación en la Unión Europea en Maneiro Vázquez, Y., *La discriminación por asociación: desafíos sustantivos y procesales. Desde su creación por el Tribunal de Justicia a su recepción por la doctrina judicial español*. Thomson Reuters Aranzadi, Navarra, 2021, págs. 33-41.

78 Directiva 2000/78/CE del Consejo, de 27 de noviembre de 2000, relativa al establecimiento de un marco general para la igualdad de trato en el empleo y la ocupación.

79 En adelante, Directiva 2000/78/CE.

mente de la rama de actividad y en todos los niveles de la clasificación profesional, con inclusión de lo relativo a la promoción; el acceso a todos los tipos y niveles de orientación profesional, formación profesional, formación profesional superior y reciclaje, incluida la experiencia laboral práctica; las condiciones de empleo y trabajo, incluidas las de despido y remuneración; la afiliación y participación en una organización de trabajadores o de empresarios, o en cualquier organización cuyos miembros desempeñen una profesión concreta, incluidas las prestaciones concedidas por las mismas.

Como puede observarse, el artículo 3 de la Directiva considera también susceptibles de ser un espacio de discriminación tanto las condiciones de acceso al empleo como los criterios de selección para el mismo[80]. Nuevamente abre la puerta a considerar el propio modelo de selección elegido como un elemento más de discriminación[81].

Contempla, sin embargo, la Directiva excepciones a la prohibición general a este segundo tipo de discriminación, la indirecta[82]. Por un lado, las acciones tendentes a la adopción de ajustes razonables para permitir a las personas con discapacidad acceder al empleo, tomar parte en el mismo o progresar profesionalmente, o para que se les ofrezca formación y, por otro, cuando una disposición, criterio o práctica de las señaladas pueda justificarse objetivamente con una finalidad legítima y que los medios para la consecución de esta finalidad sean adecuados y necesarios[83].

---

80 «A la vista del artículo 3 de la Directiva, se observa la inconfundible intención de garantizar el desarrollo de todos los aspectos de la relación laboral desde el momento de la selección hasta la extinción contractual». MANEIRO VÁZQUEZ, Y., «La cuestión de la edad en las relaciones laborales a la luz del principio de no discriminación por razón de edad», en CABEZA PEREIRO, J., BALLESTER PASTOR, M. A. y FERNÁNDEZ PRIETO, M. (Dirs.), *La relevancia de la edad en la relación laboral y de Seguridad Social*, Thomson Reuters Aranzadi, Navarra, 2009, pág. 73.

81 Acorde a esta interpretación, GONZÁLEZ ORTEGA sostiene que «Puede decirse, en consecuencia, que la prohibición de discriminación se proyecta sobre todas las circunstancias del estatuto profesional, tanto previas como de desempeño del mismo, y tanto centrales como accesorias o instrumentales». GONZÁLEZ ORTEGA, S., «La discriminación por razón de edad», *Revista Temas Laborales*, número 59, 2001, pág. 100.

82 Destacando esta posición «ambigua» de la Directiva, NUMHAUSER-HENNING, A., «La prohibición de la UE contra la discriminación por edad y el papel de los agentes sociales», en GORELLI HERNÁNDEZ, J. (Coord.), *El Derecho a la negociación colectiva*, Consejo Andaluz de Relaciones Laborales, Monografías de Temas Laborales, número 53, 2014, pág.336. De manera más contundente, SERRANO ARGÜELLO habla de un «importante defecto» de la Directiva 2000/78/CE al posibilitar «que se invoque una finalidad legítima para disponer diferencias por motivos de edad por parte de los derechos nacionales». SERRANO ARGÜELLO, N., «La edad como factor de discriminación en el empleo», *Revista Universitaria de Ciencias del Trabajo (RUCT)*, número 12, 2011, pág. 35.

83 Como señala MANEIRO VÁZQUEZ «Con todo, tanto la Directiva 2000/78/CE como el Tribunal de Justicia han querido diferenciar la discriminación de la diferencia de trato. A tal fin, recuerdan que, si bien la primera implica un trato diferente no justificado, la segunda permite que los Estados establezcan diferencias de trato, siempre y cuando cumplan determi-

Pese a que la propia Directiva 2000/78/CE, en su artículo 4, abre la puerta a que algún Estado miembro pueda disponer una diferencia de trato basada en la edad, y que esta no tendría carácter discriminatorio cuando, debido a la naturaleza de la actividad profesional concreta de que se trate o al contexto en que se lleve a cabo, dicha característica constituya un requisito profesional esencial y determinante, siempre y cuando el objetivo sea legítimo y el requisito proporcionado[84], lo razonable sería pensar que la elección de un determinado modelo de proceso de selección, que deja al margen de su participación a un importante colectivo de la población activa, no cumpliría dichos requisitos y no encajaría, por tanto, en esta excepción. Más bien, lo contrario. Esta excepción habilitaría a los Estados miembros a poner en marcha determinadas acciones para facilitar la participación de las personas de mayor edad en los procesos de selección por medios digitales[85], bien mejorando sus competencias digitales, bien estableciendo medios alternativos que garantizasen su participación.

Estas diferencias de trato por motivos de edad no constituirán discriminación si están justificadas objetiva y razonablemente, por una finalidad legítima, incluidos los objetivos legítimos de las políticas de empleo, del mercado de trabajo y de la formación profesional, y si los medios para lograr este objetivo son adecuados y necesarios[86].

Desde el punto de vista nacional, la protección frente a la discriminación se ha abordado de manera conjunta en la Ley 15/2022, de 12 de julio, integral para la igualdad de trato y la no discriminación[87]. El legislador español ha optado así por unificar toda la dispersa normativa antidiscriminatoria en un único instrumento que establezca un marco legal adecuado para la prevención, atención y eliminación de todas las formas de discriminación[88]; entendida esta como cualquier disposición, conducta, acto, criterio o prác-

---

nados requisitos para ellos». MANEIRO VÁZQUEZ, Y., «La aplicación de la Directiva 2000/78/CE por el Tribunal de Justicia: avances recientes en la lucha contra la discriminación», en *Revista Española de Derecho del Trabajo*, número 191, 2016, págs. 146-147.

84 Al respecto, CABEZA PEREIRO, J. y VIQUEIRA PÉREZ, C., *Igualdad y no discriminaciones laborales tras la Ley 15/2022*, Aranzadi, Navarra, 2023, págs. 54-58.

85 «El Tribunal de Justicia ha recordado reiteradamente el amplio margen de apreciación del que disponen los Estados miembros, no sólo para elegir un objetivo específico entre varios posibles en materia de política social y de empleo, sino también para definir las medidas que permitan lograrlo». MANEIRO VÁZQUEZ, Y., *op. cit.*, 2016, pág. 147.

86 Tal y como dispone el artículo 6 de la Directiva 2000/78/CE, estas diferencias de trato podrían incluir, entre otras, «el establecimiento de condiciones especiales de acceso al empleo y a la formación profesional [...]».

87 En adelante, Ley 15/2022.

88 *Vid.* VELASCO PORTERO, T., «El Derecho a la igualdad de trato y no discriminación en el empleo», en KAHALE CARRILLO, D. T. (Dir.). *Una mirada laboralista de la igualdad de trato y la no discriminación*, Ediciones Laborum, Murcia, 2023, págs. 31-32.

tica que atente contra el derecho a la igualdad, y diferenciando, como hace la Directiva 2000/78/CE, y en los mismos términos, entre discriminación directa e indirecta.

También en la misma línea que la Directiva 2000/78/CE, la Ley 15/2022 salvaguarda de ser considerada discriminatoria la diferencia de trato derivada de una disposición, conducta, acto, criterio o práctica que pueda justificarse objetivamente por una finalidad legítima y como medio adecuado, necesario y proporcionado para alcanzarla.

Su carácter de norma unificadora se pone ya de manifiesto en el extenso elenco de factores susceptibles de discriminación. Así, su ámbito subjetivo de aplicación abarca aspectos como la nacionalidad, minoría o mayoría de edad o de si disfrutan o no de residencia legal, prohibiendo expresamente cualquier tipo de discriminación por razón de nacimiento, origen racial o étnico, sexo, religión, convicción u opinión, edad, discapacidad, orientación o identidad sexual, expresión de género, enfermedad o condición de salud, estado serológico y/o predisposición genética a sufrir patologías y trastornos, lengua, situación socioeconómica, o cualquier otra condición o circunstancia personal o social. También desde el punto de vista nacional el factor edad se posiciona al mismo nivel que otras clásicas causas de discriminación.

Atendiendo a su ámbito objetivo, y en relación con el objeto de estudio, el artículo 3 de la Ley 15/2022 extiende su aplicación al empleo, por cuenta ajena y por cuenta propia, lo que comprende aspectos como el acceso, las condiciones de trabajo, incluidas las retributivas y las de despido, la promoción profesional y la formación para el empleo; y, por otro lado, el acceso, promoción, condiciones de trabajo y formación en el empleo público [...]. Obsérvese como la propia Ley 15/2022 incluye expresamente dentro de su ámbito objetivo de aplicación un aspecto clave como es el «acceso» al empleo por cuenta ajena, un momento delicado y potencialmente sensible a la discriminación por razón de edad[89].

A mayor abundamiento, el artículo 9, dedicado al Derecho a la igualdad de trato y no discriminación en el empleo por cuenta ajena, prohíbe expresamente cualquier tipo de limitación, segregación o exclusión por alguna de las causas indicadas anteriormente para el acceso al empleo por cuenta ajena, público o privado, incluidos los criterios de selección, en la formación para el empleo, en la promoción profesional, en la retribución, en la jornada y demás condiciones de trabajo, así como en la suspensión, el despido u otras causas de extinción del contrato de trabajo.

---

89 En palabras de Velasco Portero «Los procesos de selección de personal o de extinción de los contratos se convierten en un momento delicado en el que entran en juego varios factores que llevan en ocasiones a que la elección del candidato definitivo o su salida de la organización vengan realizadas con sesgos de discriminación o trato desigual que no siempre tienen que ver con el sexo de la persona». Velasco Portero, T., *op. cit.*, 2023, pág. 32.

Seguidamente, dispone que se entenderán discriminatorios los criterios y sistemas de acceso al empleo, público o privado, o en las condiciones de trabajo que produzcan situaciones de discriminación indirecta. De esta forma el apartado 2 del artículo 9 alude directamente a los «sistemas de acceso al empleo» como una fase susceptible de albergar discriminación[90], encomendando a los servicios públicos de empleo, sus entidades colaboradoras y las agencias de colocación o entidades autorizadas la vigilancia del respeto del derecho a la igualdad de trato y no discriminación.

A los agentes de la intermediación laboral que acaban de señalarse, encargados de desarrollar el conjunto de acciones destinadas a proporcionar a las personas trabajadoras un empleo adecuado a sus características, la Ley 3/2023, de 28 de febrero, de Empleo[91], les impone también la obligatoriedad de evitar cualquier sesgo o estereotipo de género, edad o discapacidad. En el desarrollo de la actividad de selección de personal, la propia Ley de Empleo impone su desarrollo con arreglo a los principios de igualdad y no discriminación en el acceso al empleo, entre otros, por motivo de la edad.

Por tanto, a la vista de lo sucintamente expuesto, cabe considerar la elección del modelo de selección de personal, así como los cauces establecidos para la participación en el mismo, como instrumentos o acciones accesorias para el acceso al empleo y, en consecuencia, momentos susceptibles también de discriminación. Las garantías de la Directiva 2000/78/CE y de la Ley 15/2022 desplegarían, en consecuencia, sus efectos sobre estas fases del proceso de selección[92].

3. La digitalización de los procesos de selección de personal y su impacto en el mercado laboral español. Aspectos críticos en su relación con el factor edad

La irrupción de medios tecnológicos y herramientas digitales en la vida diaria de las personas ha tenido también sus lógicos efectos en el ámbito del empleo. El uso de las nuevas tecnologías en la empresa ha favorecido, en términos generales, una mejora de los procesos y la productividad[93]. Del

90 «Momentos anteriores al inicio de la relación laboral en los que la discriminación se produce con frecuencia y cuya regulación, vigilancia y control han estado tradicionalmente bastante olvidados». Velasco Portero, T., *op. cit.*, 2023, pág. 34.

91 En adelante, Ley de Empleo.

92 Al respecto, Gómez Romero, M. J., «Las infracciones y sanciones en materia de igualdad de trato y no discriminación», en Kahale Carrillo, D. T. (Dir.). *Una mirada laboralista de la igualdad de trato y la no discriminación*, Ediciones Laborum, Murcia, 2023, págs. 125-134.

93 Alameda Castillo, M. T., «Reclutamiento tecnológico. Sobre algoritmo y acceso al empleo», en *Revista Temas Laborales*, núm. 159, 2021, pág. 11.

mismo modo, su aplicación a los procesos de selección de personal ha permitido a las empresas una mayor agilidad a la hora de dotarse de efectivos, ofreciendo un mayor alcance en la captación de personas candidatas y una mayor rapidez a la hora de desarrollar cada una de las fases del proceso[94], al tiempo que ha reducido considerablemente los costes económicos de estas tareas[95].

Es voz común que, en los últimos años, las empresas han cambiado sus medios y procesos para dotarse de nuevos efectivos de personal, pasando de los más tradicionales, a otros donde el componente tecnológico es el elemento central del proceso[96]. Así, métodos tradicionales como la publicación de las vacantes en prensa, la captación de personal a través de los Servicios Públicos de Empleo y de las Agencias de Colocación, etc., han dado paso a otros métodos como la creación en la propia página web corporativa de la empresa de una sección de empleo para la publicación de sus vacantes y la recepción de candidaturas, la publicación de las ofertas de empleo en las redes sociales de la empresa, o la gestión de sus necesidades de personal a través de páginas web especializadas en selección de personal, etc.[97]. En este proceso de imparable digitalización, incluso las primeras han abandonado ya los cauces tradicionales, avanzando en su transformación para realizar todas sus funciones por medios tecnológicos[98].

---

94 «El diseño de la oferta, el reclutamiento de candidatos, las distintas fases de selección con técnicas diversas [...] y la toma de decisión. La presencia de la tecnología en todas ellas es ya una realidad innegable que experimentará un desarrollo exponencial en el futuro». ALAMEDA CASTILLO, M. T., *op. cit.*, pág. 18.

95 En detalle, GARCÍA GARCÍA, E., MAROTO ILLERA, R., PÉREZ BERMEJO, F. y JIMENO SERRANO, J. F., «Nuevas tecnologías y mercado de trabajo. Especial atención al caso español», *Revista de Economía Industrial*, número 348, 2002, págs. 20-21.

96 Por todos, FERNÁNDEZ GARCÍA, A., «La intermediación laboral digital: estado de la cuestión», en MORENO GENÉ, J. y ROMERO BURILLO, A.M., *Nuevas tecnologías, cambios organizativos y trabajo*, Editorial Tirant lo Blanch, Valencia, 2021, pág. 338; AGUILAR DEL CASTILLO, M. C., «Las pistas de la información digital, ruta hacia una nueva intermediación laboral», en TODOLÍ SIGNES, A. y HERNÁNDEZ BEJARANO, M. (Dirs.), *Trabajo en plataformas digitales: innovación, Derecho y mercado*, Thomson Reuters Aranzadi, Navarra, 2018, pág. 506.

97 «Las nuevas tecnologías de la información y la comunicación sin duda son un instrumento eficaz y ágil para transmitir información sobre vacantes y sobre parados en busca de un puesto de trabajo, por lo que puede convertirse (se ha convertido ya) en un instrumento esencial para mejorar la intermediación en el mercado de trabajo». ALVA, K., ESCOT, L., FERNÁNDEZ, J. A. y CÁCERES, J. J., «Intermediarios del mercado de trabajo y eficacia de los métodos de búsqueda de empleo durante la crisis económica», en *Revista Cuadernos de Relaciones Laborales*, número 35, 2017, pág.440.

98 Como señala RODRÍGUEZ-PIÑERO ROYO «La digitalización no ha reducido su protagonismo en este mercado; lo que se ha transformado es su forma de actuar». RODRÍGUEZ-PIÑERO ROYO, M., «Acceso al empleo, formación y contratación en el contexto de la digitalización», en AA. VV., *Digitalización, recuperación y reformas laborales. XXXII Congreso Anual de la Asociación Española de Derecho del Trabajo y de la Seguridad Social*, Ministerio de Trabajo y Economía Social, Madrid, Colección Informes y Estudios, número 62, 2022, pág. 72.

Sin embargo, como ha venido señalándose, la incesante conversión hacia las TIC de todas las fases del proceso de selección ha puesto de manifiesto las limitaciones que esta digitalización está provocando en determinados sectores de la población activa que, por causas de diversa índole[99], carecen de las competencias digitales necesarias para poder participar en dichos procesos de selección en igualdad de condiciones que las demás personas candidatas.

Atendiendo a la encuesta sobre equipamiento y uso de tecnologías de información y comunicación en los hogares del Instituto Nacional de Estadística[100], uno de los métodos de búsqueda de empleo más utilizados por las personas desempleadas en el año 2023 fue el uso del currículum a través de Internet[101], solo por debajo de otros métodos como el contacto directo con empresas[102] o la búsqueda a través de familiares o amigos[103], y muy por encima de otros como el contacto con el Servicio Público de Empleo[104], o el contacto con alguna agencia privada de colocación[105]; lo que da muestra del auge de los medios TIC en la búsqueda de empleo.

Sin embargo, si echamos mano de la misma encuesta para ponderar el uso de productos TIC por las personas de 16 a 64 años, así como el nivel de habilidades digitales[106], puede observarse como el colectivo de personas de 55 a 64 años es el que presenta un mayor desconocimiento de las nuevas tecnologías, siendo el grupo de edad más numeroso en los niveles de habilidad «limitada», «reducida» y «baja» de la encuesta. Por el contrario, en los niveles de habilidad «básica» y «avanzada», este colectivo representa el porcentaje más bajo[107]. Si, además, ponemos en relación este hecho con los datos que el Instituto Nacional de Estadística ofrece respecto al desempleo de larga duración[108], puede observarse como los mayores porcentajes de desempleo de larga duración se registra en el colectivo de personas de 50 años.

99 Rodríguez-Piñero Royo, M., *op. cit.*, págs. 64-65.

100 En adelante, INE.

101 977.100 personas en el segundo trimestre de 2024.

102 1.112.600 personas en el segundo trimestre de 2024.

103 1.528.500 personas en el segundo trimestre de 2024.

104 508.000 personas en el segundo semestre de 2024.

105 462.400 personas en el segundo semestre de 2024.

106 Clasificadas en 5 niveles en la encuesta INE «Habilidades digitales en el uso de Internet en los últimos 3 meses, por motivos particulares, por características demográficas y tipo de habilidad» como: habilidad limitada, habilidad reducida, habilidad baja, habilidad básica, habilidad avanzada.

107 Un 27,6 % y un 26,1 % respectivamente.

108 Mayor o igual a 12 meses.

La desproporción en el uso de las TIC que muestra la encuesta, sin obviar otros motivos[109], pone de manifiesto una importante brecha digital en el colectivo de mayor edad[110]; un colectivo que, si bien no hay un criterio unívoco para su identificación[111], tiende a considerarse mayormente como el nacido antes de la llegada de Internet[112].

Con carácter general, la Carta de Derechos Digitales, elaborada por la Secretaría de Estado de Digitalización e Inteligencia Artificial del Ministerio de Asuntos Económicos y Transformación Digital[113], garantiza en su apartado IX, punto 2, el acceso efectivo de todas las personas a los servicios y oportunidades que ofrecen los entornos digitales en cualquiera de sus dimensiones, garantizando el derecho a la no exclusión digital y combatiendo las brechas digitales en todas sus manifestaciones, atendiendo particularmente a la brecha territorial, así como a las brechas de género, económica, de edad y de discapacidad; encomendando a los poderes públicos el impulso de políticas que garanticen este derecho.

Por su parte, la Ley de Empleo, que reconoce como uno de los colectivos de atención prioritaria para la política de empleo a las personas mayores de 45 años, establece como uno de sus principios rectores los principios de igualdad y no discriminación en el acceso y consolidación del empleo y desarrollo profesional, entre otros, por motivo de edad, principio que debe estar presente en las acciones de intermediación laboral desarrolladas por cualquiera de sus agentes[114]. Para este colectivo, la Ley de Empleo garantiza

109 Cabeza Pereiro, J., *op. cit.*, 2020, págs. 17-19.

110 «Sí podemos hablar de un tipo de brecha específicamente digital —o casi brecha autónoma, no previa—, "la brecha generacional" que proyecta sus efectos de forma importante sobre el empleo, teniendo en cuenta el avance de internet en los procesos de búsqueda de empleo, lo que hace del factor tecnológico vinculado a la edad una vía de discriminación y de desventaja social y laboral». Olarte Encabo, S., «Brecha digital, pobreza y exclusión social», en *Revista Temas Laborales*, núm. 138, 2017, pág. 293.

111 Mercader Uguina, J. R., «Bases para la construcción del juicio de no discriminación por razón de edad», en *Trabajadores maduros. Un análisis multidisciplinar de la repercusión de la edad en el* ámbito *social*, Editorial Lex Nova, Universidad Carlos III de Madrid, 2009, págs. 25-27.

112 Cabeza Pereiro, J., *op. cit.*, pág. 27.

113 https://www.lamoncloa.gob.es/presidente/actividades/Documents/2021/140721-Carta_Derechos_Digitales_RedEs.pdf

114 A los cuales, escuetamente contemplados en el artículo 41 de la Ley de Empleo, Fernández García añade los agentes de la intermediación digital. Fernández García, A., «La intermediación laboral digital: estado de la cuestión», en Moreno Gené, J., Romero Burillo, A.M., *Nuevas tecnologías, cambios organizativos y trabajo*, Editorial Tirant lo Blanch, Valencia, 2021, págs. 335-396; Fernández García, A., «Aplicaciones móviles para buscar empleo: aspectos jurídico-laborales», en Todolí Signes, A., Hernández Bejarano, M. (Dirs.), *Trabajo en plataformas digitales: innovación, Derecho y mercado*, Thomson Reuters Aranzadi, Navarra, 2018, págs. 459-480.

un canal presencial de recepción de los servicios y a recibir una orientación y atención presencial [...] que facilite la accesibilidad de toda la ciudadanía, con la finalidad de no acrecentar la brecha digital. Pese a ello, es notorio cómo la continua transformación digital de todos los agentes de la intermediación laboral ha reducido, casi a lo simbólico, las acciones que pueden realizarse de manera presencial, provocando, en contraposición a lo que debería garantizarse, una insalvable barrera digital[115].

Resultaría quimérico poner freno a la ya imparable digitalización de los procesos selección, por lo que la formación en competencias digitales se revela como una acción indispensable para tratar de eliminar las barreras digitales que presentan las personas de mayor edad. Así lo reconoce la Carta de Derechos Digitales, promoviendo planes de formación dirigidos a la inserción de las personas trabajadoras en los procesos de transformación digital, así como la formación de personas adultas, con particular atención a las personas mayores, personas con discapacidad y colectivos socialmente desfavorecidos o vulnerables.

En la misma dirección, la Estrategia Española de Apoyo Activo al Empleo 2021-2024[116] reconoce que la aceleración de la transformación digital tendrá una profunda incidencia laboral y social, por lo que debe impulsarse la adquisición y el desarrollo de competencias digitales de las personas trabajadoras y las empresas para dar respuesta a la rápida transformación digital de la economía y la sociedad. Sin embargo, en ocasiones los medios utilizados para la puesta en marcha de estas acciones distan mucho de ser efectivos. Por ejemplo, la propia Estrategia Española de Apoyo Activo al Empleo contempla, dentro de la puesta en marcha del programa «Digitalízate» a través de convenios suscritos con grandes compañías tecnológicas para la puesta a disposición, a través de las páginas web del SEPE y de FUNDAE, de formación gratuita en competencias digitales. Es decir, la propia formación en competencias digitales, dirigida a personas que carecen de ellas, se realiza a través de medios digitales, por lo que cabría cuestionar el éxito de estas medidas.

Otro ejemplo de las limitaciones que presentan en ocasiones este tipo de medidas puede encontrarse en las sesiones de tutorización digital que, con la finalidad de dotar a las personas desempleadas en competencias en este ámbito, puso en marcha el Servicio Público de Empleo de Galicia y que, durante un considerable periodo de tiempo, eran realizadas de forma telefónica.

Puede concluirse, en definitiva, que la imparable digitalización de los instrumentos para la búsqueda de empleo se ha convertido en una barrera infranqueable para aquellas personas que, carentes de competencias digitales, ven mermadas sus posibilidades de participación en los procesos de

115 RODRÍGUEZ-PIÑERO ROYO, M., *op. cit.*, pág. 75.

116 Real Decreto 1069/2021, de 4 de diciembre, por el que se aprueba la Estrategia Española de Apoyo Activo al Empleo 2021-2024.

selección de personal. En mayor medida, esta carencia de competencias digitales se presenta en el colectivo de personas de mayor edad, nacidos antes de la irrupción de las nuevas tecnologías.

4. El papel de la negociación colectiva en la implantación y tutela de los procesos de selección digitales en la empresa

La libertad que el Estatuto de los Trabajadores confiere a las partes negociadoras para determinar el contenido de los convenios colectivos se revela como el cauce idóneo para el establecimiento y vigilancia de la adecuación de los modelos de selección de personal a través de medios TIC implantados en la empresa al principio de no discriminación por razón de edad[117].

Por su amplitud, esta libertad de contratación alcanza a materias de índole económica, laboral, sindical y, en general, a cuantas otras afecten a las condiciones de empleo[118], por lo que, a priori, nada obstaría a que, por acuerdo entre la empresa y la representación de los trabajadores a través de la negociación colectiva, se acordase la adopción de determinados procesos de selección, así como las pautas para su desarrollo, a la hora de incorporar nuevos efectivos a la empresa[119].

Cabe recordar que el comité de empresa, como órgano de representación de los trabajadores, tiene derecho a ser informado y consultado por el empresario, con carácter general, sobre aquellas cuestiones que puedan afectar a

117 En opinión de Rodríguez Fernández, las organizaciones sindicales «deben sumar la acción en las empresas, cambiando contenidos y formas de actuación porque también están cambiando los problemas y las expectativas de los trabajadores. [...] los sindicatos deben tener voz en la transformación digital de la empresa». Rodríguez Fernández, M. L., «Sindicalismo y negociación colectiva 4.0», en *Revista Temas Laborales*, número 144, 2018, pág. 31.

118 En detalle, Gárate Castro, J., *Lecturas sobre el derecho a la negociación colectiva laboral*, Ediciones Cinca, Madrid, 2022, Págs. 161-171.

119 Valdeolivas García destaca el «importante reto que plantea a los negociadores de convenios colectivos la regulación de los derechos laborales y poderes empresariales en un contexto de digitalización masiva que tensiona algunas de las categorías clásicas del Derecho del Trabajo y que, en su redacción legal, son susceptibles de generar mayor asimetría en las posiciones de las partes. [...] La cualificación profesional y la adquisición de competencias digitales por parte de los trabajadores, [...] son materias que reclaman una acción anticipatoria por parte de la negociación colectiva». Valdeolivas García, Y., «Derechos de información, transparencia y digitalización», en AA. VV., *Digitalización, recuperación y reformas laborales. XXXII Congreso Anual de la Asociación Española de Derecho del Trabajo y de la Seguridad Social*, Ministerio de Trabajo y Economía Social, Colección Informes y Estudios, número 62, Madrid, 2022, págs. 218-219.

los trabajadores[120] y, en particular, a ser informado trimestralmente, entre otros aspectos, acerca de las previsiones del empresario de celebración de nuevos contratos, con indicación del número de estos y de las modalidades y tipos que serán utilizados[121]. Es decir, el derecho a ser informado acerca de las próximas incorporaciones de personal a la empresa[122].

De forma más directa, el artículo 64.4.d) de ET confiere también a la representación de los trabajadores un derecho que incide directamente en los procesos de selección de personal. En concreto, el derecho a ser informado por la empresa de los parámetros, reglas e instrucciones en los que se basan los algoritmos o sistemas de inteligencia artificial que afectan a la toma de decisiones que pueden incidir en las condiciones de trabajo, el acceso y mantenimiento del empleo, incluida la elaboración de perfiles[123]. Abre, por tanto, el Estatuto de los Trabajadores la participación directa de la representación de los trabajadores en aspectos relacionados con el acceso al empleo, esto es, en las fases previas al empleo, aunque limitada en este punto al conocimiento de los parámetros, reglas e instrucciones en los que se basan los algoritmos o sistemas de inteligencia artificial que afecten a cuestiones relacionadas con el acceso al empleo[124].

Pese a la libertad de contratación que el Estatuto de los Trabajadores confiere a las partes negociadoras del convenio colectivo, su artículo 85.1 impone a estas un deber de negociar medidas dirigidas a promover la igualdad de trato y de oportunidades entre mujeres y hombres en el ámbito laboral o, en su caso, planes de igualdad, lo que no desvirtúa, respecto al tema que nos ocupa, la competencia genérica que el mismo confiere a la representación unitaria en la vigilancia del cumplimiento de las normas vigentes en materia laboral, de seguridad social y de empleo, así como del resto de los pactos, condiciones y usos de empresa en vigor, formulando, en su caso, las

120 Artículo 64.1 ET.

121 Artículo 64.2.c) ET

122 También, ex artículo 64.5 ET, a ser informado y consultado sobre la situación y estructura del empleo en la empresa o en el centro de trabajo, así como a ser informado trimestralmente sobre la evolución probable del mismo, incluyendo la consulta cuando se prevean cambios al respecto.

123 Acerca de las posibilidades de actuación de la representación de los trabajadores en la digitalización del trabajo, véase MIRANDA BOTO, J. M. y BRAMESHUBER, E., «El impacto de la digitalización en la representación de las personas trabajadoras: posibilidades y desafíos para los derechos de información y consulta y la negociación colectiva», en *Revista de Trabajo y Seguridad Social CEF*, número 478, 2024, págs. 21-59.

124 Un interesante estudio acerca de la introducción de aspectos relacionados con las nuevas tecnologías en la negociación colectiva en AGRA VIFORCOS, B. y GONZÁLEZ VIDALES, C., «Las nuevas tecnologías en la negociación colectiva. Especial referencia a la automatización de los procesos», en FERNÁNDEZ DOMÍNGUEZ, J. J. (Dir.), *Nuevos escenarios y nuevos contenidos de la negociación colectiva*, Ministerio de Trabajo y Economía Social, Colección Informes y Estudios, número 119, 2020, págs. 549-573.

acciones legales oportunas ante el empresario y los organismos o tribunales competentes[125].

Sí lo hace de manera directa el artículo 10 de la Ley 15/2022 que, bajo el título «Negociación colectiva», comienza recordando la libertad de la que disfrutan las partes para determinar el contenido de los convenios colectivos, en línea con lo dispuesto por el propio Estatuto de los Trabajadores, pero prohibiendo a continuación, taxativamente, el establecimiento, vía negociación colectiva, de limitaciones, segregaciones o exclusiones para el acceso al empleo, incluidos los criterios de selección, en la formación para el empleo, en la promoción profesional, en la retribución, en la jornada y demás condiciones de trabajo, así como en la suspensión, el despido u otras causas de extinción del contrato de trabajo, por las causas previstas en la propia ley; es decir, entre otras, por causa de la edad.

A continuación, ya en sentido positivo, la Ley 15/2022 establece que, mediante la negociación colectiva, se podrán establecer medidas de acción positiva para prevenir, eliminar y corregir toda forma de discriminación en el ámbito del empleo y las condiciones de trabajo por las causas de discriminación previstas; ofreciendo como ejemplo de medidas que, en su caso, pudieran acordarse en el marco de la negociación colectiva, el establecimiento de objetivos y mecanismos de información y evaluación periódica.

En definitiva, no cabe duda de que, tanto de manera genérica el Estatuto de los Trabajadores, como de manera específica la Ley 15/2022, de 12 de julio, integral para la igualdad de trato y la no discriminación posibilitan que, por medio de la negociación colectiva, puedan articularse medidas que eliminen cualquier tipo de discriminación indirecta por razón de edad, como serían los procesos de selección de personal que exigen una participación completa por medios tecnológicos. Cabe, por tanto, el establecimiento de medidas de acción positiva para prevenir, eliminar o corregir esta concreta forma de discriminación[126].

5. Conclusiones

La constante digitalización del mercado de trabajo ha tenido también su incidencia en los procesos de selección de personal que, de manera creciente, se han orientado hacia canales e instrumentos TIC. La propia participación en dichos procesos de selección exige unas competencias digitales mínimas de las que un sector importante de la población carece.

125 Artículo 64.7.a).1 ET.

126 Obviamente, como señala VELASCO PORTERO, «estas medidas serán aplicables en tanto subsistan las situaciones de discriminación o las desventajas que las justifican y habrán de ser razonables y proporcionadas en relación con los medios para su desarrollo y los objetivos que persigan». VELASCO PORTERO, T., *op. cit.*, pág. 36.

Las estadísticas oficiales muestran como el colectivo de personas de mayor edad son las que presentan un menor nivel de competencias digitales y, en consecuencia, un menor uso de las TIC. A su vez, este colectivo es el que presenta mayores porcentajes de desempleo de larga duración.

La conversión de los procesos de selección de personal, de forma completa, hacia medios TIC impide la participación en los mismos de las personas que carecen de unas competencias digitales mínimas, para lo que resulta imprescindible que los poderes públicos y las empresas desarrollen una serie de medidas reales y efectivas que ayuden a la inclusión digital de toda la sociedad.

La propia elección del modelo de selección de personal y sus cauces de participación, como elementos instrumentales y necesarios para el acceso al empleo, están incluidos dentro del ámbito de aplicación de la Directiva 2000/78/CE y de la Ley 15/2022.

La exigencia de una participación 100 % por medios tecnológicos en un proceso de selección de personal a quien, por razón de edad, carece de las competencias digitales necesarias supone una discriminación indirecta por razón de edad en el empleo y la ocupación.

La Ley 15/2022 posibilita que, mediante la negociación colectiva, puedan establecerse medidas de acción positiva para prevenir, eliminar y corregir toda forma de discriminación en el ámbito del empleo y las condiciones de trabajo por razón de edad. Por ello, la negociación colectiva es el cauce idóneo para el establecimiento en la empresa de procesos de selección de personal que garanticen la plena participación de todas las personas candidatas, con independencia de su nivel de competencias digitales.

Bibliografía

Agra Viforcos, B. y **González Vidales, C.**, «Las nuevas tecnologías en la negociación colectiva. Especial referencia a la automatización de los procesos», en Fernández Domínguez, J. J. (Dir.), *Nuevos escenarios y nuevos contenidos de la negociación colectiva*, Ministerio de Trabajo y Economía Social, Colección Informes y Estudios, número 119, 2020.

Aguilar del Castillo, M. C., «Las pistas de la información digital, ruta hacia una nueva intermediación laboral», en Todolí Signes, A. y Hernández Bejarano, M. (Dirs.), *Trabajo en plataformas digitales: innovación, Derecho y mercado*, Thomson Reuters Aranzadi, Navarra, 2018.

Alameda Castillo, M. T., «Reclutamiento tecnológico. Sobre algoritmo y acceso al empleo», *Revista Temas Laborales*, núm. 159, 2021.

Alva, K., Escot, L., Fernández, J. A. y **Cáceres, J. J.**, «Intermediarios del mercado de trabajo y eficacia de los métodos de búsqueda de empleo durante la crisis económica», *Revista Cuadernos de Relaciones Laborales*, núm. 35, 2017.

Areta Martínez, M., «La eficacia del Derecho de la Unión Europea en materia de igualdad de trato y no discriminación laboral por razón de edad», *Revista Documentación Laboral*, núm. 114, vol. II, 2018.

Cabeza Pereiro, J.:

— «La digitalización como factor de fractura del mercado de trabajo», en *Revista Temas Laborales*, núm. 155, 2020.

— «Trabajo de mayores y discriminación por edad», en *Revista Internacional y Comparada de Relaciones Laborales y Derecho del Empleo*, vol. 10, núm. 3, 2022.

Cabeza Pereiro, J. y **Viqueira Pérez, C.**, *Igualdad y no discriminación laborales tras la Ley 15/2022*, Aranzadi, Navarra, 2023.

Carrillo Márquez, D., «Discriminación por razón de edad. Los retos sociales y jurídicos de la diversidad intergeneracional», en López Álvarez, M. J. (Coord.), *Los desafíos de la conciliación, la igualdad y la diversidad en la post-pandemia*, Wolters Kluwer, Universidad Pontificia de Comillas, Madrid, 2021.

Fernández García, A.:

— «Aplicaciones móviles para buscar empleo: aspectos jurídico-laborales», en Todolí Signes, A. y Hernández Bejarano, M. (Dirs.), *Trabajo en plataformas digitales: innovación, Derecho y mercado*, Thomson Reuters Aranzadi, Navarra, 2018.

— «La intermediación laboral digital: estado de la cuestión», en Moreno Gené, J. y Romero Burillo, A. M., *Nuevas tecnologías, cambios organizativos y trabajo*, Editorial Tirant lo Blanch, Valencia, 2021.

Fernández Ramírez, M., *Igualdad de trato integral para el empleo. Coordenadas normativas, jurisprudenciales y de política sociolaboral*, Ediciones Laborum, Murcia, 2024.

Gárate Castro, J., *Lecturas sobre el derecho a la negociación colectiva laboral*, Ediciones Cinca, Madrid, 2022.

García garcía, E., **Maroto Illera, R.**, Pérez **Bermejo, F.**, **Jimeno Serrano, J. F.**, «Nuevas tecnologías y mercado de trabajo. Especial atención al caso español», *Revista de Economía Industrial*, número 348, 2002.

Gómez Romero, M. J., «Las infracciones y sanciones en materia de igualdad de trato y no discriminación», en Kahale Carrillo, D. T. (Dir.), *Una mirada laboralista de la igualdad de trato y la no discriminación*, Ediciones Laborum, Murcia, 2023.

González Ortega, S., «La discriminación por razón de edad», *Revista Temas Laborales*, núm. 59, 2001.

López Ahumada, J. E., «Edad, discriminación y pobreza», en *Trabajo, edad y pensiones de jubilación*, XXXIV Congreso Nacional de la Asociación Española de Derecho del Trabajo y de la Seguridad Social, Ministerio de Trabajo y Economía Social, Madrid, 2024.

Maneiro Vázquez, Y.:

— «La cuestión de la edad en las relaciones laborales a la luz del principio de no discriminación por razón de edad», en Cabeza Pereiro, J., Ballester Pastor, M. A. y Fernández Prieto, M. (Dirs.), *La relevancia de la edad en la relación laboral y de Seguridad Social*, Thomson Reuters Aranzadi, Navarra, 2009.

— «La aplicación de la Directiva 2000/78/CE por el Tribunal de Justicia: avances recientes en la lucha contra la discriminación», en *Revista Española de Derecho del Trabajo*, núm. 191, 2016.

— *La discriminación por asociación: desafíos sustantivos y procesales. Desde su creación por el Tribunal de Justicia a su recepción por la doctrina judicial español*, Thomson Reuters Aranzadi, Navarra, 2021.

Miranda Boto, J. M. y **Brameshuber, E.**, «El impacto de la digitalización en la representación de las personas trabajadoras: posibilidades y desafíos para los derechos de información y consulta y la negociación colectiva», en *Revista de Trabajo y Seguridad Social CEF*, núm. 478, 2024.

Numhauser-Henning, A., «La prohibición de la UE contra la discriminación por edad y el papel de los agentes sociales», en Gorelli Hernández, J. (coord.), *El Derecho a la negociación colectiva*, Consejo Andaluz de Relaciones Laborales, Monografías de Temas Laborales, número 53, 2014.

Olarte Encabo, S.:

— «Edad y empleo. Colectivos desfavorecidos», en Cabeza Pereiro, J., Ballester Pastor, M. A. y Fernández Prieto, M. (Dirs.), *La relevancia de la edad en la relación laboral y de Seguridad Social*, Thomson Reuters Aranzadi, Navarra, 2009.

— «Brecha digital, pobreza y exclusión social», en *Revista Temas Laborales*, núm. 138, 2017.

Preciado Doménech, C. H., «La discriminación por razón de edad», en Casas Baamonde, M. E. y Gil Alburquerque, R. (Dirs.), *Derecho Social de la Unión Europea. Aplicación por el Tribunal de Justicia*, Editorial Francis Lefebvre, Madrid, 2018.

Rodríguez Fernández, M. L., «Sindicalismo y negociación colectiva 4.0», en *Revista Temas Laborales*, núm. 144, 2018.

Rodríguez-Piñero Royo, M., «Acceso al empleo, formación y contratación en el contexto de la digitalización», en AA. VV., *Digitalización, recuperación y reformas laborales. XXXII Congreso Anual de la Asociación Española de Derecho del Trabajo y de la Seguridad Social*, Ministerio de Trabajo y Economía Social, Madrid, Colección Informes y Estudios, número 62, 2022.

Rodríguez Sanz de Galdeano, B., «Trabajo y Edad. La singularidad de la edad como causa de discriminación y su replanteamiento desde la perspectiva de la vulnerabilidad», en AA. VV., *Trabajo, Edad y Pensiones de Jubilación. XXXIV Congreso Anual de la Asociación Española de Derecho del Trabajo y de la Seguridad Social*, Ministerio de Trabajo y Economía Social, Madrid, 2024.

Roldán Conesa, J. M., «Trabajadores maduros: la era digital y la edad como motivos de discriminación social y laboral», en *Revista Trabajo, Persona, Derecho y Mercado*, núm. 5, 2022.

Sempere Navarro, V. *et al.*, *Políticas Sociolaborales*, Ediciones Laborum, Murcia, 2003.

Serrano Argüello, N., «La edad como factor de discriminación en el empleo», *Revista Universitaria de Ciencias del Trabajo (RUCT)*, núm. 12, 2011.

Valdeolivas García, Y., «Derechos de información, transparencia y digitalización», en AA. VV., *Digitalización, recuperación y reformas laborales. XXXII Congreso Anual de la Asociación Española de Derecho del Trabajo y de la Seguridad Social*, Ministerio de Trabajo y Economía Social, Colección Informes y Estudios, núm. 62, Madrid, 2022.

Velasco Portero, T., «El Derecho a la igualdad de trato y no discriminación en el empleo», en Kahale Carrillo, D. T. (Dir.), *Una mirada laboralista de la igualdad de trato y la no discriminación*, Ediciones Laborum, Murcia, 2023.

CAPÍTULO VI

LA GESTIÓN ALGORÍTMICA DE LA EXTINCIÓN DEL CONTRATO DE TRABAJO

Ángel Guillen Pajuelo
Profesor ayudante doctor
Universidad de Valencia

1. El contexto laboral del Siglo XXI

La cuarta revolución industrial en el mundo[1] ya va a velocidad de crucero mostrando un sinfín de oportunidades en distintos ámbitos. Especialmente en el laboral, las cuales llevan aparejados consigo el mismo número de retos y desafíos concernientes al empleo y a las relaciones laborales[2] a los que el Derecho del Trabajo y de la Seguridad Social se debe enfrentar. Si las nuevas tecnologías (véase internet) han supuesto la transición de un empleo industrial y mecanizado propio del siglo pasado a un modelo de trabajos tecnológicos y conectados con un alto componente de valor añadido; la Inteligencia

---

1 «La *nueva revolución tecnológica está acarreando la transformación de la humanidad debido a la convergencia de sistemas digitales, físicos y biológicos*» así lo señala el fundador del Foro de Davos en SCHWAB, K. (2016), *La cuarta revolución industrial*, Madrid: Debate.

2 Debe tenerse, siempre, como parámetro de referencia el empleo decente, tal y como sostiene GÓMEZ SALADO, M. A. (2021), *La cuarta revolución industrial y su impacto sobre la productividad, el empleo y las relaciones jurídico–laborales: desafíos tecnológicos del Siglo XXI*. Cizur Menor: Thomson Reuters–Aranzadi.

Artificial, los algoritmos[3] y el análisis de datos a gran escala[4] son herramientas, todas ellas, que van a provocar un cambio de paradigma sociolaboral con mayor sustantividad y en un lapso temporal menor.

Los distintos avances tecnológicos han permitido mecanizar y automatizar un porcentaje significativo de puestos de trabajo[5] ocupados por humanos en los últimos años. De este modo, el mundo laboral ha ido evolucionando hasta la economía y sociedad del conocimiento donde la formación, experiencia y valor del trabajador cobra una mayor relevancia respecto de las tareas físicas, automáticas o mecánicas, asumidas ya por la robotización.

Esta es ya una realidad en los tiempos presentes donde la adaptación a las tecnologías[6] forma parte del desempeño de trabajadores, empresas y organizaciones en general. Sin embargo, el nuevo modelo de empleo tecnológico es todavía un proceso inacabado, lo que implica que, en un futuro[7] no muy lejano, se vayan introduciendo novedades y perfeccionando sistemas aún embrionarios. Los interrogantes[8] que se abren paso, por tanto, en el debate académico son variopintos y de sumo interés: transformación de tareas, surgimiento de nuevos empleos u oficios, incidencia de la IA en la determinación del rendimiento de los trabajadores o la supervisión de los algoritmos y tecnologías.

---

3 «Resulta *un hecho evidente la progresiva y vertiginosa incorporación de la lógica algorítmica en la empresa de todo tamaño y condición, cambiando de forma sustancial los modos y modelos de trabajo»* en Monereo Pérez, J.L., Rodríguez Escanciano, S. y Rodríguez Iniesta, G. (2023). «Algoritmos e inteligencia artificial. Implicaciones jurídicolaborales: Un enfoque desde la perspectiva de los derechos», en *Revista Crítica de Relaciones de Trabajo Laborum*. Núm. 8, pág. 11.

4 Lo que han denominado algunos autores como «la segunda ola de la automatización», por todos: Hidalgo Pérez, M. A. (2018), *El empleo del futuro: un análisis del impacto de las nuevas tecnologías en el mercado laboral*, Barcelona: Deusto.

5 También lo harán en un futuro ya que el 81 % de las tareas actuales son automatizables, según el informe de septiembre de 2023 del *World Economic Forum Jobs of Tomorrow: Large lenguage, Models and Jobs*. Disponible en: https://www3.weforum.org/docs/WEF_Jobs_of_Tomorrow_Generative_AI_2023.pdf

6 La adaptación de los sistemas de trabajo a la convivencia entre personas y máquinas es necesaria, debido al carácter híbrido de la cuarta revolución industrial, en Molina Navarrete, C. (2021), «Economía de datos, mercados digitales de empleo y gestión analítica de personas: retos para la transición a una sociedad del e-trabajo decente», en *Revista Trabajo y Seguridad Social CEF*. Núm. 459, pág. 7.

7 Teniendo en cuenta, además, la contribución a la mejora de la productividad empresarial de la Inteligencia Artificial, por todos: Mercader Ugina, J. R. (2017), *El futuro del trabajo en la era de la digitalización y la robótica*, Valencia: Tirant Lo Blanch, págs. 23 y ss.

8 «Los *riesgos que incorporan y cómo la aplicación de estas tecnologías en el* ámbito *laboral avoca a la adopción de decisiones automatizadas, estándares de cumplimiento a los trabajadores y las quiebras que pueden provocar en sus condiciones laborales»* en Álvarez Cuesta, H. (2020), *El impacto de la Inteligencia Artificial en el trabajo: desafíos y propuestas*. Cizur Menor: Thomson Reuters-Aranzadi.

Todas estas cuestiones mencionadas anteriormente, junto con otras que irán surgiendo, deberán ser abordadas por el conjunto de regulaciones que conforman el ordenamiento jurídico – laboral y de Seguridad Social. Una legislación que cumple un papel y una función relevante en cualquier sociedad moderna como es la ordenación de las relaciones laborales, es decir, de los vínculos contractuales entre empleador y empleado y de las condiciones de trabajo de estos últimos. La protección social y las políticas públicas en materia de Seguridad Social y mantenimiento del Estado del Bienestar son un elemento esencial en el Derecho Laboral y que debe prevalecer[9] ante la irrupción de cualquier tipo de tecnología, Inteligencia Artificial o algoritmo en el modelo de empleo. Por si no fuera sencillo el establecimiento del marco jurídico del trabajo en cualquier país, conjugando los intereses contrapuestos[10] entre trabajadores y empresarios, de un tiempo a esta parte, se ha sumado un nuevo actor a las relaciones laborales: la tecnología en todas sus vertientes.

2. El nuevo Reglamento Europeo de Inteligencia Artificial y sus derivadas laborales

Al albur del surgimiento de las nuevas tecnologías emergen legislaciones que ponen coto a la expansión de éstas; máxime cuando todavía, como la Inteligencia Artificial, tienen un gran margen de expansión y mejora por delante. Es decir, la IA y el desarrollo algorítmico están todavía en una versión *beta*. Desde Occidente, especialmente en Estados Unidos y la Unión Europea, el debate ha sido arduo en torno a la necesidad de establecer, al menos, un primer marco jurídico[11] sobre el desarrollo, usos y finalidades de la IA con el objetivo de abordar distintas cuestiones: protección de datos, preservación de derechos de los ciudadanos, comercialización o transparencia.

---

9 «El problema se agrava cuando los trabajadores se sustituyen por robots y las empresas no contribuyen al sistema de seguridad social configurado en el estado de bienestar» en Sierra Benítez, E.M. (2017), «La Protección Social de los Trabajadores ante el desafío del Nuevo Trabajo a Distancia, del Trabajo Digital y la Robótica», en *Revista de Derecho de la Seguridad Social Laborum*, núm. 11, págs. 135–161.

10 Por todos: «El Derecho del Trabajo es hoy una realidad asombrosamente eficaz en su función de equilibrar los intereses contrapuestos de los factores de producción, [trabajadores], pero consiguiendo a la vez la aceptación de quienes ven seriamente limitado su poder decisorio en la organización de la vida económica [empresarios]» en De la Villa Gil, L. E. (2003). «El Derecho del Trabajo en España a partir de la Transición», en *Revista de Trabajo y de Seguridad Social CEF*. Núm. 238, pág. 39.

11 Padín Vidal, A. (2024). «Así se está regulando la IA en la UE, EE.UU. y la OCDE: el difícil equilibrio entre seguridad y fomento de la innovación». *Garrigues Digital*. Disponible en: https://www.garrigues.com/es_ES/garrigues-digital/asi-esta-regulando-ia-ue-eeuu-ocde-dificil-equilibrio-seguridad-fomento [Fecha de consulta: 25 de junio de 2024].

En Estados Unidos, por su parte, el 30 de octubre de 2023 el presidente Joe Biden firmó una Orden Ejecutiva, norma con rango de Ley y, por su parte, el Parlamento de la UE aprobó una resolución legislativa sobre la propuesta de Reglamento del Parlamento Europeo y del Consejo por el que se establecen normas armonizadas en materia de inteligencia artificial[12] el 13 de marzo de 2024 después de tres años de debate, enmiendas y adaptaciones. Posteriormente, el Reglamento de Inteligencia Artificial (RIA) fue aprobado por el Parlamento Europeo y el Consejo el 13 de junio de 2024, y publicado en el Diario Oficial de la Unión Europea[13] el 12 de julio de 2024.

En particular, la legislación comunitaria es la que afecta al ordenamiento jurídico nacional con una, podría decirse, significativa incidencia o influencia en el Derecho del Trabajo[14] interno[15]. El RIA[16] es una norma compleja conformada por distintos preceptos jurídicos: ciento ochenta considerandos, ciento trece artículos y trece anexos. El objeto de la disposición legislativa europea, según su artículo primero, tiene como principal fin «*promover la adopción de una Inteligencia Artificial centrada en el ser humano y fiable, garantizando al mismo tiempo un elevado nivel de protección de la salud, la seguridad y los derechos fundamentales*» frente a los hipotéticos usos perjudiciales de la misma.

Como paso previo al análisis jurídico–laboral, resulta necesario conocer qué es lo que la norma entiende como Inteligencia Artificial y en qué, legis-

---

12 También se conoce como Ley de Inteligencia Artificial. Disponible en: https://www.europarl.europa.eu/doceo/document/TA-9-2024-0138_ES.pdf [Fecha de consulta: 25 de junio de 2024].

13 Disponible en: https://eur-lex.europa.eu/legal-content/ES/TXT/PDF/?uri=OJ:L_202401689 [Fecha de consulta: 13 de julio de 2024].

14 En palabras del Prof. Rojo Torrecilla: «*la reciente normativa aprobada por la UE (...) tiene una indudable afectación al mundo del trabajo*» en Rojo Torrecilla, E. (2024). *Inteligencia artificial. Su impacto en la vida laboral. Una mirada al presente, que parte del pasado y se orienta hacia el futuro*. Disponible en: http://www.eduardorojotorrecilla.es/2024/06/inteligencia-artificial-su-impacto-en.html [Fecha de consulta: 25 de junio de 2024].

15 Lo que se ha denominado como Derecho Digital o de la Tecnología, criticado por la doctrina iuslaboralista debido a «*su escasa sensibilidad a las especialidades y particularidades de otros sectores del ordenamiento centrándose desde el Derecho del Trabajo en el olvido de la dimensión colectiva y el excesivo valor dado al consentimiento individual de la persona*» por todos, en Rodríguez–Piñero Royo, M.C. (2024). *El Reglamento europeo de IA y su afectación al mundo laboral*. Disponible en: https://grupo.us.es/iwpr/2024/04/08/el-reglamento-europeo-de-ia-y-su-afectacion-al-mundo-laboral/ [Fecha de consulta: 25 de junio de 2024].

16 Reglamento de Inteligencia Artificial: Resolución legislativa del Parlamento Europeo, de 13 de marzo de 2024, sobre la propuesta de Reglamento del Parlamento Europeo y del Consejo por el que se establecen normas armonizadas en materia de inteligencia artificial (Ley de Inteligencia Artificial) y se modifican determinados actos legislativos de la Unión [COM (2021)0206–C9-0146/2021–2021/0106(COD)]. Disponible en: https://www.europarl.europa.eu/doceo/document/TA-9-2024-0138_ES.pdf

lativamente hablando, consiste tal tecnología. Pues, los términos empleados para definir, caracterizar y, en definitiva, explicar los sistemas de IA o algoritmos requieren de tecnicismos que no son necesarios para el análisis de otras legislaciones específicas.

Por ello, a renglón seguido del objeto, de la finalidad de la norma y del ámbito de aplicación de la misma, en el artículo tercero, se dan una serie de definiciones respecto a los sistemas de IA y otros aspectos complementarios: «*Sistema de IA: un sistema basado en una máquina diseñado para funcionar con distintos niveles de autonomía, que puede mostrar capacidad de adaptación tras e despliegue y que, para objetivos explícitos o implícitos, infiere de la información de entrada que recibe la manera de generar información de salida, como predicciones, contenidos, recomendaciones o decisiones, que puede influir en entornos físicos o virtuales*».

Con este marco normativo genérico[17], el objetivo y sistema de IA definidos, la afectación al Derecho Laboral se da a través de distintos considerandos y artículos a lo largo de toda la Ley. En primer término, el considerando noveno encargado de armonizar la legislación comunitaria con la interna y que deberá hacerse sin perjuicio del derecho vigente en materia de, entre otras, empleo y protección de los trabajadores.

Ya en el texto articulado, el apartado *f* del quinto precepto relativo a la prohibición de las prácticas de IA señala que no estará permitido su uso «*para inferir las emociones de una persona física en los lugares de trabajo*» lo que implica una absoluta restricción de los sistemas de reconocimiento de emociones. A mayor abundamiento, en el mismo artículo, también se impide la utilización de los sistemas de categorización biométrica que clasifiquen individualmente a las personas (o trabajadores) para deducir o inferir, entre otras cuestiones, su afiliación sindical.

En la misma dirección, y desde una perspectiva colectiva de protección de los derechos de los trabajadores, el artículo 26 del RIA, en su apartado séptimo, aborda la implementación de sistemas de Inteligencia Artificial de alto riesgo en los lugares de trabajo. Lo hace estableciendo la obligatoriedad de informar a los representantes de los trabajadores mediante las siguientes indicaciones: «*antes de poner en servicio o utilizar un sistema de IA de alto*

17 Complementa al Reglamento de Inteligencia Artificial la Directiva del Parlamento Europeo y del Consejo relativa a la mejora de las condiciones laborales en el trabajo en plataformas digitales, las cuales también utilizan algoritmos en la gestión de las relaciones laborales. En este sentido, véanse los trabajos de MONZÓN PÉREZ, H. (2024), «Directiva para la mejora de condiciones laborales y regular el uso de algoritmos en plataformas digitales», en *Revista Derecho Digital e Innovación*, núm. 19 y TODOLÍ SIGNES, A. (2024), *La Directiva para la mejora de las condiciones laborales en plataformas digitales de trabajo. Contenido y propuestas para la trasposición*. Los Briefs de la Asociación Española de Derecho del Trabajo y de la Seguridad Social. Disponible en: https://www.aedtss.com/la-directiva-para-la-mejora-de-las-condiciones-laborales-en-plataformas-digitales-de-trabajo-contenido-y-propuestas-para-la-trasposicion/ [Fecha de consulta: 25 de junio de 2024].

riesgo en el lugar de trabajo, los responsables del despliegue que sean empleadores informarán a los representantes de los trabajadores y a los trabajadores afectados de que estarán expuestos a la utilización del sistema de IA de alto riesgo».

La caracterización del sistema de IA de alto riesgo se hace teniendo en cuenta diferentes criterios relacionados con la protección de los derechos incluidos en la Carta Europea de Derechos Fundamentales como son la dignidad humana, la protección de los trabajadores o la igualdad entre hombres y mujeres. En relación con los sistemas de IA de alto riesgo y su implementación en el ámbito laboral, téngase en cuenta el Anexo III del RIA, el cual tiene la responsabilidad de identificar los sistemas de IA de alto riesgo relacionados con la gestión de los trabajadores, el acceso al autoempleo y el empleo.

Lo hace en su apartado cuarto en dos términos respecto a los sistemas de IA en las empresas: el primero de ellos se refiere a los destinados a la contratación o la selección de personas[18] físicas para analizar y filtrar[19] solicitudes de empleo y evaluar a los candidatos[20] inscritos en las ofertas de empleo; y, el segundo, a los algoritmos que determinan la toma de decisiones que afecten a las condiciones laborales[21] y contractuales, de productividad[22], de promoción, de asignación y de evaluación de tareas[23] y del rendimiento[24] en el marco de dichas relaciones.

18 Sobre la Inteligencia Artificial y selección de personal, véase, por todos: Fernández García, A. (2024), *Las empresas de selección de personal y el Reglamento de IA*. Disponible en: https://aflabor.wordpress.com/2024/05/28/las-empresas-de-seleccion-de-personal-y-el-reglamento-de-ia-iniciativa-interblogs/ [Fecha de consulta: 25 de junio de 2024].

19 Especial atención a la preservación de la igualdad de trato y no discriminación y a la eliminación de los sesgos de género por parte de la IA y los algoritmos, y, en este sentido: «*en el* ámbito *del acceso al empleo, lejos de plantearse los mismos problemas de siempre —discriminación— con la diferencia* única *del acortamiento del tiempo para su consecución, la inteligencia artificial añaden elementos nuevos que hacen a las personas que buscan un empleo mucho más vulnerables*» en Olarte Encabo, S. (2020), «La aplicación de Inteligencia Artificial a los procesos de selección de personal y ofertas de empleo: impacto sobre el derecho a la no discriminación» en *Revista Documentación Laboral*, vol. I, núm. 119, pág. 79.

20 Fajardo Vargas, J. E. (2023), «Inteligencia Artificial aplicada al proceso de selección de personal» en *Polo del conocimiento: revista científico–profesional*, vol. 8, núm. 9, págs. 726 y ss.

21 Mercader Uguina, J. R. (2023). Algoritmos e Inteligencia Artificial en el Derecho Digital del Trabajo. Valencia: Tirant Lo Blanch, págs. 87 y 88.

22 Sirva como ejemplo: Todolí Signes, A. (2023). «La dirección algorítmica de las redes empresariales: plataformas digitales, Inteligencia Artificial y descentralización productiva», en *Revista de Trabajo y Seguridad Social CEF*. Núm. 476, págs. 65 y ss.

23 Ginès i Fabrellas, A. (2021), «El derecho a conocer el algoritmo: una oportunidad perdida de la "Ley Rider"» *Iuslabor. Revista d'anàlisi de Dret del Treball*, núm. 2, pág. 3.

24 Goñi Sein, J. L. (2019), «Innovaciones tecnológicas, Inteligencia Artificial y Derechos Humanos en el trabajo», en *Revista Documentación Laboral*, vol. II, núm. 117, págs. 57 y ss.

Como refuerzo institucional al marco normativo, se anuncia por parte de la Comisión Europea la creación de la Oficina Europea de Inteligencia Artificial que supervisará la aplicación de dicha tecnología en distintos ámbitos, tales como el laboral o el sanitario. Así, pues, el contexto normativo de la IA en Europa ha dado lugar a una suerte de génesis de lo que puede ser la norma de ámbito nacional: la Estrategia de Inteligencia Artificial España 2024[25] aprobada el 15 de mayo de 2024 por el Consejo de ministros. En el sí del contenido de dicha estrategia puesta en marcha por el Gobierno español se menciona como uno de los aspectos centrales la necesidad de debatir y actualizar la legislación en materia de IA en el mundo del trabajo.

Por tanto, siendo el ámbito laboral uno de los principales afectados por la implementación y desarrollo de la IA y los algoritmos, se observará, casi con total seguridad, en un futuro próximo las adaptaciones necesarias al (recién estrenado) marco jurídico actual. Más aun teniendo en cuenta las transposiciones al ordenamiento jurídico interno que se deben llevar a cabo de otras normativas de carácter laboral de ámbito comunitario.

3. Un repaso por la extinción del contrato de trabajo en la regulación española

El Estatuto de los Trabajadores (ET) en nuestro país, junto con las políticas públicas seguidas hasta ahora, aboga por el fomento de la contratación indefinida, duradero y estable[26] en el marco de las relaciones laborales. De este modo, el ET en su artículo 15 señala que «*el contrato de trabajo se presume concertado por tiempo indefinido*» restringiendo el contrato de duración determinada a «*circunstancias de la producción o por sustitución de persona trabajadora*».

En este sentido, para el ulterior análisis de las posibles consecuencias de la extinción del contrato de trabajo determinada por un algoritmo o IA, es pertinente realizar unas breves referencias a la legislación laboral que regula la terminación del vínculo laboral[27] en nuestro país. El capítulo III del ET, rela-

25 Disponible en: https://www.lamoncloa.gob.es/serviciosdeprensa/notasprensa/transformacion-digital-y-funcion-publica/Documents/2024/140524-Estrategia%20de%20Inteligencia%20Artificial%202024-completa.pdf

26 Máxime a raíz de la última reforma laboral que llevada a cabo mediante el Real Decreto-ley 32/2021, de 28 de diciembre, de medidas urgentes para la reforma laboral, la garantía de la estabilidad en el empleo y la transformación del mercado de trabajo. Por todos, Goerlich Pesset, J. M. (2022), «Contrato fijo-discontinuo: ampliación de supuestos y mejora de sus garantías», en *Labos. Revista de Derecho del Trabajo y Protección Social*, vol. III, págs. 58 y ss. y De la Fuente Lavín, M. y Zubiri Rey, J. B. (2022), «La reforma laboral de 2021 en España, cambio de tendencia en la regulación de la contratación temporal», en *Revista Crítica de Relaciones de Trabajo Laborum*, núm. 3, págs. 199 y ss.

27 Al respecto, sirva de referencia la obra del Prof. Sempere Navarro: Sempere Navarro, A. (2011), *La extinción del contrato de trabajo*. Pamplona: Aranzadi.

tivo a la modificación, suspensión y extinción del contrato de trabajo, dedica su sección cuarta (arts. 49 y ss.) a la conceptualización y enumeración de las casuísticas que pudieran darse en torno a la finalización de la relación laboral. De entre las causas de extinción señaladas en el artículo 49, resulta de interés para el caso de estudio los apartados *k* y *l*, es decir, la extinción contractual a instancia del empresario[28] por despido del trabajador y por causas objetivas legalmente procedentes.

El artículo 54, relativo al despido disciplinario del trabajador, establece que «*el contrato de trabajo podrá extinguirse por decisión del empresario, mediante despido basado en incumplimiento grave y culpable del trabajador*». Los supuestos en los que se considera el incumplimiento grave y culpable[29] son: faltas repetidas e injustificadas al puesto de trabajo, indisciplina o desobediencia, ofensas verbales o físicas al empresario, transgresión de la buena fe contractual, disminución continuada y voluntaria del rendimiento en el trabajo, embriaguez habitual o toxicomanía y acoso a las personas que trabajan en la empresa. Los sistemas de IA, entre otras cuestiones, pueden tener trascendencia en el supuesto del apartado *y* del artículo 54.2 del ET en referencia a la disminución continuada del rendimiento.

Por otro lado, dos son las principales hipótesis que maneja el ET en lo que se refiere a la extinción del contrato de trabajo por causas objetivas en los incisos *a* y *b* del artículo 52: ineptitud del trabajador conocida o sobrevenida[30] con posterioridad a su colocación efectiva en la empresa; y falta de adaptación del trabajador a las modificaciones técnicas operadas[31] en su puesto de trabajo, cuando dichos cambios sean razonables.

En esta dirección, la empresa también puede aludir a causas organizativas, técnicas, económicas o de producción[32] tal y como indica el artículo 51 del ET sobre el despido colectivo. Añade, además, una breve explicación y desarrollo de las causas antedichas: «*Se entiende que concurren causas económicas cuando de los resultados de la empresa se desprenda una situación económica negativa [...] o la disminución persistente de su nivel de ingresos ordinarios o ventas. Se entiende que concurren causas técnicas cuando se produzcan cambios, entre otros, en el* ámbito *de los medios o instrumentos de*

28 El ET se alinea con el Convenio 158 de la Organización Internacional del Trabajo (OIT) sobre la terminación del contrato de trabajo cuyo artículo cuarto indica que «*no se pondrá término a la relación de trabajo de un trabajador a menos que exista para ello una causa justificada relacionada con su capacidad o su conducta o basada en las necesidades de funcionamiento de la empresa, establecimiento o servicio*».

29 Sentencia del Tribunal Constitucional 8/2015 de 22 de enero, F.J. 7.°.

30 Sentencia del Tribunal Constitucional 192/2003 de 27 de octubre, F.J. 4.°.

31 Sentencia del Tribunal Constitucional 22/1981 de 2 de julio, F.J. 8.°.

32 Sentencia del Tribunal Supremo de 20 de abril de 2022, Sala de lo Social, núm. 358/2022. Rec. Núm. 241/2021.

producción; causas organizativas cuando se produzcan cambios, entre otros, en el ámbito *de los sistemas y métodos de trabajo del personal o en el modo de organizar la producción*».

Respecto a la incidencia que pueda tener la IA en los tres supuestos de extinción contractual mencionados con anterioridad, podría observarse las siguientes cuestiones: en el primer supuesto, esto es, en el caso de un despido disciplinario, las nuevas tecnologías, algoritmos o sistemas de IA podrían valorar y evaluar el rendimiento (o su disminución continuada) pudiendo determinar el posterior despido del trabajador; en el segundo caso, la implementación de modificaciones tecnológicas o el uso de IA en las tareas diaria de un trabajador puede conllevar la inadaptación del trabajador que desemboque en un despido por los motivos señalados en el artículo 52 del ET; y, por último, en el tercer caso, podría influir en las predicciones económicas empresariales basadas en algoritmos o bien en el uso de medios de producción automatizados.

Todo ello, en su conjunto hace que la IA tenga una implicación evidente en el ámbito del Derecho del Trabajo y de las relaciones laborales y, particularmente, uno de los aspectos de mayor influencia es en la terminación del vínculo laboral.

4. La relevancia de los algoritmos y de la Inteligencia Artificial en la extinción del contrato de trabajo

Son numerosos los procedimientos manuales, laborales o administrativos que, a día de hoy, han sido sustituidos y automatizados por nuevas tecnologías, algoritmos e IA. Sin embargo, ¿decisiones empresariales tan sensibles como las contrataciones o los despidos también las toman algoritmos? Ante esta hipótesis se pueden dar una pléyade de respuestas. Entre ellas, la que las decisiones de este tipo las siguen tomando personas, pero, eso sí, basadas en datos, estadísticas o fundamentos extraídos de las tecnologías. En cualquier caso, más allá de discusiones en torno al proceso de toma de decisiones, parece indudable que la IA y los algoritmos juegan un papel crucial en la gestión de los despidos empresariales.

Los tribunales de justicia, a través de distintas resoluciones judiciales, han arrojado algo de luz a las decisiones automatizadas de terminación de la relación laboral en el marco del mercado de trabajo. A nivel comunitario, los fundamentos de una sentencia del Tribunal de Justicia de la Unión Europea[33] sobre la denegación de un crédito bancario a un cliente debido a una pre-

33 STJUE de 7 de diciembre de 2023, asunto C-634/2021. ECLI:EU:C: 2023:957.

dicción algorítmica[34] han sido extrapolados al ámbito laboral[35] debido a que una decisión de este calibre no puede estar, a juicio del tribunal, únicamente basada en el tratamiento automatizado.

Una de las casuísticas más ilustrativas de la utilización de los algoritmos para la medición de la productividad y, por ende, de las decisiones relativas a los despidos, es el caso de la empresa Amazon[36] en el marco de la prestación de servicios de sus trabajadores. Los tribunales laborales de Polonia[37] en sendas resoluciones que el algoritmo de medición de la productividad de los trabajadores de la mencionada empresa de reparto no es un motivo válido para despedir. Las resoluciones del orden laboral polaco arguyen que el sistema de productividad no es transparente, por cuanto no se puede verificar su objetividad y razonabilidad, así como tampoco está definido cuál es el rendimiento debido.

En el ámbito nacional y, singularmente, en el sector deportivo, una sentencia del Tribunal Superior de Justicia de Cataluña[38] ejemplifica las consecuencias de la medición del rendimiento, en este caso físico, de un deportista profesional[39] mediante tecnologías y el posterior análisis de los datos extraídos. Las distintas referencias del rendimiento del futbolista se conocían a través de un sistema GPS integrado en un chaleco que se colocaba mientras realizaba la práctica deportiva.

---

34 En este sentido, el TJUE considera aplicable el artículo 22 del Reglamento General de Protección de Datos (decisiones individuales automatizadas, incluida la elaboración de perfiles) en referencia a la elaboración de un perfil automatizado de un cliente por parte de una tercera empresa no responsable de la decisión, véase, literalmente, el redactado del art. 22 del RGPD: «*todo interesado tendrá derecho a no ser objeto de una decisión basada* únicamente *en el tratamiento automatizado, incluida la elaboración de perfiles, que produzca efectos jurídicos en* él *o le afecte significativamente de modo similar*».

35 TODOLÍ SIGNES, A. (2018), «La gobernanza colectiva de la protección de datos en las relaciones laborales "big data", creación de perfiles, decisiones empresariales automatizadas y los derechos colectivos», en *Revista de Derecho Social*, núm. 84, págs. 69 y ss.

36 Cuando quién te despide es un algoritmo: medios estadounidenses acusan a Amazon de dejar el destino de los trabajadores en manos de los robots. La Vanguardia, 5 de mayo de 2019. Disponible en: https://www.lavanguardia.com/tecnologia/20190505/461974990434/te-despide-algoritmo.html

37 Denominado como caso Gorajski vs Amazon: Sentencias del Tribunal regional de Poznan de Primera Instancia de 6 de febrero de 2019 y del Tribunal de Segunda Instancia de 2 de julio de 2020.

38 Sentencia del Tribunal de Justicia de Cataluña núm. 7741/2023, de 14 de julio de 2023, Rec. 901/2023. ECLI:ES: TSJCAT: 2023:7741 que da lugar al Caso Matheus sobre la indemnización que debe pagar un club deportivo al futbolista profesional por su despido.

39 Al tratarse de un deportista profesional, la relación laboral suscrita entre ambos actores se sujeta al ámbito de aplicación del Real Decreto 1006/1985, de 26 de junio, por el que se regula la relación laboral especial de los deportistas profesionales y, en consecuencia, su artículo 14.h estipula el despido del deportista como una de las causas de extinción de la relación laboral.

Y es que el club procedió al despido del futbolista profesional imputándole a éste el incumplimiento del contrato debido a un rendimiento[40] inferior al promedio del equipo. El bajo desempeño del futbolista, según el empleador, se fundamenta en un informe analítico configurado por doce variables de las cuales nueve se encuentran por debajo de lo esperado según los datos lo que justifica, a ojos del club, la extinción de su vínculo laboral.

Si bien es cierto que el litigio se fundamentaba en la cuantía de la extinción que le correspondía al deportista, el tribunal entra a valorar la procedencia o no del despido. Finalmente procede a la determinación de la improcedencia del mismo debido a la no concurrencia de la conducta incumplidora imputada al futbolista o actuación de mala fe, reforzando así el mismo argumento que la resolución de instancia en la cual se consideran insuficientes los datos extraídos del informe analítico para la justificación del despido.

5. Consideración final: ¿es suficiente la protección actual?

Una vez analizados en su conjunto los nuevos sistemas de Inteligencia Artificial y algoritmos, su marco jurídico y sus efectos en la extinción del contrato de trabajo de los trabajadores, podría observarse, entre otras, los siguientes extremos: la regulación de la IA a nivel comunitario a través del RIA aborda la incidencia de dicha tecnología en el ámbito laboral, lo que implica que el mundo del trabajo es uno de los sectores (más) afectados por su desarrollo; del mismo modo, la puesta en marcha, por parte de las empresas, de mecanismos algorítmicos para fundamentar las decisiones empresariales constituyen, ya en estos tiempos, una práctica relativamente habitual; y, del análisis de las resoluciones judiciales de los distintos tribunales del orden laboral se desprende la necesidad de conocimiento y transparencia de los sistemas automatizados de medición del rendimiento.

Por último, atendiendo a la pregunta formulada al inicio de este apartado conclusivo, la legislación actual en materia de Inteligencia Artificial mediante el RIA, el RGPD y la Directiva Europea de Plataformas Digitales es adecuada y permite la protección de los derechos de los trabajadores como bien se ha podido observar en las resoluciones judiciales traídas a colación en este artículo. La utilización *per se* de algoritmos o de sistemas de IA para fundamentar las decisiones empresariales no son perjudiciales, ahora bien, debe conocerse por parte de los trabajadores y sus representantes su uso, configuración y principales características.

---

40 Sobre el despido de futbolistas profesionales por bajo rendimiento, sirva como ejemplo: MARÍN MARTÍNEZ, F. (2008), «El bajo rendimiento de un futbolista profesional y, nuevamente, sobre el cálculo de la indemnización por despido: comentario a la Sentencia núm. 90/08 del Juzgado de lo Social núm. 2 de Sevilla», *Revista Aranzadi de Derecho de Deporte y Entretenimiento*, núm. 24, págs. 391 y ss.

Bibliografía

ÁLVAREZ CUESTA, H. (2020). *El impacto de la Inteligencia Artificial en el trabajo: desafíos y propuestas*. Cizur Menor: Thomson Reuters–Aranzadi.

DE LA FUENTE LAVÍN, M. y **ZUBIRI REY, J. B.** (2022). «La reforma laboral de 2021 en España, cambio de tendencia en la regulación de la contratación temporal», *Revista Crítica de Relaciones de Trabajo Laborum*, núm. 3, págs. 199 y ss.

DE LA VILLA GIL, L. E. (2003). «El Derecho del Trabajo en España a partir de la Transición», *Revista de Trabajo y de Seguridad Social CEF*, núm. 238, pág. 39.

FAJARDO VARGAS, J. E. (2023). «Inteligencia Artificial aplicada al proceso de selección de personal», *Polo del conocimiento: revista científico–profesional*, vol. 8, núm. 9, págs. 726 y ss.

FERNÁNDEZ GARCÍA, A. (2024). *Las empresas de selección de personal y el Reglamento de IA*. Disponible en: https://aflabor.wordpress.com/2024/05/28/las-empresas-de-seleccion-de-personal-y-el-reglamento-de-ia-iniciativa-interblogs/ [Fecha de consulta: 25 de junio de 2024].

GINÈS I FABRELLAS, A. (2021). «El derecho a conocer el algoritmo: una oportunidad perdida de la "Ley Rider"», *Iuslabor. Revista d'anàlisi de Dret del Treball*. Núm. 2, pág. 3.

GOERLICH PESSET, J. M. (2022). «Contrato fijo-discontinuo: ampliación de supuestos y mejora de sus garantías», *Labos. Revista de Derecho del Trabajo y Protección Social*, vol. III, págs. 58 y ss.

GÓMEZ SALADO, M. A. (2021). *La cuarta revolución industrial y su impacto sobre la productividad, el empleo y las relaciones jurídico–laborales: desafíos tecnológicos del Siglo XXI*. Cizur Menor: Thomson Reuters–Aranzadi.

GOÑI SEIN, J. L. (2019). «Innovaciones tecnológicas, Inteligencia Artificial y Derechos Humanos en el trabajo», *Revista Documentación Laboral*, vol. II, núm. 117, págs. 57 y ss.

HIDALGO PÉREZ, M. A. (2018). *El empleo del futuro: un análisis del impacto de las nuevas tecnologías en el mercado laboral*. Barcelona: Deusto.

MARÍN MARTÍNEZ, F. (2008). «El bajo rendimiento de un futbolista profesional y, nuevamente, sobre el cálculo de la indemnización por despido: comentario a la Sentencia núm. 90/08 del Juzgado de lo Social núm. 2 de Sevilla», *Revista Aranzadi de Derecho de Deporte y Entretenimiento*, núm. 24, págs. 391 y ss.

Mercader Ugina, J. R.:

— (2017). *El futuro del trabajo en la era de la digitalización y la robótica*, Valencia: Tirant Lo Blanch, págs. 23 y ss.

— (2023). *Algoritmos e Inteligencia Artificial en el Derecho Digital del Trabajo*, Valencia: Tirant Lo Blanch, págs. 87 y 88.

Molina Navarrete, C. (2021). «Economía de datos, mercados digitales de empleo y gestión analítica de personas: retos para la transición a una sociedad del e-trabajo decente», *Revista Trabajo y Seguridad Social CEF*, núm. 459, pág. 7.

Monereo Pérez, J. L., Rodríguez Escanciano, S. y **Rodríguez Iniesta, G.** (2023). «Algoritmos e inteligencia artificial. Implicaciones jurídico-laborales: Un enfoque desde la perspectiva de los derechos», *Revista Crítica de Relaciones de Trabajo Laborum*, núm. 8, pág. 11.

Monzón Pérez, H. (2024). «Directiva para la mejora de condiciones laborales y regular el uso de algoritmos en plataformas digitales», *Revista Derecho Digital e Innovación*, núm. 19

Olarte Encabo, S. (2020). «La aplicación de Inteligencia Artificial a los procesos de selección de personal y ofertas de empleo: impacto sobre el derecho a la no discriminación», *Revista Documentación Laboral*, núm. 119, pág. 79.

Padín Vidal, A. (2024). «Así se está regulando la IA en la UE, EE.UU. y la OCDE: el difícil equilibrio entre seguridad y fomento de la innovación», *Garrigues Digital*. Disponible en: https://www.garrigues.com/es_ES/garrigues-digital/asi-esta-regulando-ia-ue-eeuu-ocde-dificil-equilibrio-seguridad-fomento [Fecha de consulta: 25 de junio de 2024].

Rodríguez-Piñero Royo, M. C. (2024). *El Reglamento europeo de IA y su afectación al mundo laboral*. Disponible en: https://grupo.us.es/iwpr/2024/04/08/el-reglamento-europeo-de-ia-y-su-afectacion-al-mundo-laboral/ [Fecha de consulta: 25 de junio de 2024].

Rojo Torrecilla, E. (2024). *Inteligencia artificial. Su impacto en la vida laboral. Una mirada al presente, que parte del pasado y se orienta hacia el futuro*. Disponible en: http://www.eduardorojotorrecilla.es/2024/06/inteligencia-artificial-su-impacto-en.html [Fecha de consulta: 25 de junio de 2024].

Schwab, K. (2016). *La cuarta revolución industrial*. Madrid: Debate.

Sempere Navarro, A. (2011). *La extinción del contrato de trabajo*. Pamplona: Aranzadi.

Sierra Benítez, E. M. (2017). «La Protección Social de los Trabajadores ante el desafío del Nuevo Trabajo a Distancia, del Trabajo Digital y la Robótica», *Revista de Derecho de la Seguridad Social Laborum*, núm. 11, págs. 135–161.

Todolí Signes, A.:

— (2023). «La dirección algorítmica de las redes empresariales: plataformas digitales, Inteligencia Artificial y descentralización productiva», *Revista de Trabajo y Seguridad Social CEF*, núm. 476, págs. 65 y ss.

— (2024). *La Directiva para la mejora de las condiciones laborales en plataformas digitales de trabajo. Contenido y propuestas para la trasposición*. Los Briefs de la Asociación Española de Derecho del Trabajo y de la Seguridad Social. Disponible en: https://www.aedtss.com/la-directiva-para-la-mejora-de-las-condiciones-laborales-en-plataformas-digitales-de-trabajo-contenido-y-propuestas-para-la-trasposicion/ [Fecha de consulta: 25 de junio de 2024].

— (2018). «La gobernanza colectiva de la protección de datos en las relaciones laborales "big data", creación de perfiles, decisiones empresariales automatizadas y los derechos colectivos», *Revista de Derecho Social*, núm. 84, págs. 69 y ss.

CAPÍTULO VII

ECLOSIÓN DE LA INTELIGENCIA ARTIFICIAL EN EL ÁMBITO LABORAL

Sara González Matallana
Doctoranda Universidad de Murcia
Abogada
sara.gonzalez4@um.es

1. Digitalización del mercado de trabajo

La revolución tecnológica no puede comprenderse al margen de los condicionantes sociales, políticos y culturales[1] ya que las innovaciones tecnológicas implican siempre cambios, y estos cambios suelen traer consigo la transformación de la vida social y económica. La tecnología de desarrollo digital ha supuesto una variación del mercado de trabajo, y, por tanto, el mundo laboral ha de adaptarse a la constante evolución a la que asistimos.

En la era actual, la sociedad se ha encontrado con una realidad incuestionable: la inteligencia artificial[2], y es esta realidad la que verdaderamente nos sitúa en la era de la sociedad digital: más del 98 % de la información mundial se almacena digitalmente[3], creando grandes conjuntos de datos susceptibles de ser tratados y sometidos al proceso algorítmico[4].

---

1 Blázquez Entonado, Florentino (Dir.): *La sociedad de la información y la educación*. Junta de Extremadura, Consejería de Educación, Ciencia y Tecnología, Mérida, 2001, disponible en http://www.ub.edu/prometheus21/articulos/obsciberprome/blanquez.pdf.

2 El término se atribuye a John McCarthy, quien lo acuñará en la Conferencia de Dartmouth de 1956.

3 Peck, Don: «They're watching you at work», *The Atlantic*. Diciembre de 2013. http//www.theatlantic.com/magazine/archive/2013/12/theyre-watching-you-at-work/354681/.

4 Según la *Carta* ética *europea sobre el uso de la Inteligencia Artificial en los sistemas judi-*

En el contexto laboral vemos cómo las empresas han venido cuestionándose la importancia de implementar la inteligencia artificial en su actividad económica, y es que, en esta época la inteligencia artificial se ha ganado un notable espacio dentro de la empresa.

Pero cabe preguntarse ¿qué es la inteligencia artificial? Se entiende por la misma según el Diccionario de la Real Academia Española de la Lengua, *la disciplina científica que se ocupa de crear programas informáticos que ejecutan operaciones comparables a las que realiza la mente humana como el aprendizaje o el razonamiento lógico*. Podemos decir, a grandes rasgos que la inteligencia artificial se configura como una forma de razonamiento que es desarrollado por máquinas. No obstante, conviene hacer referencia a las palabras emitidas por el Consejo Económico y Social Europeo, que entiende por inteligencia artificial *la disciplina tendente a utilizar las tecnologías digitales para crear sistemas capaces de reproducir de forma autónoma las funciones cognitivas humanas, incluida la captación de datos y formas de comprensión y adaptación (solución de problemas, razonamiento y aprendizaje automáticos)*[5].

Ante este nuevo paradigma, empleador y empleado se ven inmersos en un nuevo mercado de trabajo, nuevos retos y objetivos, y, sobre todo, ante la imperiosa necesidad de aprendizaje y adaptación. Con la eclosión de la inteligencia artificial en nuestro mundo podemos decir que el mercado laboral no ha quedado inmune. Su uso y desarrollo nos sitúa ante un nuevo escenario que conlleva una transformación de la relación laboral y una nueva percepción de la relación empleador-empleado. Estos cambios traerán consigo ventajas y desventajas, pero lo que está claro es que constituyen todo un reto para nuestra sociedad y en particular para el mercado de trabajo.

2. Transformación de la relación laboral por la irrupción de la inteligencia artificial

La inteligencia artificial tiene dos fundamentos básicos: los datos y los algoritmos. Los algoritmos son los encargados de decir a la máquina qué debe hacer, mientras que los datos se ocupan de que la máquina pueda aprender a ejecutar las instrucciones que dan, y su uso.

---

ciales y su entorno (European ethical Charter on the uso of Artificial Intelligence in judicial systems and their enviroment), de 4 de diciembre de 2018, un algoritmo es una *secuencia finita de reglas formales (operaciones e instrucciones lógicas) que hacen posible obtener un resultado a partir de la entrada de información. Esta secuencia puede ser parte de un proceso automatizado de ejecución y se basa en modelos diseñados a través de aprendizaje automático*.

5 Dictamen Inteligencia Artificial: anticipar su impacto en el trabajo para garantizar una transición justa, punto 2.2.

El impacto de la inteligencia artificial en el mercado laboral nos lleva a hablar del empleador algorítmico, y es que el valor de una empresa ya no se mide por sus activos físicos, sino que va más allá, y ahora lo que verdaderamente importa es intangible, son ideas.

Los algoritmos han revolucionado lo convencional e incluso podemos hablar de «jefe algoritmo». Los gigantes tecnológicos como *Amazon* o *Netflix* han alcanzado la gloria gracias a los algoritmos, a la inteligencia artificial. Piénsese como frente al modo de concebir la tradicional forma de ver la televisión (esta ofrece un contenido que el usuario decide ver o no) las nuevas plataformas persiguen al usuario, reclasificando sus datos para ofrecer a cada uno de ellos el contenido que sabe es más afín a sus gustos.

Además, los algoritmos tienen una enorme capacidad de transformación, de modo que, el empresario, si quisiera ampliar o reformar su negocio solo tendría que adaptar el algoritmo a unos patrones. Incluso existen lo que se denomina «algoritmos autónomos», capaces de viajar por internet para adaptarse y alcanzar unos objetivos definidos por un creador. Este tipo de algoritmo carece de participación humana y, por tanto, plantea numerosos problemas desde la perspectiva laboral, mercantil, fiscal y de propiedad intelectual. No debemos olvidar que el elemento personal sigue siendo la base de las empresas algorítmicas.

Pero ¿hay límites en la normativa vigente respecto al establecimiento de sistemas algorítmicos en la empresa? De la lectura del artículo 41.1 del Estatuto de los Trabajadores, sobre modificaciones sustanciales en las condiciones de trabajo, entendemos que la implantación de un sistema de estas características no parece afectar a ninguna de las materias que especifica el citado precepto, y es que la eventual instauración de un sistema algorítmico no tiene por qué suponer un cambio en el método o forma de realizar el trabajo[6]. Así, se debe adaptar el concepto de empresa a la nueva realidad.

El uso de la inteligencia artificial en la empresa tiene también una enorme repercusión en lo que a selección o gestión de personal se refiere. Son cada vez más las empresas que recurren a estos novedosos sistemas para contratar a personal. No podemos obviar que estos procesos no tienen intervención humana, y si la hay, es mínima. De forma similar ocurre con la gestión de personal en cuanto a control y evaluación de los trabajadores se refiere. Puede que el algoritmo sea el que imponga el ritmo de trabajo, estableciendo unos tiempos y por ende unos límites a cada tarea realizada por personal, de tal

6 Así lo estableció la Sentencia del Tribunal Superior de Justicia de Murcia de 5 de enero de 2010 (ECLI:ES:TSJMU:2010:47), que se enfrentó a estos sistemas de control biométrico rechazando que, en el caso concreto, se estuviera produciendo una modificación sustancial, máxime si tenemos en cuenta que dicho sistema de control biométrico se pretende utilizar exclusivamente a efectos de seguridad de las personas y las cosas en las instalaciones empresariales, y nunca como instrumento de control del cumplimiento estricto de la jornada laboral de los trabajadores de este centro de trabajo.

forma que puede incluso observar si el trabajador llega a objetivos (previamente determinados por el algoritmo) o no. Por ejemplo, Amazon controla el tiempo que tarda un repartidor en llevar el paquete al punto de entrega, de tal forma que en base a los datos que han sido introducidos en el algoritmo, éste sabe si ese tiempo está bien, o es demasiado para entregar ese paquete, lo que puede llevar a la empresa a despedir al trabajador que no cumple con los tiempos establecidos.

La inteligencia artificial ha dado pie a la creación de la economía de plataformas o *big economy*[7]. Se calcula que el 17 % de los trabajadores europeos son considerados «trabajadores móviles»[8]. Ejemplo de ello son empresas como *PayPal*, *Uber* o *eBay*, donde la plataforma es una mera intermediaria que utiliza un espacio digital para la puesta en relación de productores y consumidores del servicio.

Desde el inicio de los tiempos entendemos la relación laboral como nexo entre trabajador y empleador. Sin embargo, los cambios tecnológicos introducidos en el mercado laboral han distorsionado esta definición. Las empresas han de cambiar su visión, adaptarse al cambio y entender que la inteligencia artificial es un nuevo activo que puede traer consigo un beneficio económico. Pero han de tener muy presente que la implantación de estas nuevas formas de trabajo, no pueden vulnerar los derechos fundamentales de los trabajadores.

3. Automatización del puesto de trabajo y robotización

Las máquinas o robots tienen esa aptitud de liberar a los humanos de las formas más odiosas de trabajo[9]. Sin embargo, hay que recordar que los desarrollos tecnológicos no siempre devienen en efectos positivos.

La inteligencia artificial ha facilitado la sustitución del humano por la máquina. Estos nuevos métodos han absorbido parte de las funciones que antes desarrollaban cerebros humanos.

La automatización y el empleo de robots en empresas es muy beneficioso en ciertos sectores o puestos de trabajo integrados, por ejemplo, por perso-

7 Alejandro Hidalgo la define como un «mercado bilateral, dual o two-sided market, caracterizada porque la empresa diseña un espacio, virtual o no, donde dos o más grupos de agentes, habitualmente consumidores o productores (proveedores) entran en contacto para llevar a cabo transacciones económicas que sin ese espacio no existirían» (Alejandro Hidalgo, Manuel, *El empleo del futuro*, Deusto, San Sebastian, 2018, pág. 215).

8 Oficina Internacional del Trabajo de la OIT Y EUROFOUND: *Working anytime, anywhere: The effects on the world of work*. Luxemburgo y Ginebra, 2017.

9 Ferrari, V., «El incierto futuro de los derechos en el trabajo humano», *Trabajo y Derecho*, n.º 52-abril 2019, pág. 16.

nas con movilidad reducida. También puede ser una gran ventaja para minorar la exposición de los trabajadores a los riesgos laborales, en tanto pueden éstos quedar liberados de trabajos pesados o de alto riesgo que ahora puede desarrollar una máquina. En muchas ocasiones la inteligencia artificial supone una descarga de trabajo para el empleado, quien apoyado por un sistema algorítmico puede desarrollar de manera más fácil su trabajo.

Pero la robótica no solo trae efectos positivos. Una de las mayores dudas que presenta la automatización del puesto de trabajo es si ésta provocará destrucción de puestos de trabajo. ¿Qué ocurrirá en un futuro si dejamos de lado el factor humano y solo recurrimos a las máquinas para ocupar los puestos de trabajo que antes ocupaban personas?

Desde bien antiguo hemos visto cómo el impacto tecnológico ha propiciado este tipo de situaciones. Véase el ejemplo del trabajo en el campo. No hace tantos años todo el trabajo de campo lo llevaban a cabo trabajadores. Luego se introdujeron máquinas que en la mayoría de las ocasiones eran controladas o dirigidas por personas. Ahora, la mayoría de estas máquinas se programan y trabajan solas, sin necesidad de dirección por un cerebro humano.

Quizás es algo que *a priori* pueda preocupar, pues es evidente el tsunami tecnológico que se nos viene encima a corto plazo. Pero ¿ocurrirá lo mismo que ha venido sucediendo hasta hora? Siguiendo con el ejemplo del trabajo en el campo, cuando las máquinas sustituyeron a las personas, alguien tenía que crear, fabricar y dirigir esas máquinas. Por tanto, si es cierto que se destruyeron puestos de trabajo en el campo, pero se crearon otros necesarios para fabricar esa maquinaria, repararla, mejorarla, etc. Como alega la Resolución del Parlamento Europeo [2015/2103(INL)] para lograr una adecuada transición, es fundamental conocer en qué sectores se están creando nuevos puestos de trabajo y en cuáles se están destruyendo, y a este respecto no podemos dejar de destacar el informe elaborado por Talent Trends Report, según el cual el 85 % de los puestos de trabajo que habrá en 2030 todavía no se han inventado[10].

Bajo mi punto de vista, el problema en sí radica en entender que quizás no estamos preparados para este cambio tan acelerado. ¿Qué está más avanzado: la tecnología o el conocimiento de la misma? Para cubrir estos nuevos puestos que se van creando o que ni siquiera conocemos por ahora, necesitamos personas capacitadas para ello, trabajadores expertos, formados en la materia. En un país como España, ¿está la sociedad suficientemente formada para los puestos de trabajo que depara el futuro? Si la automatización sigue la tendencia actual corremos un gran riesgo en cuanto a formación se

10 Randstar Sourceright. (2019). *Talent Trends Report*. https://content.randstadsourceright.com/hubfs/Global%20campaign/TTR/2019/report/Randstad-Sourceright-2019-Talent-Trends-Report-190118.pdf

refiere, y como ha ocurrido en más de una ocasión, seremos absorbidos por países emergentes en los que priman la innovación y el desarrollo.

La inteligencia artificial puede estar ejerciendo un gran impacto sobre los empleos menos cualificados. Este asunto ha de ser abordado cuanto antes, pues de lo contrario se agravarían las desigualdades entre los ciudadanos y las industrias.

Las empresas han de tener claro que su supervivencia depende de la innovación y los avances tecnológicos. Deben introducir medidas de ajuste, actuar con rapidez y por supuesto invertir. También reportaría beneficio que las empresas se anticiparan al cambio y brindaran a los trabajadores cuyos puestos de trabajo se puedan ver afectados la oportunidad de adquirir los conocimientos necesarios para obtener un dominio total de las tecnologías.

De igual modo no debemos olvidar el papel del consumidor final, ciudadano que, aun quedando fuera de la relación laboral como tal, también interactúa con la inteligencia artificial en el mercado. Las personas deben saber cuándo interactúan con una máquina o con un ser humano, y tener clara la utilización, características y propiedades de los productos que se apoyan en la inteligencia artificial.

La inteligencia artificial no puede imponerse sin más. Debe ser entendida y aceptada por los ciudadanos de forma clara, y en el contexto laboral han de ser empleador y empleado los que tomen conciencia de lo importante y primordial que es adaptarse al cambio.

4. Retos normativos ante las nuevas formas de trabajo en la empresa digital. La ley de inteligencia artificial europea

Una cuestión a tener muy en cuenta es determinar si nuestras leyes están suficientemente adaptadas al cambio de las TICs en el contrato de trabajo, por ello conviene reflexionar si se hace necesaria una legislación que de luz a la actual situación de incertidumbre normativa en la que nos encontramos ya que ante una nueva era laboral en la que se ha impuesto la robótica y otras formas de inteligencia artificial, el legislador ha de analizar y conocer bien las consecuencias jurídicas, económicas y éticas. Con respecto al tratamiento jurídico e institucional otorgado por los países líderes en robótica cabe afirmar que ninguno se ha atrevido a legislar en materia de derecho laboral, y aquellos países que han empezado a legislar lo han hecho en materia de seguridad laboral, cuestiones éticas o ámbitos específicos como los coches automáticos o drones[11].

---

11 SERRANO FALCÓN, C. (2018), *Robótica avanzada y relaciones laborales: dificultades, análisis y propuestas*. https://digibug.ugr.es/bitstream/handle/10481/53820/robotica%20DIGIBUG.pdf?sequence=1&isAlowed=y

España cuenta con un gran equipo de expertos sobre la materia. Sin embargo, no existe un plan concreto de actuación por parte del Gobierno y las Administraciones Públicas, en tanto no existe una regulación específica en materia robótica o de otras formas de inteligencia artificial, mucho menos específica para el ámbito laboral. No obstante, el Gobierno de España ha llevado a cabo algunas iniciativas, por ejemplo, la creación del proyecto «Industria conectada 4.0» por el Ministerio de Economía, Industria y Competitividad para impulsar la transformación digital de las empresas industriales o la agrupación de la mayoría de los investigadores españoles especializados en el área de robótica por el Comité Español de Automática (CEA) para elaborar el Libro Blanco de la Robótica en España (2008-2011). También ha desarrollado varios informes sobre los avances en la estrategia nacional de la inteligencia artificial, siendo el último el de mayo 2023[12].

En este sentido hemos de destacar que en mayo de 2022 el Ministerio de Trabajo publicó la «Guía práctica y herramienta sobre la obligación empresarial de información sobre el uso de algoritmos en el ámbito laboral», una normativa que regula el uso de los algoritmos y la inteligencia artificial en las empresas españolas. Dicha guía está integrada por seis puntos importantes: una introducción que explica el impacto tecnológico que se acontece y el papel fundamental que tienen las empresas para adaptarse al cambio; una referencia a los aspectos técnicos de los algoritmos y sistemas de decisión; un tercer apartado sobre la obligación que tiene el empresario respecto de la información algorítmica; un cuarto punto que trata la obligación de negociar el algoritmo; un quinto epígrafe sobre la obligación de evaluación de impacto y auditoria algorítmica; y por último, un anexo que incluye una herramienta para que las empresas cumplan con la obligación de información algorítmica.

En líneas generales, la guía pretende detallar la información que la empresa debe proporcionar a los representantes de los trabajadores y a los propios empleados, pues cada vez es más habitual que las empresas usen algoritmos o sistemas de inteligencia artificial para la toma de decisiones, ahora automatizada, y que, por ello, afecte de una forma u otra a los trabajadores, ya sea a nivel de despido, de control, de evaluación de rendimiento u otros.

Así las cosas, nos encontramos ante un nuevo escenario tras la publicación del nuevo Reglamento (UE) 2024/1689 del Parlamento Europeo y del Consejo, que establece normas armonizadas en materia de inteligencia artificial (IA). El reglamento introduce un enfoque de riesgos para así poder regular los sistemas de IA, como los utilizados en el ámbito laboral, concretamente en lo que se refiere a la selección de personal y gestión de trabajadores.

12 Informe sobre los avances en la Estrategia Nacional de Inteligencia Artificial. España digital 2026. Ministerio de economía, comercio y empresa. Mayo 2023. https://portal.mineco.gob.es/eses/ministerio/areas-prioritarias/Paginas/inteligencia-artificial.aspx

El reglamento establece constantes referencias laborales y sobre el trabajador, la gestión de los trabajadores, el empleo, y menciona expresamente los sistemas de alto riesgo, es decir, aquellos que pueden afectar a los derechos fundamentales de la persona.

Un punto a destacar en el nuevo reglamento es la prohibición de los sistemas automatizados de reconocimiento de emociones en el ámbito laboral, salvo excepciones puntuales en casos de seguridad.

Siempre ha sido una cuestión preocupante en materia laboral la sustitución del hombre por la máquina. Pues bien, el reglamento, con esta prohibición deja claro que, por el momento, nunca las emociones de un ser humano podrán ser sustituidas por una máquina, menos aún en el puesto de trabajo.

La nueva Ley de Inteligencia Artificial sitúa a las empresas ante un nuevo paradigma. Nuestras leyes estatales en materia laboral deben adaptarse, y tal y como ha venido sucediendo anteriormente con la Ley de Prevención de Riesgos Laborales, o la legislación de protección de datos, las empresas necesitarán formación específica para adaptarse a la nueva situación y legislación europea.

Empresa y trabajador han de ser conscientes de su necesidad formativa y adaptativa. La nueva herramienta tecnológica se instalará en muchas áreas de nuestra vida, y es que la nueva normativa no solo afectará a cuestiones técnicas, sino también a la salud mental de las personas trabajadoras.

Por ello, la empresa ha de dar valor al nuevo trabajador con capacidades adaptativas a la nueva tecnología. Fomentar sus conocimientos y adaptarlo a la nueva era.

No obstante, es más que evidente que esta ley de inteligencia artificial no es suficiente, y que es necesario el establecimiento de una regulación sobre la materia que permita resolver las muchas incógnitas que existen sobre el tratamiento jurídico laboral y fiscal que ha de atribuirse a los robots o máquinas que sustituyan a los trabajadores. Aunque previamente se debe apoyar a las empresas para propiciar una transición progresiva y por supuesto dotar a los empleados de formación.

El derecho y concretamente el derecho del trabajo ha de participar porque uno de los núcleos de la misma es precisamente la economía, epicentro de la rama del derecho del trabajo, y porque el progreso digital no existe sin un soporte jurídico.

En el desarrollo y la utilización de la inteligencia artificial se tiene que dar un entorno de confianza y para ello se debe garantizar un marco ético y jurídico adecuado. Los ciudadanos y las empresas necesitan confiar en la tecnología con la que interactúan a diario, vivir en un entorno jurídico adaptado a la realidad y contar con la protección de sus derechos y libertades fundamentales.

En este sentido es importante destacar la importancia de explicar los sistemas de inteligencia artificial. Las personas tienen que comprender y entender el alcance de estos nuevos sistemas, han de conocer los aspectos positivos y negativos, pues no debemos olvidar que la inteligencia artificial aun proporcionando nuevas oportunidades, también plantea retos y puede tener efectos indeseados como el sesgo y la discriminación.

Muchas veces el trabajador desconoce por completo el manejo o funcionamiento de estos sistemas, y precisamente por esto, la normativa establece obligaciones empresariales de información, con el fin de que los trabajadores sepan que sus datos son tratados de manera automática, y que ahora la relación laboral también depende de un algoritmo.

Por ello, y como hemos dicho en líneas anteriores, el empleado debe siempre comprender y entender de forma clara las consecuencias del uso de algoritmos en la empresa para la que trabaja.

5. Apuntes finales

La automatización, la digitalización y la robótica han venido para quedarse en nuestras vidas, convirtiéndose en uno de los grandes retos a los que deberá enfrentarse la ciudadanía con los respectivos poderes públicos como capitanes de barco.

En el contexto laboral el futuro puede verse desde una perspectiva optimista o pesimista. Por un lado, la inteligencia artificial puede traer consigo la reducción de carga de trabajo, abaratamiento de costes de producción, y lo que es muy importante, una mayor seguridad. Por el contrario, puede suponer reducción de los derechos de los trabajadores, reducción de empleo y, por tanto, una disminución del poder adquisitivo de la ciudadanía, y por supuesto, un problema en lo que a cotización a la Seguridad Social se refiere.

El verdadero reto que entraña el cambio tecnológico consiste en garantizar una formación constante y actualizada para los trabajadores, y futuros trabajadores. En este sentido es fundamental el papel de las instituciones, que deben fomentar iniciativas para que los jóvenes opten por materias y ámbitos relacionados con la inteligencia artificial como posible salida profesional en el futuro.

Por último, señalar que la transformación de las relaciones laborales hacia un mundo digital obliga a una modernización del Derecho del Trabajo con el fin de buscar soluciones no solo que se adapten, sino que transformen. La escasa regulación al respecto da lugar a lagunas normativas, y éstas traen incertidumbre, lo que constituye un problema serio para el núcleo central de la población: la economía y, por ende, el mundo laboral.

Bibliografía

Alejandro Hidalgo, M., *El empleo del futuro*, Deusto, San Sebastián, 2018.

Blázquez Entonado, F. (dir.), *La sociedad de la información y la educación*. Junta de Extremadura, Consejería de Educación, Ciencia y Tecnología, Mérida, 2001. Disponible en: http://www.ub.edu/prometheus21/articulos/obsciberprome/blanquez.pdf

Ferrari, V., «El incierto futuro de los derechos en el trabajo humano», *Trabajo y Derecho*, n.º 52, abril 2019.

Mercader Uguina, J. R., *Algoritmos e inteligencia artificial en el derecho digital del trabajo*, Valencia, Editorial Tirant lo Blanch, 2022.

Peck, D.: «They're watching you at work», *The Atlantic*, diciembre 2013, Disponible en: http//www.theatlantic.com/magazine/archive/2013/12/theyre-watching-you-atwork/354681/

Rivas Vallejo, P., *La aplicación de la Inteligencia Artificial al trabajo y su impacto discriminatorio*, Pamplona, Editorial Aranzadi, 2020.

Serrano Falcón, C. (2018). *Robótica avanzada y relaciones laborales: dificultades, análisis y propuestas*. Disponible en: https://digibug.ugr.es/bitstream/handle/10481/53820/robotica%20DIGIBUG.pdf?sequence=1&isAlowed=y

CAPÍTULO VIII

DEL PAPEL AL PIXEL: LA REVOLUCIÓN DIGITAL EN LA GESTIÓN PÚBLICA Y SU IMPACTO EN LA TRANSPARENCIA Y EFICIENCIA ADMINISTRATIVA

Montserrat Molina Álvarez
Doctoranda Universidad de Murcia
montserrat.molinaa@um.es

1. Introducción

En la era digital actual, la transformación de las administraciones públicas a través de la inteligencia artificial y la digitalización no sólo se ha convertido en una necesidad, sino en una realidad ineludible. En un contexto global caracterizado por la creciente demanda de servicios públicos más eficientes y personalizadas, estas tecnologías prometen mejorar la eficiencia administrativa, la transparencia en la gestión y la prestación de servicios públicos, así como fomentar la innovación y la modernización institucional. No obstante, la implementación de estos sistemas plantea retos significativos en términos de regulación, protección de datos, equidad y ética.

El presente artículo examina de manera exhaustiva y crítica cómo la inteligencia artificial y la digitalización están revolucionando la gestión pública. Se centra en el impacto del reciente Reglamento de Inteligencia Artificial de la Unión Europea, que establece un marco normativo armonizado para la adopción de sistemas de IA en el sector público, promoviendo una IA centrada en el ser humano y en la transparencia, mientras asegura un alto nivel de protección de la salud, la seguridad y los derechos fundamentales. A través de un enfoque multidisciplinario que integra perspectivas jurídicas, tecnológicas y sociales, este estudio aborda los desafíos y oportunidades de la digitalización, proponiendo soluciones prácticas y recomendaciones estratégicas para una implementación ética y eficiente de la IA en las administraciones públicas. De igual forma, se analiza el impacto de la IA en el entorno laboral dentro del sector público, destacando la necesidad de capacitar a los empleados y proteger sus derechos en este nuevo contexto digital. Este artículo no sólo pretende contribuir al debate académico sobre la transformación digital en la gestión pública, sino también proporcionar herramientas y directrices prácticas para optimizar la modernización administrativa en la era digital, asegurando la protección de los derechos fundamentales y promoviendo una gestión pública más eficiente, transparente y equitativa.

2. El Reglamento de inteligencia artificial de la Unión Europea. Principales disposiciones en el contexto de la Administración pública

El Reglamento establece un marco normativo esencial para asegurar el uso ético, seguro y eficiente de los sistemas de IA en la Administración pública. Éste aborda diversas facetas cruciales para su implementación, garantizando la protección de los derechos fundamentales y promoviendo la transparencia y la responsabilidad.

El Reglamento clasifica en el Capítulo III, Sección 1, en su artículo 6, «*Reglas de clasificación de los sistemas de IA de alto riesgo*», según su nivel de riesgo para la salud, la seguridad y los derechos fundamentales de los ciudadanos. Esta clasificación es esencial en la Administración pública, donde muchos sistemas de IA pueden tener un impacto significativo; los sistemas utilizados para la identificación biométrica[13], la gestión de infraestructuras críticas y la selección de personal son considerados de alto riesgo, lo que implica el cumplimiento de estrictos requisitos de gestión de riesgos y supervisión.

Los sistemas de alto riesgo deben adherirse a los requisitos del art. 10, «*Datos y gobernanza de datos*», que incluyen la implementación de sistemas de gestión de riesgos y una gobernanza adecuada de los datos. Esto asegura que los datos sean precisos, relevantes y libres de sesgos; de igual forma la documentación técnica debe demostrar el cumplimiento de estos requisitos, garantizando la transparencia y la trazabilidad de las decisiones automatizadas.

La transparencia es un pilar fundamental del Reglamento, especialmente en el contexto público. El artículo 13, «*Transparencia y comunicación de información a los responsables del despliegue*», advierte a los proveedores de sistemas de IA que contraten con la Administración pública, que deberán proporcionar información clara y detallada sobre éstos. Esto implica detallar las capacidades y limitaciones del sistema, así como los riesgos asociados. Esta transparencia permitirá que los responsables de los distintos departamen-

13 La AEPD, ha publicado una «*Guía sobre tratamientos de control de presencia mediante sistemas biométricos*», donde se fija los criterios de uso de esa tecnología tanto con fines laborales como no laborales; véase https://www.aepd.es/guias/guia-control-presencia-biometrico.pdf.

tos y secciones del sector público puedan comprender el funcionamiento de estos sistemas y tomen decisiones informadas sobre su uso e impartan entre sus subordinados directrices claras y concretas.

El art. 14, «*Supervisión humana*» establece la necesidad de supervisión humana en el uso de sistemas de IA, especialmente en contextos de alto riesgo, precisando que las decisiones automatizadas deben ser supervisadas y validadas por humanos para asegurar su equidad y conformidad con los derechos fundamentales, previniendo errores y garantizando la responsabilidad en la toma de decisiones automatizadas, en consecuencia, ningún procedimiento de inteligencia artificial que se implemente en la Administración pública, sea central, autonómica o local, podrá estar dirigido exclusivamente por un sistema virtual[14].

La protección de los derechos fundamentales y la privacidad es otro objetivo clave del Reglamento. El art. 5, «*Prácticas IA prohibidas*», prohíbe prácticas que puedan vulnerar los derechos de las personas, como el uso de técnicas subliminales o la explotación de vulnerabilidades de grupos específicos[15]; el art. 22, «*Representantes autorizados de los proveedores de sistemas de IA de alto riesgo*», alineado con el RGPD[16], refuerza los derechos de los individuos sobre sus datos personales procesados por sistemas de IA, incluyendo el derecho de acceso, rectificación y supresión.

El Reglamento también fomenta la innovación tecnológica en la Administración pública; en el artículo 57, «*Espacios controlados de pruebas para la IA*», introduce los *sandboxes*, como se ha mencionado con anterioridad, que permiten a los organismos públicos probar y desarrollar nuevas aplicaciones

---

14 Actualmente existen en la Administración ejemplos de asistentes virtuales dirigidos exclusivamente por máquinas, véase el ejemplo de «*Clara*», la nueva asistente virtual o chatbot de la plataforma del **Ayuntamiento de Madrid**, en https://www.madrid.es/portales/munimadrid/es/Inicio/Ayuda/Asistente-Virtual-de-Linea-Madrid/?vgnextfmt=default&vgnextoid=c6ca14e8451ff610VgnVCM2000001f4a900aRCRD&vgnextchannel=23ee43db40317010VgnVCM100000dc0ca8c0RCRD, o «*ISSA*» el asistente virtual de la **Seguridad Social**, que te informa de los derechos que tienes para acceder al ingreso mínimo vital (entre otros), véase en https://issa.seg-social.es/; ¿estaría incumpliendo la Administración con el artículo 14 de Reglamento de IA?; interesante pregunta para someter a debate.

15 El Ministerio de Sanidad, sigue recomendando a ciertos grupos de población la vacunación frente a COVID-19 (véase https://www.sanidad.gob.es/areas/promocionPrevencion/vacunaciones/covid19/vacunasCovid19.htm) a pesar de haber quedado altamente demostrado que los perjuicios de esta vacunación superan a los beneficios; la Agencia Española del Medicamento y productos sanitarios, ha desvelado una lista de 14.000 efectos graves y 500 desenlaces mortales tras las vacunas contra Covid-19 (puede verse en https://app.powerbi.com/view?r=eyJrljoiMTRlNTAzMzltY2UxMi00NzY0LWEzYWQtODk0YWY5NjUzODNiliwidCl6ljJkM2I1MGUwLTZlZjQtNGViYy05MjQ2LTdkMWNiYjc3MDg5YylslmMiOjh9)

16 Diario oficial de la Unión Europea, Reglamento (UE) 2016/679 del Parlamento europeo y del Consejo de 27 de abril de 2016 relativo a la protección de las personas físicas en lo que respecta al tratamiento de datos personales y a la libre circulación de estos datos y por el que se deroga la Directiva 95/46/CE (Reglamento general de protección de datos), 27 de abril de 2016, https://www.boe.es/doue/2016/119/L00001-00088.pdf.

de IA en un entorno controlado; concretamente el Gobierno de España, presentó en 2022, en colaboración con la Comisión Europea, el primer proyecto piloto del *sandbox* de regulación de Inteligencia Artificial en la UE[17].

La creación de una base de datos europea de sistemas de IA de alto riesgo, establecida en el art. 60, «*Pruebas de sistemas de IA de alto riesgo en condiciones reales fuera de los espacios controlados de pruebas para la IA*», es otra disposición clave; esta base de datos, gestionada por autoridades competentes, incluirá información sobre los sistemas de IA utilizados en la Administración pública, asegurando la transparencia y permitiendo la monitorización continua, facilitando la identificación y gestión de riesgos emergentes[18].

Finalmente, el artículo 72, detalla los requisitos de monitorización postcomercialización para los sistemas de IA de alto riesgo, lo que lleva implícito que los organismos públicos deben monitorear continuamente el desempeño y el impacto de los sistemas de IA que utilizan, garantizando que sigan cumpliendo con los requisitos de seguridad, transparencia y protección de derechos fundamentales a lo largo de su ciclo de vida[19].

3. Principios éticos y legales de la IA en la Administración pública

El Reglamento, establece un marco normativo riguroso y detallado para la implementación de sistemas de IA en la Administración pública. Éste se fundamenta en principios éticos y legales esenciales que garantizan una utilización responsable y transparente de la inteligencia artificial cuya implementación viene soportada por un procedimiento de reclamación en el supuesto de vulneración; cabe destacar, en primer lugar, la transparencia y explicabilidad como pilares fundamentales del reglamento. Los sistemas de IA deben ser transparentes y su funcionamiento debe ser comprensible para los usuarios y los afectados (como aboga su artículo 13). Los administrados tienen derecho a solici-

17 Gobierno de España, Plan de Recuperación, Transformación y Resiliencia, 2022, visto en https://planderecuperacion.gob.es/noticias/el-gobierno-de-espana-presenta-en-colaboracion-con-la-comision-europea-el-primer-piloto.

18 En España, se ha creado la Agencia Española de Supervisión de Inteligencia Artificial y promulgado su Estatuto mediante Real Decreto 729/2023, de 22 de agosto, cuya *función principal será la de llevar a cabo tareas de supervisión, asesoramiento, concienciación y formación, a empresas públicas y privadas para la adecuada implementación de la normativa en torno al adecuado uso de la IA y concretamente de los algoritmos* (véase https://periscopiofiscalylegal.pwc.es/la-nueva-agencia-espanola-de-supervision-de-inteligencia-artificial/#:~:text=Su%20funci%C3%B3n%20principal%20ser%C3%A1%20la,y%20concretamente%20de%20los%20algoritmos).

19 En España esta supervisión está realizada por la Agencia Española de Supervisión de la Inteligencia Artificial (AESIA), visto en https://mpt.gob.es/politica-territorial/desconcentracion-sector-publico-institucional-estatal/determinacion-sede-AESIA.html.

tar información detallada sobre los algoritmos y los datos utilizados por estos sistemas, así como sobre las decisiones específicas que se han tomado[20].

El principio de equidad y no discriminación establece que los sistemas de IA deben desarrollarse y utilizarse de manera que promuevan la equidad y eviten la discriminación (principios contenidos en los artículos 5 y 10). Para asegurar el cumplimiento de estos principios, los administrados pueden solicitar auditorías independientes de los sistemas de IA. Estas auditorías deben verificar que no se producen discriminaciones indebidas. Los administrados pueden presentar una solicitud formal ante las autoridades de protección de datos, como la Agencia Española de Protección de Datos (AEPD)[21], utilizando el formulario disponible en su página web[22].

La responsabilidad y supervisión humana son principios cruciales en el uso de sistemas de IA, especialmente en contextos de alto riesgo (tal como reza el artículo 14 del Reglamento). Los administrados pueden verificar la existencia de procedimientos establecidos para la revisión humana de decisiones automatizadas solicitando información a través del portal de transparencia del organismo público correspondiente. Además, tienen derecho a pedir información sobre los responsables de la supervisión y los mecanismos de apelación disponibles[23].

La protección de datos y privacidad es otro principio clave del reglamento. Los sistemas de IA deben cumplir con las normativas de protección de datos, asegurando que los datos personales se traten de manera segura y confidencial (así lo establece el artículo 22 del Reglamento). Los administrados tienen derecho a acceder a sus datos personales, corregir errores y solicitar su supresión. Pueden presentar solicitudes de acceso a sus datos personales a través del portal de derechos del interesado de la AEPD[24].

---

20 Gobierno de España, *Solicite información pública*; para ejercitar este derecho el administrado tiene disponible el portal de transparencia del Gobierno de España accediendo a través de, mediante la utilización del siguiente formulario https://transparencia.gob.es/transparencia/dam/jcr:a0575dde-9baf-4a43-9503-283c2a81b9b7/formulario_solicitud_derecho_acceso_202209.pdf.

21 Agencia Española de Protección de Datos, "Ejerce tus derechos", 10 de noviembre de 2023, https://www.aepd.es/derechos-y-deberes/conoce-tus-derechos.

22 Agencia Española de Protección de Datos, *Reclamaciones*, https://sedeagpd.gob.es/sede-electronica-; En caso de considerar que han sido tratados de manera injusta o discriminatoria, los administrados pueden presentar una queja ante la misma agencia; el registro de las reclamaciones se realizará preferentemente de forma telemática, sin perjuicio de lo dispuesto en los artículos 14 y 16.4 de la Ley 39/2015, de 1 de octubre, del Procedimiento Administrativo Común de las Administraciones Públicas.

23 Ariza Colmenarejo, M. J., *Decisiones basadas en inteligencia artificial y el objeto de la impugnación*, Editorial Aranzadi, 2022, pp. 43-48.

24 Agencia Española de Protección de Datos, *Acceso a datos*, última modificación 26 de junio de 2024, https://www.aepd.es/derechos-y-deberes/conoce-tus-derechos/derecho-de-acceso.

La precisión y robustez de los sistemas de IA son esenciales para su funcionamiento seguro y fiable (véase el artículo 15 del Reglamento). Los sistemas deben minimizar al máximo los errores y garantizar un funcionamiento seguro en diversos escenarios. Los administrados deberían poder comprobar la exactitud de este principio mediante la solicitud de informes de desempeño y pruebas de robustez del sistema, a través del portal de la transparencia de la Administración General del Estado[25].

Es imperativo que exista un mecanismo claro y accesible para apelar y revisar decisiones automatizadas adoptadas por las administraciones públicas; además de a los organismos nombrados, los administrados pueden acudir a la oficina del Defensor del Pueblo para que sean repuestos en aquellos derechos que hayan visto vulnerados por cualquier organismo público[26].

4. Transformación digital en la gestión pública

La transformación digital en la Administración pública en España tiene sus raíces en las iniciativas de modernización administrativa que comenzaron en la década de 1980 y se intensificaron en los años 2000 con la adopción de nuevas tecnologías[27]. El impulso inicial se centró en la informatización de los procesos administrativos y la creación de infraestructuras tecnológicas básicas. A medida que la tecnología avanzaba, estas iniciativas evolucionaron hacia la digitalización más integral de los servicios públicos.

Un hito importante en este proceso fue la Ley 11/2007, de 22 de junio, de acceso electrónico de los ciudadanos a los servicios públicos, que estableció el derecho de los ciudadanos a relacionarse electrónicamente con las administraciones públicas y marcó el comienzo de una nueva era de administración electrónica en España[28].

---

25 Gobierno de España (portal de la transparencia de la Administración General del Estado), *Guía de uso de la Inteligencia Artificial*, según se indica en la página: «*actualmente se están llevando a cabo diversos trabajos orientados a culminar el proceso de elaboración y la publicación de la Guía. Se espera que los resultados sean patentes entre 2023 y 2024. Para hacer una guía basada en contenidos sólidos, se tendrá en cuenta la experiencia del piloto (sandbox) del futuro Reglamento de IA que está planeando la SEDIA, y cuya presentación se produjo el 27 de junio de 2022. Dicho piloto tiene un inicio previsto para final de 2022, y se prevé que se puedan presentar sus primeros resultados durante la presidencia española de la UE. Se señala además que se contará con recursos para la publicación de esta guía*», visto en https://transparencia.gob.es/transparencia/transparencia_Home/index/Gobierno-abierto/seguimientoIVPlanGA/seguimiento_C5/5-4-1-ElaboracionGuia.html.

26 Defensor del Pueblo, *Presentar una queja*, visto en https://www.defensordelpueblo.es/tu-queja/01-description/.

27 Rodríguez-Arana, J., *El proceso de modernización administrativa en las comunidades autónomas, El estado de las autonomías en 2001: temas monográficos*, págs. 729-735, visto en https://idpbarcelona.net/docs/public/iccaa/2001/modernizacion_2001.pdf.

28 BOE, Legislación consolidada, art. 4.c), visto en https://www.boe.es/buscar/act.php?id=-BOE-A-2007-12352.

A lo largo de los años, la digitalización en la Administración pública española ha evolucionado significativamente. La introducción de la administración electrónica ha sido un proceso continuo, marcado por diversas fases de desarrollo tecnológico y reformas legislativas.

En 2015, la Ley 39/2015, de 2 de octubre, del Procedimiento Administrativo Común de las Administraciones Públicas[29], y la Ley 40/2015, de 1 de octubre de 2015, de Régimen Jurídico del Sector Público, fueron aprobadas para consolidar y ampliar el marco legal de la administración electrónica[30]. Estas leyes establecieron la obligatoriedad de los procedimientos electrónicos, fomentaron la interoperabilidad entre las diferentes administraciones y promovieron la transparencia y la participación ciudadana.

De igual forma, el Plan de Transformación Digital de la Administración General del Estado y sus Organismos Públicos 2021-2025 destaca por su enfoque en la digitalización integral de la Administración pública, incluyendo la implementación de tecnologías avanzadas como la inteligencia artificial y el *big data*[31].

La transformación digital en la Administración pública en España se encuentra en una fase avanzada, aunque con desafíos aún por superar. La pandemia de COVID-19 aceleró la adopción de tecnologías digitales[32], destacando la importancia de la digitalización para garantizar la continuidad de los servicios públicos.

Actualmente, las Administraciones públicas españolas están implementando soluciones de inteligencia artificial, automatización de procesos robóticos (RPA)[33], y sistemas de análisis de datos para mejorar la eficiencia y la calidad de los servicios. Un ejemplo notable es el uso de *chatbots* para proporcionar atención al ciudadano y la automatización de trámites administrativos[34], lo que ha reducido significativamente los tiempos de respuesta y mejorado la experiencia del usuario.

---

29 BOE, Legislación consolidada, art. 14.2, visto en https://www.boe.es/buscar/act.php?id=-BOE-A-2015-10565.

30 BOE, Legislación consolidada, art. 3.2, visto en https://www.boe.es/buscar/act.php?id=-BOE-A-2015-10566.

31 Gobierno de España, *Plan de digitalización de las Administraciones públicas 2021-2025*, págs. 18-20, visto en https://administracionelectronica.gob.es/pae_Home/pae_Estrategias/Plan_Digitalizacion_AAPP.html.

32 Ministerio de Economía, Comercio y Empresa, *España digital 2025*, pág. 6, visto en https://avancedigital.mineco.gob.es/programas-avancedigital/Documents/EspanaDigital_2025_TransicionDigital.pdf.

33 Administración Pública Digital, *La automatización de procesos dentro de la Administración pública es una prioridad*, 2023, visto en https://www.administracionpublicadigital.es/tecnologias/2023/06/la-automatizacion-de-procesos-dentro-de-la-administracion-publica-es-una-prioridad.

34 Gobierno de España, *Chatbots o asistentes virtuales en las AAPP para democratizar el uso de datos abiertos, 2022*, visto en https://administracionelectronica.gob.es/pae_Home/pae_Actualidad/pae_Noticias/Anio2022/Agosto/Noticia-2022-08-17-Chatbots-o-asistentes-virtuales-en-las-AAPP-para-democratizar-el-uso-de-datos-abiertos.html.

El futuro de la transformación digital en la Administración pública en España se perfila prometedor, con planes ambiciosos y continuas innovaciones tecnológicas. Las estrategias futuras se centran en consolidar los avances tecnológicos logrados y en expandir el uso de tecnologías emergentes.

Entre las principales líneas de acción para el futuro se encuentran[35]:

- Ampliación del uso de inteligencia artificial: Para optimizar la toma de decisiones, personalizar servicios y mejorar la transparencia y la rendición de cuentas.
- Fortalecimiento de la ciberseguridad: Para proteger los datos sensibles y garantizar la confianza en los sistemas digitales.
- Fomento de la interoperabilidad: Para facilitar la colaboración y la eficiencia entre diferentes Administraciones y niveles de gobierno.
- Capacitación continua del personal: Para asegurar que los empleados públicos estén preparados para utilizar y gestionar nuevas tecnologías de manera efectiva.

La implementación de estas estrategias requerirá un enfoque colaborativo y una inversión continua en tecnología y formación, asegurando que las administraciones públicas puedan adaptarse a los cambios tecnológicos y responder eficazmente a las necesidades de los ciudadanos.

4.1. Impacto de la digitalización en la eficiencia administrativa

La Administración pública en España ha experimentado una profunda transformación digital en las últimas décadas, evolucionando desde una administración basada en papel hacia una administración digital avanzada. Este cambio ha sido impulsado por diversas leyes y planes estratégicos, incluyendo la Ley 11/2007 de acceso electrónico de los ciudadanos a los servicios públicos[36], y más recientemente, la agenda España Digital 2025[37] y el Plan de digitalización de las Administraciones públicas 2021-2025[38].

---

35 Gobierno de España-La Moncloa, ¿Qué *es la estrategia de inteligencia artificial 2024?*, 2024, visto en https://www.lamoncloa.gob.es/serviciosdeprensa/notasprensa/transformacion-digital-y-funcion-publica/Paginas/2024/ia-inteligencia-artificial-estrategia-espana.aspx.

36 BOE, Legislación consolidada, Ley 11/2007, de 22 de junio, de acceso electrónico de los ciudadanos a los Servicios Públicos, visto en https://www.boe.es/buscar/act.php?id=BOE-A-2007-12352.

37 Ministerio de Economía, Comercio y Empresa, *España digital 2025*, visto en https://avancedigital.mineco.gob.es/programas-avance-digital/Documents/EspanaDigital_2025_TransicionDigital.pdf.

38 Ministerio de Economía, Comercio y Empresa, *Plan de digitalización de las Administraciones públicas 2021*, visto en https://portal.mineco.gob.es/RecursosArticulo/mineco/ministerio/ficheros/210127_plan_digitalizacion_administraciones_publicas.pdf.

El tránsito de la administración electrónica a la administración digital ha supuesto la adopción de tecnologías de la información y comunicación en múltiples áreas de la Administración pública. Esto ha llevado a una mejora significativa en la eficiencia administrativa, al reducir tiempos de procesamiento y costos operativos, al tiempo que ha mejorado la calidad del servicio y la transparencia[39]. La digitalización ha permitido automatizar procesos administrativos, eliminando tareas manuales repetitivas y permitiendo a los empleados públicos concentrarse en actividades de mayor valor añadido. Esto ha agilizado los procedimientos y ha mejorado la precisión y consistencia en la gestión administrativa[40].

Uno de los beneficios más tangibles de la digitalización ha sido la reducción de costos operativos. La transición a sistemas digitales ha disminuido la dependencia del papel y otros recursos físicos, generando ahorros significativos en términos de materiales y espacio de almacenamiento[41]. La automatización ha reducido la necesidad de intervención manual, minimizando errores humanos y disminuyendo los costos laborales. La mejora en la calidad del servicio ha sido notable, facilitando una mayor accesibilidad a los servicios públicos[42]. La implementación de plataformas digitales ha permitido a los ciudadanos realizar trámites en línea sin necesidad de desplazarse físicamente a las oficinas[43], incrementando así la satisfacción ciudadana y optimizando la eficiencia operativa de la Administración.

La digitalización ha potenciado, además, la transparencia en la Administración pública al facilitar el acceso a la información y mejorar la rendición de cuentas. Las plataformas de datos abiertos permiten a los ciudadanos y organizaciones supervisar y evaluar las actividades gubernamentales, fortaleciendo así la confianza en las instituciones públicas y promoviendo una gestión más responsable y ética[44].

---

39 España Pérez, J. A., *Planificación digital: un reto para las Administraciones Públicas*, 2021, visto en https://laadministracionaldia.inap.es/noticia.asp?id=1511979.

40 Rando Burgos, E., *Nuevos retos en la Administración del siglo XXI: digitalización, inteligencia artificial y transformación administrativa*, 2023, visto en https://laadministracionaldia.inap.es/noticia.asp?id=1514543.

41 Molina Moscoso, D. J., «La digitalización de la economía española», *Economistas*, 2017, págs. 54 a 64, visto en https://privado.cemad.es/revistas/online/Revistas/Economistas_155.pdf/159

42 Almonacid, V., «Digitalización de la Administración: tres ventajas constatadas y dos desafíos pendientes», *Tecnología y sentido común*, 2020, págs. 58 a 60., visto en https://tecnologiaysentidocomun.com/digitalizacion-de-la-administracion-tres-ventajas-constatadas-y-dos-desafios-pendientes/

43 Soliz Villegas, C., «Digitalización, ¿adiós a las prácticas arcaicas?», *Los Tiempos*, 2024, visto en https://www.lostiempos.com/oh/actualidad/20240219/digitalizacion-adios-practicas-arcaicas.

44 Marzo Portera, A. M., «De la administración electrónica a la administración digital y la seguridad pública como baluarte de la protección de los datos personales», 2020, *La Ley Digital*.

Sin embargo, la digitalización también se ha encontrado con desafíos significativos. La resistencia al cambio por parte de algunos empleados públicos ha sido un obstáculo, requiriendo programas de gestión del cambio y capacitación continua para facilitar la transición[45]. La seguridad de los datos ha sido otra preocupación, ya que la digitalización aumenta el riesgo de ciberataques y brechas de seguridad. Es esencial implementar medidas sólidas de ciberseguridad y formar adecuadamente al personal en la gestión de la seguridad digital; la existencia de una brecha digital puede limitar el acceso equitativo a los servicios digitales[46], especialmente para las personas mayores y aquellas que residen en áreas rurales con acceso limitado a internet. Es fundamental desarrollar estrategias inclusivas para garantizar que todos los ciudadanos puedan beneficiarse de los avances tecnológicos, independientemente de su ubicación o nivel socioeconómico.

Para maximizar los beneficios de la digitalización y superar estos desafíos, se proponen varias estrategias. Es crucial desarrollar programas de formación continua para los empleados públicos, enfocándose en habilidades digitales y gestión del cambio. Invertir en estrategias integrales de ciberseguridad, que incluyan la encriptación de datos y la gestión adecuada de accesos, es fundamental para proteger la información sensible y mantener la confianza en los sistemas digitales[47]. Promover la inclusión digital es igualmente importante, mediante la implementación de programas de alfabetización digital[48] y la mejora de la infraestructura de internet en áreas rurales; establecer políticas que incentiven la adopción de tecnologías emergentes en la Administración pública, como incentivos fiscales y subvenciones para proyectos de innovación, puede acelerar la transformación digital.

---

45 Unynets Khodakivska, V., «Implementation of digital technologies in Public Administration», en *Revista de la universidad de Zulia*, obra colectiva, vol. 14, Dialnet, 2023, págs. 295 a 312.

46 Cortes Abad, O., «Inteligencia artificial. Principios e implicaciones», *La Ley Digital n.º 5020*, 2023.

47 Fontdevilla, J., «Una administración digital y empleo público al servicio de los ciudadanos: las dificultades para su implementación en el caso español», *Revista Iberoamericana de Gobierno Local n.º 26*, 2024, visto en https://revista.cigob.net/22-diciembre-2022/articulos/una-administracion-digital-y-empleo-publico-al-servicio-de-los-ciudadanos-las-dificultades-para-su-implementacion-en-el-caso-espanol-H3HJ/.

48 Ministerio de Economía, Comercio y Empresa, *Plan nacional de competencias digitales*, (el gobierno anunció en 2021 que invertiría 11.000 millones de euros para la digitalización de pymes y de la Administración Pública, y para reforzar las competencias digitales del conjunto de la población entre 2021 y 2023); véase también *La digitalización de las administraciones públicas en España*, Fundación Alternativas, 2023, pág. 15: «*Desde 2001 cada dos años, en el marco de Naciones Unidas, el E-Government Survey de forma homogénea valora el desarrollo del gobierno digital en el mundo. El* último *realizado es de 2022 (citando a Naciones Unidas, E-Government Survey 2022. The Future of Digital Government, Department of Economic and Social Affairs, New Your, 2022, https://publicadministration.un.org/egovkb/en-us/Reports/UN-E-Government-Survey-2022) (...) España está entre los 10 países mejor posicionados*».

En conclusión, la transformación digital ha tenido un impacto significativo en la eficiencia administrativa de la Administración pública en España. Aunque se enfrenta a varios desafíos, los beneficios de la digitalización superan claramente a los obstáculos. Con una estrategia bien planificada y una implementación efectiva, la digitalización continuará transformando la Administración pública, mejorando la eficiencia, reduciendo costos y aumentando la transparencia y la accesibilidad para todos los ciudadanos.

4.2. Transparencia y acceso a la información

El Reglamento Europeo sobre Inteligencia Artificial establece un marco regulatorio integral que enfatiza la transparencia en el uso de sistemas de IA en la Administración pública. Este marco requiere que los desarrolladores y operadores de sistemas de IA de alto riesgo, como los empleados en servicios públicos, proporcionen documentación detallada sobre la lógica de decisión, los procesos y los criterios utilizados por estos sistemas[49]. Esto es fundamental para asegurar que las decisiones adoptadas por la IA sean comprensibles y auditables por los ciudadanos afectados, fortaleciendo así la transparencia y la confianza pública.

De igual forma, el reglamento promueve el derecho a una explicación[50], lo que es particularmente crítico cuando se trata del acceso a la información pública. Los ciudadanos, bajo las nuevas regulaciones, pueden solicitar y recibir explicaciones claras sobre cómo la IA ha sido utilizada en el proceso de toma de decisiones que les afecte directamente. Este enfoque no sólo mejora la transparencia, sino que también refuerza la protección de datos personales, al requerir que la IA sea programada para minimizar riesgos de discriminación o sesgos inadvertidos, garantizando decisiones justas y basadas en evidencias.

Así mismo, el Reglamento incide en la creación de organismos de supervisión independientes y la implementación de procedimientos de revisión[51]. Estos mecanismos deben estar diseñados para permitir que los ciudadanos

49 Parlamento Europeo y Consejo, Reglamento (UE) 2024/1689, de 13 de junio de 2024, art. 13.1: «Los sistemas de IA de alto riesgo se diseñarán y desarrollarán de un modo que se garantice que funcionan con un nivel de transparencia suficiente para que los responsables del despliegue interpreten y usen correctamente sus resultados de salida».

50 Parlamento Europeo y Consejo, Reglamento (UE) 2024/1689, de 13 de junio de 2024, art. 14.1: «*Los sistemas de IA de alto riesgo se diseñarán y desarrollarán de modo que puedan ser vigilados de manera efectiva por personas físicas durante el período que estén en uso, lo que incluye dotarlos de herramientas de interfaz humano-máquina adecuadas*».

51 Parlamento Europeo y Consejo, Reglamento (UE) 2024/1689, de 13 de junio de 2024, art. 70.1: «*Cada Estado miembro establecerá o designará al menos una autoridad notificante y al menos una autoridad de vigilancia del mercado como autoridades nacionales competentes a los efectos del presente Reglamento*». En España, se ha creado la Agencia Española de Supervisión de la Inteligencia Artificial (AESIA), con sede en La Coruña.

presenten objeciones a las decisiones tomadas con la ayuda de sistemas de IA y soliciten una revisión o corrección si creen que sus derechos han sido vulnerados. Esta estructura no sólo mejorará la transparencia operativa de los sistemas de IA en la Administración pública, sino que también facilitará un mayor acceso a la información sobre cómo las decisiones de la Administración pública son estructuradas por estas tecnologías emergentes[52].

4.3. Imaginando un universo digital en el sector público español. Retos y oportunidades

La Administración pública tiene ante sí un amplio espectro digital para explorar; para abordar este desafío de manera concreta, debe incrementar sustancialmente sus esfuerzos en la digitalización e implementación de sistemas emergentes; este enfoque no sólo optimizaría los procesos existentes, sino que también abriría nuevas vías para el diseño y la prestación de servicios públicos, poniendo de manifiesto que la Administración pública es capaz de responder a las necesidades actuales y, de igual forma, también puede adaptarse proactivamente a los cambios futuros y a los desafíos emergentes. Esta perspectiva innovadora requiere una revisión continua de las estrategias de digitalización y la adopción de un marco de gobernanza tecnológica que esté en consonancia con los valores democráticos y los derechos de los ciudadanos.

4.4.1. Integración de tecnologías emergentes y descentralización de servicios

La digitalización en la Administración pública no sólo debería consistir en automatizar tareas existentes, sino de reimaginar cómo se podrían ofrecer los servicios públicos mediante la integración de tecnologías emergentes como *blockchain*[53] y la computación en la nube. Estas tecnologías pueden descentralizar el almacenamiento de datos y la gestión, aumentando la resiliencia y la eficiencia al distribuir la carga de procesamiento y almacenamiento. Por ejemplo, el uso de *blockchain* podría revolucionar los registros públicos y la lici-

52 En Europa se ha creado la Oficina Europea de Inteligencia Artificial siendo éste el centro de la experiencia en IA en toda la UE, visto en https://digital-strategy.ec.europa.eu/es/policies/ai-office

53 CORDERO VALDAVIDA, M., «Blockchain en el sector público, una perspectiva internacional», *Revista vasca de gestión de personas y organizaciones públicas*, 2019, págs.16 a 34; donde Blockchain o cadena de bloques «*es una tecnología que se caracteriza por generar confianza en la información y los procesos en circunstancias donde el número de actores, o usuarios, es grande y heterogéneo. Segundo, blockchain crea trazas que facilitan el control y permiten saber quién ha hecho qué y cuándo; convirtiéndose así en una herramienta para contribuir a la transparencia. Tercero, no necesita de una autoridad de certificación centralizada para gestionar los accesos y el uso de los servicios por grandes poblaciones. Finalmente, el desarrollo de sistemas basados en blockchain, si se completan con* éxito, *podría llevar a ahorros de coste significativos*».

tación, proporcionando un método transparente e inalterable para documentar transacciones y decisiones administrativas, lo que potencialmente podría eliminar o reducir significativamente las oportunidades de corrupción y fraude[54].

4.4.2. Adopción de la inteligencia artificial para la predicción y análisis de políticas

Más allá de la automatización, la inteligencia artificial ofrece capacidades avanzadas de análisis predictivo que podrían ser utilizadas para modelar y prever las consecuencias de las políticas públicas antes de su implementación; lo que hoy nos parece una utopía, podría ser, en el futuro, una realidad. Esto implicaría el uso de grandes volúmenes de datos para simular diferentes escenarios y sus impactos, permitiendo ajustes en la formulación de políticas para maximizar los beneficios antes de que estas fueran efectivamente aplicadas. Tal procedimiento podría transformar la planificación urbana, la gestión ambiental y la política social, haciéndolas más adaptativas y basadas en evidencias[55].

4.4.3. Mejora de la interoperabilidad y colaboración entre administraciones

Un desafío menos abordado pero vital de la digitalización es mejorar la interoperabilidad entre distintos organismos y niveles de gobierno. La capacidad de sistemas diferentes para comunicarse y operar de manera conjunta es fundamental para una Administración pública cohesiva y eficiente. Desarrollar estándares comunes para el intercambio de datos y la compatibilidad de sistemas puede facilitar una mejor colaboración y coordinación entre entidades, mejorando la respuesta a una hipotética crisis, la gestión de recursos y la implementación de políticas a través de distintos prismas[56].

4.4.4. *Blockchain* e inteligencia artificial para la transparencia procesal

Combinar *blockchain* con IA podría revolucionar la transparencia y la seguridad en la documentación judicial[57]. Al almacenar registros de procesos judi-

---

54 Franco Blanco, C., «Blockchain y canal interno de información», *Revista de derecho UNED n.º 31*, 2023, págs. 185 a 224.

55 Scioteca, *Diseño de políticas públicas de inteligencia artificial. Desarrollo de habilitadores para su implementación en América Latina y el Caribe*, 2024 (SCIOTECA 2024)

56 Gobierno de España, *Inteligencia artificial para mejorar la interoperabilidad en el sector público europeo*, Portal Administración electrónica, 2024.

57 Lorenzo Pérez, C., *Inteligencia artificial en la administración de justicia: regulación española y marco europeo e internacional. proyectos desarrollados por el ministerio de justicia*

ciales en un *blockchain* y utilizar IA para gestionar y auditar este registro, se podría garantizar una integridad de datos inalterable y trazabilidad completa de las modificaciones. Esto incrementaría la confianza en los procedimientos judiciales y podría reducir significativamente las oportunidades de corrupción o errores administrativos.

4.4.5. IA en la evaluación y formación continua del personal judicial

Utilizar sistemas de IA para monitorear, evaluar y apoyar la formación continua del personal judicial podría ser otra área de innovación. A través de análisis de desempeño en tiempo real y evaluaciones adaptativas, la IA podría identificar áreas de mejora y ofrecer capacitaciones personalizadas. Por ejemplo, un sistema de IA podría analizar las decisiones y argumentaciones en los escritos de un juez o fiscal y compararlas con las mejores prácticas o con casos de referencia para sugerir áreas de desarrollo profesional[58].

5. Desafíos en la implementación de la IA. Barreras tecnológicas y normativas e implicaciones éticas y sociales

La implementación de inteligencia artificial en la Administración pública presenta una serie de desafíos multifacéticos que abarcan desde aspectos éticos y de transparencia hasta problemas técnicos y de financiación.

Uno de los principales obstáculos es asegurar que las decisiones tomadas por la IA sean éticas, justas y transparentes[59], evitando así la perpetuación de sesgos existentes. Esto requiere la implementación regular de auditorías de algoritmos para detectar y mitigar posibles sesgos y promover una mayor transparencia en los procesos automatizados[60].

---

de España, Dirección General de Transformación Digital de la Administración de Justicia, 2022, págs. 7 a 8, visto en https://www.cej-mjusticia.es/sede/publicaciones/ver/13637

58 Lorenzo Pérez, C., *Inteligencia artificial en la Administración de justicia: regulación española y marco europeo e internacional. proyectos desarrollados por el ministerio de justicia de España*, Dirección General de Transformación Digital de la Administración de Justicia, 2022, págs. 11 a 13, visto en https://www.cej-mjusticia.es/sede/publicaciones/ver/13637

59 Sánchez Acevedo, M. E., *Derecho a la buena administración electrónica*, Universitat de Valencia, 2016, visto en https://roderic.uv.es/items/65c769c8-7ab2-4a54-a289-8e9175c7aa72

60 Maldonado Meléndez, M. A., «El tránsito de la Administración digital hacia una Administración pública algorítmica en la era de la Inteligencia Artificial», *Revista de derecho político n.º 120*, págs. 395 a 425.

Así mismo, la protección de la privacidad y la seguridad de los datos personales es crucial, dada la naturaleza sensible de la información manejada por las entidades públicas. Cumplir con regulaciones estrictas como el RGPD y emplear tecnologías de seguridad avanzadas son pasos esenciales para proteger estos datos.

De igual forma, otro desafío significativo es la integración de la IA con infraestructuras tecnológicas a menudo obsoletas[61], lo que requiere una inversión considerable en la modernización de las tecnologías de la información y la adopción de estándares abiertos para facilitar la interoperabilidad.

La capacitación del personal y el cambio en la cultura organizacional también son necesarios para preparar a los empleados públicos para nuevas formas de trabajo y asegurar que puedan interactuar eficientemente con las nuevas tecnologías[62]. Esto puede implicar un cambio significativo en las estructuras de trabajo y en las habilidades requeridas.

La financiación es otro desafío crítico[63], ya que la implementación de la IA no sólo incluye el costo inicial de desarrollo y adquisición sino también el mantenimiento continuo y la actualización de sistemas.

Finalmente, navegar por el entorno legal y reglamentario, especialmente en áreas sensibles como la vigilancia y el procesamiento de datos personales, es fundamental para el uso ético de la IA[64]. Es necesario desarrollar un marco regulador que equilibre la innovación con la protección de los derechos fundamentales. Además, es crucial garantizar que los sistemas de IA sean confiables y escalables, capaces de manejar las demandas de la Administración pública sin comprometer el rendimiento.

6. IA y protección de datos en la Administración pública

El uso de la inteligencia artificial en la Administración pública está transformando la eficiencia y la capacidad de los servicios gubernamentales[65], pero

---

61 Rando Burgos, E., *Nuevos retos en la Administración del siglo XXI: digitalización, inteligencia artificial y transformación administrativa*, Instituto nacional de Administración Pública, 2023, visto en https://laadministracionaldia.inap.es/noticia.asp?id=1514543.

62 Palomar i Baget, J., «La capacitación y la formación de los empleados públicos para el uso de redes sociales y herramientas digitales», *Revista chilena de Administración Pública n.° 27*, 2016, págs. 65 a 87.

63 Gobierno de España, *Modernización de las infraestructuras digitales del sector público*, España digital 2026.

64 Campos Acuña, M. C., «La tecnología al servicio de la ética pública: IA, data mining y otras disrupciones en los sistemas de integridad», *Revista española de control externo n.° 72*, 2022, págs. 60 a 77.

65 López Espí, P. L. y Sánchez Montero, R., «Comentarios sobre tecnologías y protección de datos en las Administraciones públicas de la AEPD», *La Ley Digital n.° 7*, 2021.

también plantea importantes desafíos en cuanto a la gestión y protección de datos personales. Esta transformación requiere un equilibrio cuidadoso entre la innovación tecnológica y la protección de la privacidad individual, para evitar la vulneración de derechos fundamentales.

6.1. Cumplimiento del reglamento general de protección de datos (RGPD)

El uso de la inteligencia artificial en la Administración pública está catalizando una transformación significativa en la gestión y eficiencia de los servicios públicos. Sin embargo, esta revolución tecnológica trae consigo desafíos complejos, especialmente en la protección y gestión de datos personales, en un contexto regulado estrictamente por el RGPD. La implementación de IA permite procesar y analizar grandes volúmenes de información, identificando patrones que facilitan decisiones más informadas y la personalización de servicios. No obstante, esta capacidad de procesamiento plantea preocupaciones sobre la privacidad y la seguridad de los datos personales[66]. El RGPD responde a estas preocupaciones imponiendo un marco riguroso que incluye la transparencia en el tratamiento de datos, el consentimiento explícito de los usuarios y limitaciones estrictas sobre la finalidad del uso de los datos. Además, se exige que las aplicaciones de IA incorporen principios de privacidad desde su diseño y que los sistemas proporcionen explicaciones comprensibles de las decisiones automatizadas que afectan a los individuos[67].

Las administraciones públicas, en su esfuerzo por cumplir con el RGPD y maximizar los beneficios de la IA, están implementando estrategias como la anonimización de datos, que protege la identidad de los individuos durante el procesamiento[68]. También se están intensificando las auditorías de sistemas de IA para asegurar que operen dentro de los límites éticos y legales, y se está invirtiendo en la capacitación del personal en normativas de protección de datos y operación de tecnologías emergentes.

Sin embargo, los desafíos persisten, particularmente en relación con los sesgos inherentes a los algoritmos de IA. Estos sesgos pueden perpetuar discriminaciones si no se gestionan adecuadamente, dado que los algoritmos, a menudo, se desarrollan a partir de conjuntos de datos que no son plenamente representativos o que históricamente han sido parciales. Además, la

66 Agencia Española Protección Datos, *Tecnologías y protección de datos en las AAPP*, 2020, pág. 7.

67 Agencia Española Protección Datos, *Tecnologías y protección de datos en las AAPP*, 2020, pág. 25.

68 Agencia Española Protección Datos, *Tecnologías y protección de datos en las AAPP*, 2020, pág. 41.

resistencia al cambio en las estructuras públicas tradicionales[69] puede obstaculizar la adopción y la integración efectiva de estas tecnologías avanzadas.

En conclusión, mientras que la IA ofrece potencial para revolucionar los servicios públicos mejorando la eficiencia y la personalización, su implementación debe ser meticulosamente gestionada para manejar los riesgos asociados con la protección de datos personales. Los marcos legislativos como el RGPD son fundamentales en este proceso, asegurando que la adopción de la IA en la Administración pública no sólo sea innovadora, sino también segura y justa para todos los ciudadanos. La evolución continua de estas tecnologías y su normativa asociada requerirá un compromiso constante con la evaluación y la adaptación de las prácticas de protección de datos.

7. Impacto de la IA en el entorno laboral público

El uso de la inteligencia artificial en la selección de personal en las administraciones públicas es un tema de gran relevancia en el contexto actual de transformación digital y automatización. La integración de estas tecnologías promete no sólo una mayor eficiencia y eficacia en los procesos de selección, sino también una mejora en la objetividad y transparencia de dichos procesos. No obstante, esta integración debe realizarse de conformidad con el marco normativo vigente, más concretamente el Estatuto Básico del Empleado Público y el Reglamento IA.

El Estatuto Básico del Empleado Público, aprobado por el Real Decreto Legislativo 5/2015, de 30 de octubre (en adelante EBEP) establece las bases del régimen estatutario de los funcionarios públicos y refleja fundamentos esenciales como la igualdad, mérito y capacidad en el acceso y la promoción profesional[70]. Además, subraya la importancia de la transparencia[71], la eficacia en la gestión de recursos humanos[72], y la evaluación y responsabilidad en la gestión[73]. Estos principios son cruciales para garantizar un proceso de selección justo y equitativo que respete los derechos de los aspirantes y empleados públicos.

Por otro lado, el Reglamento de IA establece un marco jurídico uniforme para el desarrollo, la introducción en el mercado y la utilización de sistemas de IA en la Unión Europea. Este reglamento promueve una IA centrada en el ser humano, fiable y que garantice un elevado nivel de protección de

---

69 PÉREZ PINO, MA, «Para que la transformación digital sea real, debemos superar la resistencia al cambio en el seno de la propia Administración Pública», *LegalToday*, 2021.

70 BOE, Legislación consolidada, art. 1.3.b) donde se reflejan los fundamentos de actuación Real Decreto Legislativo 5/2015, de 30 de octubre, por el que se aprueba el texto refundido de la Ley del Estatuto Básico del Empleado Público visto en https://www.boe.es/buscar/act.php?id=BOE-A-2015-11719.

71 BOE, Legislación consolidada, RDL 5/2015, de 30 de octubre, art. 1.3.h).

72 BOE, Legislación consolidada, RDL 5/2015, de 30 de octubre, art. 1.3.f).

73 BOE, Legislación consolidada, RDL 5/2015, de 30 de octubre, art. 1.3.i).

la salud, seguridad y derechos fundamentales, incluidos la democracia y el Estado de Derecho. El Reglamento clasifica los sistemas de IA según su nivel de riesgo[74], estableciendo requisitos específicos para los sistemas de alto riesgo, que incluyen aquellos utilizados en la selección de personal.

La IA en la selección de personal puede aportar múltiples beneficios, como la automatización de procesos, la mejora en la eficiencia y la capacidad de manejar grandes volúmenes de datos, para tomar decisiones más informadas[75], sin embargo, también presenta desafíos significativos, como la posibilidad de perpetuar sesgos existentes en los datos y la necesidad de garantizar la transparencia y el control humano sobre las decisiones automatizadas[76].

La introducción de sistemas automatizados en la selección de personal debe alinearse con los principios del EBEP. Esto implica que cualquier sistema de IA utilizado debe garantizar la igualdad de trato y oportunidades, evaluando a los candidatos en función de sus méritos y capacidades. Además, debe asegurar la objetividad y profesionalidad en el proceso, evitando cualquier forma de discriminación. En este contexto, la transparencia es crucial; los candidatos deben ser informados sobre el uso de sistemas automatizados y tener acceso a explicaciones comprensibles sobre las decisiones tomadas por dichos sistemas.

El Reglamento de IA exige que los sistemas de alto riesgo, como aquellos utilizados en la selección de personal, cumplan con estrictos requisitos de calidad de datos, transparencia y supervisión humana[77]. Estos sistemas deben ser evaluados regularmente para asegurar su conformidad con los estándares establecidos y para mitigar cualquier riesgo de discriminación o errores que puedan afectar negativamente a los candidatos. La calidad de los datos es fundamental, ya que cualquier sesgo en los datos de entrenamiento puede llevar a decisiones injustas y discriminatorias.

Se hace necesario reseñar en este punto, que para el entrenamiento de un algoritmo en la selección de personal es necesario utilizar diversas fuentes de datos que permitan que el sistema aprenda a identificar los mejores candidatos, basándose en criterios previamente definidos; estas fuentes de datos incluyen[78]:

1. Datos históricos de contratación: Información sobre procesos de selección anteriores, incluyendo perfiles de candidatos, resultados de evaluaciones y decisiones finales. Esto ayuda a identificar patrones de éxito y fracaso en contrataciones previas.

---

74 Parlamento y Consejo UE, Reglamento 2024/1689, de 13 de junio, art. 6.

75 Soriano Arnanz, A., «El uso de la inteligencia artificial en la selección y gestión del personal de las Administraciones públicas», *La Administración al día*, 2023, visto en https://laadministracionaldia.inap.es/noticia.asp?id=1513502.

76 Parlamento y Consejo UE, Reglamento 2024/1689, de 13 de junio, Considerando (39).

77 Parlamento y Consejo UE, Reglamento 2024/1689, de 13 de junio, art. 14.

78 Castellano Claramunt, J., La gestión de la información en el paradigma algorítmico, MÉI: Métodos de Información n.° 21, 2020, págs. 42-58.

2. Bases de datos administrativas: Información proveniente de registros públicos y bases de datos administrativas que contienen datos sobre empleados actuales y pasados, sus trayectorias profesionales, evaluaciones de desempeño y formación académica.
3. Encuestas y evaluaciones de desempeño: Datos obtenidos de encuestas a empleados y evaluaciones regulares de desempeño. Estos datos proporcionan información valiosa sobre las competencias y habilidades que son efectivas en el entorno de trabajo específico de la Administración pública.
4. Datos de formación y desarrollo: Información sobre programas de capacitación y desarrollo profesional que han completado los empleados. Esto incluye cursos, certificaciones y talleres que son relevantes para las funciones del empleo público.
5. Fuentes externas: Datos recopilados de fuentes externas como redes sociales profesionales (por ejemplo, LinkedIn), bases de datos educativas y otros recursos públicos que puedan aportar información adicional sobre los candidatos.
6. Análisis de documentos: Evaluaciones de currículums, cartas de motivación y otros documentos presentados por los candidatos durante el proceso de solicitud. Estos documentos son analizados para extraer información relevante sobre la experiencia y las competencias de los candidatos previamente definidos.

Extrapolar la implementación de este conjunto de datos a los procesos de selección en la función pública para mejorar el sistema de selección de personal presenta una considerable complejidad; ésta radica en varios aspectos:

a) Transparencia y publicidad[79]: El EBEP requiere que todos los procesos de selección sean públicos y transparentes, lo que implica que cualquier implementación de sistemas basados en datos debe ser igualmente abierta y comprensible. La transparencia es crucial para mantener la confianza del público y garantizar que los procesos sean auditables y justos.

b) Calidad y fiabilidad de los datos[80]: Los datos utilizados deben ser de alta calidad y libres de sesgos para evitar decisiones discriminatorias. Esto es un desafío significativo, ya que los datos históricos pueden contener sesgos inherentes que deben ser identificados y mitigados.

79 BOE–Real Decreto Legislativo 5/2015, de 30 de octubre, por el que se aprueba el Estatuto Básico del Empleado Público, art. 55.2 letras a) y b)

80 BOE–Real Decreto Legislativo 5/2015, de 30 de octubre, por el que se aprueba el Estatuto Básico del Empleado Público, art. 55.2 b)

c) Supervisión y control[81]: Los procesos automatizados en la Administración pública deben contar con mecanismos de supervisión y control de calidad. Esto incluye la definición de responsabilidades claras para la supervisión y la auditoría de los sistemas automatizados y sus resultados.

d) Adaptabilidad a normativas: Cualquier sistema de selección basado en datos debe adaptarse a las normativas existentes y ser capaz de responder a cambios legislativos. Esto requiere un diseño flexible y la capacidad de actualizar los algoritmos y modelos utilizados en respuesta a nuevas regulaciones o descubrimientos.

e) Protección de datos personales: El uso de datos en procesos de selección debe cumplir estrictamente con las normativas de protección de datos, como el RGPD. Esto implica asegurar la privacidad y seguridad de los datos personales utilizados en los sistemas de selección.

El Gobierno Autonómico de la Comunidad de Madrid ha implementado más de cien proyectos basados en IA[82] para modernizar y mejorar los servicios públicos. Estos proyectos abarcan diferentes áreas de la Administración pública. Por ejemplo, en el ámbito sanitario, se utilizan más de setenta aplicaciones de IA para apoyar a los médicos en diagnósticos, análisis de imágenes médicas, predicción de complicaciones y mejora de la gestión del servicio de urgencias. En justicia, se ha implementado el Buscador 360º, que permite a jueces, fiscales y letrados recuperar información desestructurada de expedientes judiciales, ahorrando tiempo y mejorando la eficiencia.

La implementación de IA en la selección de personal tiene varias implicaciones prácticas, tanto positivas como negativas[83]:

- Eficiencia y ahorro de costes: La automatización de procesos puede reducir significativamente los tiempos y costes asociados a la selección de personal. Esto permite a las administraciones públicas asignar recursos humanos y financieros a otras áreas prioritarias.
- Transparencia y objetividad: La IA puede ayudar a eliminar sesgos humanos y asegurar que todos los candidatos sean evaluados de manera justa y equitativa, en base a criterios objetivos y predefinidos. Sin embargo, es crucial que los algoritmos utilizados sean transparentes y que los datos de entrenamiento estén libres de sesgos.

---

81 BOE–Ley 40/2015, de 1 de octubre de Régimen Jurídico del Sector Público, art. 41.

82 COMUNIDAD DE MADRID, *La Comunidad de Madrid utiliza la Inteligencia Artificial en más de 100 proyectos para mejorar los servicios públicos*, Acción de Gobierno–Actualidad, 2024.

83 FERNÁNDEZ ROZAS, J. C., «La Ley de IA de la Unión Europea: un modelo para innovaciones radicales, responsables y transparentes basadas en el riesgo», *La Ley n.º 124*, 2024, véase también, FAJARDO VARGAS, J. E., «Inteligencia artificial aplicada al proceso de selección de personal», *Polo del Conocimiento*, 2023, págs. 726 a 740.

- Desafíos éticos y legales: La utilización de IA plantea desafíos en términos de privacidad, transparencia y equidad. Es fundamental que las administraciones públicas cumplan con las regulaciones existentes, como el RGPD y el Reglamento de IA, para proteger los derechos de los individuos.

No obstante, las administraciones públicas[84] deberán asegurarse de introducir mejores prácticas en la implementación de dispositivos de IA no sólo en sistemas de gestión en general sino sobre todo y muy específicamente en la selección de personal; estas prácticas deberán incluir unos mínimos irrenunciables en sus guías de desarrollo; éstos serían, entre otros:

- Transparencia y explicabilidad: Las administraciones deben asegurarse de que los sistemas de IA sean transparentes y que las decisiones tomadas por estos sistemas sean explicables. Esto implica proporcionar información clara y accesible sobre cómo funcionan los algoritmos y cómo se toman las decisiones.
- Calidad de los datos[85]: Es esencial utilizar datos de alta calidad y libres de sesgos para entrenar los sistemas de IA. Esto ayuda a garantizar que las decisiones sean justas y no discriminatorias. Las administraciones deben establecer procedimientos rigurosos para la recopilación y el manejo de datos.
- Supervisión humana[86]: Aunque la IA puede automatizar muchas tareas, la supervisión humana sigue siendo crucial para garantizar la precisión y equidad de las decisiones. Los sistemas de IA deben ser monitoreados y evaluados regularmente por profesionales cualificados para detectar y corregir posibles errores o sesgos.
- Capacitación y formación: Las administraciones deben invertir en la capacitación y formación de su personal para que comprendan y puedan gestionar eficazmente los sistemas de IA. Esto incluye formación en habilidades técnicas, así como en ética y regulación de la IA.

---

84 Soriano Arnanz, A., «El uso de la inteligencia artificial en la selección y gestión del personal en las Administraciones públicas», *Documentación administrativa: Nueva Época n.º 9*, 2022.

85 Asquerino Lamparero, M. J., «Algoritmos, procesos de selección y reputación digital», *Documentación laboral*, 2022, págs. 121 a 136.

86 Obregón Fernández, A. y Lazcoz Moratinos, G., «La supervisión humana de los sistemas de inteligencia artificial de alto riesgo. Aportaciones desde el Derecho Internacional Humanitario y el Derecho de la Unión Europea», *Revista electrónica de estudios internacionales (REEI)*, 2021.

7.1. Transformación del trabajo en la Administración pública. Retrospectiva europea

En la actualidad, el escenario laboral en la Administración pública está experimentando una transformación significativa debido a la incorporación progresiva de tecnologías de inteligencia artificial. Este cambio paradigmático no sólo redefine los roles y las funciones tradicionalmente asignadas al personal, sino que también plantea desafíos y oportunidades únicas en términos de eficiencia operativa, toma de decisiones y gestión de recursos[87]. El presente epígrafe explora cómo la IA está reconfigurando las dinámicas laborales dentro del sector público, centrando el análisis en las implicaciones éticas, legales y socioeconómicas que esta revolución tecnológica conlleva. Mediante un enfoque interdisciplinario, se examinan las estrategias de implementación de IA que diversas entidades del sector público han adoptado, evaluando su impacto en la productividad, la transparencia administrativa y la equidad en el acceso a los servicios públicos. A través de un examen crítico, se pretende, mediante la revisión de literatura especializada, aportar una comprensión de los desafíos a los que se enfrenta la Administración pública en la era de la automatización y cómo estas tecnologías disruptivas pueden ser armonizadas con los principios de servicio público y acceso a los puestos de la Administración sin vulnerar los principios de igualdad, mérito y capacidad.

La incorporación de algoritmos en los procesos selectivos en la Administración pública en España aún se encuentra en una etapa de exploración y desarrollo, principalmente debido a las rigurosas exigencias del marco regulatorio europeo y nacional sobre la protección de datos y la transparencia. Hasta la fecha, la incorporación de inteligencia artificial en los procesos de selección en la Administración pública no ha sido ampliamente extendida ni uniforme a lo largo de todo el territorio nacional[88]. La mayoría de las implementaciones se encuentran en fases piloto o en estudios iniciales. No obstante, algunos ejemplos destacan por su innovación y potencial, aunque es importante aclarar que el acceso a información detallada y verificada sobre programas específicos es bastante limitado debido a la naturaleza emergente de estas tecnologías a lo que se le une la preocupación por salvaguardar la privacidad e integridad de los datos que se manejan.

En un esfuerzo por modernizar los procesos de reclutamiento, la Administración General del Estado ha considerado proyectos piloto para incorporar sistemas de IA que ayuden en la preselección de candidatos. Estos sistemas

---

87 Campos Acuña, C., «Gestión de personas en las Administraciones públicas en tiempo de resiliencia: una oportunidad para el cambio» (esta doctrina forma parte del libro «la gestión de los Fondos Next Generation») edición n.º 1, *La Ley 942*, 2021.

88 Sarasíbar Iriarte, M., «La integración de la inteligencia artificial en la Administración Pública», *La Ley Digital*, 2023.

utilizan algoritmos para analizar currículums vitae, identificando palabras clave y competencias que coincidan con las descripciones de los puestos[89]. Este tipo de tecnología aún está en fase de prueba y se utiliza principalmente como herramienta de apoyo para reducir la carga de trabajo de los reclutadores humanos, garantizando que el proceso final de toma de decisiones siga siendo manual y supervisado.

El Ayuntamiento de Barcelona, ha mostrado interés en tecnologías innovadoras para mejorar la eficiencia de los servicios públicos[90]. Aunque no hay detalles específicos sobre el uso de IA en selección de personal, el ayuntamiento ha implementado varias iniciativas tecnológicas que podrían incluir componentes de IA para análisis de datos en otros contextos.

El Ayuntamiento de Málaga[91], conocida por su enfoque hacia la *smart city*, podría estar entre los municipios interesados en explorar el uso de IA para la selección de personal, especialmente en áreas de alta demanda como la tecnología o la atención al cliente.

En Bilbao, la transformación digital ha sido una prioridad[92], y es razonable pensar que este ayuntamiento explore soluciones de IA para agilizar y mejorar la precisión en la selección de personal en servicios públicos críticos.

Es importante señalar que, aunque estos ejemplos reflejan posibles escenarios de uso de IA en ayuntamientos, la información concreta sobre proyectos específicos es, a día de hoy, muy limitada y no siempre se divulga completamente en registros de acceso abierto.

La integración de la inteligencia artificial en los procesos de selección en la Administración pública es un fenómeno emergente que varios países de la Unión Europea están explorando de diversas maneras.

En España, algunas administraciones públicas han comenzado a integrar tecnologías de IA en la prestación de servicios. Un ejemplo notable es la Comunidad de Aragón, que ha implementado sistemas de *blockchain* para la contratación pública, optimizando la transparencia y trazabilidad de los procesos licitatorios. Asimismo, el municipio de Alcobendas ha adoptado el

89 Rivero Ortega, R., «¿Pueden los robots remplazar a los funcionarios?», *La Ley Digital 5543*, 2023.

90 Comisión Europea, *Mejora de los servicios públicos del Ayuntamiento de Barcelona*, 2021, visto en https://barcelona.spain.representation.ec.europa.eu/estrategies-i-prioritats/next-generationeu-prop-teu/projectes/millora-dels-serveis-publics-de-lajuntament-de-barcelona_es.

91 Ayuntamiento De Málaga, *Málaga ciudad sostenible*, 2022, visto en https://www.malaga.eu/recursos/ayto/prensa/Malaga-Ciudad-Sostenible-2022-PDF-BajaCalidad.pdf.

92 Ayuntamiento De Bilbao, *Bilbao presenta su agenda de transformación digital 2030*, Bilbao.eus, 2022, visto en https://www.bilbao.eus/cs/Satellite?c=BIO_Noticia_FA&cid=1279221906452&language=es&pageid=3000005580&pagename=Bilbaonet%2FBIO_Noticia_FA%2FBIO_Noticia.

sistema *blockchain* de Ethereum para registrar el voto secreto de los ciudadanos en la gestión de fondos públicos participativos. Este enfoque no sólo garantiza la integridad del proceso electoral, sino que también promueve la participación ciudadana y la confianza en las instituciones públicas[93].

La integración del Internet de las cosas[94] en el mantenimiento de carreteras en Estonia es un claro ejemplo de cómo las tecnologías avanzadas pueden transformar significativamente la Administración pública, mejorando la eficiencia y efectividad operativa de los empleados públicos[95]. Esta adopción no sólo optimiza el desempeño laboral, sino que también promueve la transparencia y la colaboración, pilares fundamentales de una gobernanza moderna y receptiva. Desde una perspectiva jurídica, estas innovaciones plantean importantes desafíos relacionados con la protección de datos, la privacidad y la responsabilidad, los cuales deben ser abordados mediante un marco regulatorio integro y adaptativo para asegurar que la tecnología se utilice de manera ética y efectiva en beneficio de la colectividad.

Existe un estudio realizado por Linda Lidman[96] que ofrece un análisis detallado sobre la innovación en el sector público, centrando su atención en las percepciones de los empleados públicos y en los desafíos asociados a la implementación efectiva de innovaciones.

El estudio examina tres municipios suecos que han emprendido esfuerzos deliberados para involucrar a los empleados en prácticas innovadoras. Estos municipios han implementado diversas estrategias para apoyar la innovación, tales como cursos de diseño de servicios y programas de *coaching* en innovación. Los datos empíricos se recogen a partir de 23 entrevistas cualitativas con empleados municipales, gerentes de primera línea y *coaches* de innovación.

---

93 Soriano Arnanz, A., «El uso de la inteligencia artificial en la selección y gestión del personal de las Administraciones públicas». *Documentación Administrativa. Nueva época*, 9, págs. 11 a 25. https://doi.org/10.24965/da.11148

94 Redhat, ¿Qué es el internet de las cosas?, donde se define como: «la interconexión de objetos físicos a través de la internet, permitiendo que recojan, intercambien y actúen sobre datos sin intervención humana directa. Utiliza sensores y actuadores para monitorizar y controlar entornos diversos, mejorando la eficiencia y la automatización. Las aplicaciones del IoT abarcan desde hogares inteligentes y ciudades conectadas hasta industrias y agricultura. Este avance tecnológico plantea desafíos en seguridad, privacidad y normativas, requiriendo un marco legal robusto para su implementación segura y efectiva», 2023, visto en https://www.redhat.com/es/topics/internet-of-things/what-is-iot

95 Velsberg, O., Westergren, U. H., & Jonsson, K., «Exploring smartness in public sector innovation-creating smart public services with the Internet of Things», *European Journal of Information Systems*, 2020: 350 a 368., visto en https://doi.org/10.1080/0960085X.2020.1761272.

96 Lidman, L., *The gap between the rhetorical why and the practical what and how of public sector innovation, international journal of public administration*, 2023, págs. 748 a 758, visto en https://doi.org/10.1080/01900692.2023.2197175.

El documento subraya que, a pesar de los esfuerzos para fomentar el progreso digital, el avance radical se enfrenta a significativas dificultades para su implementación. Estos desafíos incluyen la necesidad de colaboración transversal, la rigidez de los procesos presupuestarios y la falta de estructuras adecuadas para apoyar cambios complejos. Los responsables de la transformación y los empleados han destacado que, aunque es posible implementar cambios pequeños y de ahorro de costes a nivel local, las innovaciones más complejas y radicales a menudo no logran pasar del diseño a la ejecución debido a estas barreras.

Otro estudio realizado por Luciana Cingolani y Diego Salazar-Morales[97], analiza la relación entre los funcionarios públicos y la innovación en los servicios públicos digitales en 36 países europeos. Utiliza un análisis dinámico de datos para evaluar cómo las diversas características implícitas en el personal de la Administración pública y las del propio engranaje administrativo influyen en la capacidad de innovación digital de este sector.

Los resultados del estudio indican que, a una mayor diversidad social entre los empleados del sector público, es decir, aspectos tales como el género, raza, edad, religión, orientación sexual o sexo, entre otros, conduce a niveles más altos de innovación en servicios públicos digitales. Sin embargo, este efecto queda mediatizado por la propia estructura organizacional de la Administración en sí, debido a su rigidez estructural.

7.1.1. Nuevas competencias y perfiles profesionales

La irrupción de la inteligencia artificial en la Administración pública representa un hito crucial que transforma los procesos operativos[98] y exige una reconfiguración profunda de los perfiles profesionales dentro de este ámbito. La implementación de la IA en las instituciones públicas está dando lugar a la emergencia en la búsqueda de nuevos roles y competencias esenciales para el desarrollo y la implementación de un entorno digital eficiente y ético. La Administración pública, generalmente caracterizada por estructuras jerárquicas y procedimientos rígidos, se enfrenta a la necesidad de evolucionar hacia una cultura organizacional más flexible, colaborativa y orientada a la innovación[99]. La integración de la IA en los procesos administrativos no sólo

---

97 Cingolani, L. Y Salar-Morales, D., «The role of public workforce diversity and the administrative ecosystem in advancing digital public service innovation», *Public Management Review*, 2024, visto en https://doi.org/10.1080/14719037.2024.2303609

98 Gustavo Corvalán, J., «Administración pública digital e inteligente, transformaciones en la era de la inteligencia artificial», *Revista de Direito Económico e Sociambiental*, Vol. 8, n.° 2, 2017.

99 Cortes Abad, O., «La arquitectura institucional necesaria para el gobierno algorítmico», *La Ley Digital n.° 5014*, 2023 (esta doctrina forma parte del libro *La inteligencia artificial en la gestión pública*, edición n.° 1, El Consultor de los Ayuntamientos).

automatiza tareas rutinarias, sino que también facilita la toma de decisiones informadas basadas en el análisis de grandes volúmenes de datos. Esta transformación cultural es imprescindible para fomentar un entorno donde los nuevos perfiles profesionales puedan prosperar y contribuir significativamente[100].

La implementación de la IA en la Administración pública exige la creación de perfiles profesionales específicos que abarquen una combinación de habilidades tecnológicas, analíticas y normativas[101]. Entre los nuevos roles emergentes se destacan los expertos en datos, responsables de la recopilación, gestión y análisis de datos masivos. Sus competencias incluyen el conocimiento profundo de técnicas de minería de datos, aprendizaje automático y predictivo, fundamentales para entrenar análisis y validar algoritmos de IA[102]. Los ingenieros de IA y científicos de datos, encargados de diseñar, desarrollar y optimizar modelos algorítmicos, deben poseer una sólida formación en matemáticas, estadística y programación. Su labor es crucial para asegurar que los sistemas de IA sean precisos, eficientes y adaptables a las necesidades cambiantes de la Administración pública. Así mismo, dada la creciente preocupación por la ética y la transparencia en el uso de IA, surge la necesidad de auditores especializados en evaluar el cumplimiento normativo y la equidad de los algoritmos implementados. Estos profesionales deben tener conocimientos en derecho, ética de la tecnología y normativas específicas de protección de datos para garantizar que los sistemas de IA operen dentro de los límites legales y morales aceptables[103].

La evolución hacia un entorno laboral que incorpora IA requiere una inversión sustancial en la capacitación y el desarrollo continuo de los empleados públicos[104]. Es crucial que los funcionarios adquieran habilidades técnicas y analíticas necesarias para interactuar eficazmente con las tecnologías de IA. Además, se deben fomentar competencias en gestión del cambio y colaboración interdisciplinaria, para asegurar una integración fluida y efectiva de

---

100 Mendilibar Navarro, P., «Redefinición de las competencias de los empleados y empleadas públicas ante el uso de la Inteligencia Artificial por la Administración Pública», *Documentación Administrativa: Nueva Época n.º 10*, 2023, págs. 73 a 87.

101 Cortes Abad, O., «Inteligencia artificial. Posibilidades en la Administración pública», *La Ley 5012*, 2023 (esta doctrina forma parte del libro *La inteligencia artificial en la gestión pública*, edición n.º 1, El Consultor de los Ayuntamientos).

102 Galindo Caldés, R., «Transformación digital y empleo público, transición en un contexto complejo», *Pertsonak eta Antolakunde Publikoak Kudeatzeko Euskal Aldizkaria=Revista Vasca de Gestión de Personas y Organizaciones Públicas*, 2022, págs. 148-160.

103 Expósito Gázquez, A., «Los derechos digitales del personal empleado público ¿realidad plausible o utopía imposible?», *Pertsonak eta Antolakunde Publikoak Kudeatzeko Euskal Aldizkaria=Revista Vasca de Gestión de Personas y Organizaciones Públicas*, 2022, págs. 156 a 169.

104 Castillo Ramos-Bossini, S. E., «Administración digital y teletrabajo», *Documentación administrativa: Nueva Época*, 2020, págs. 104 a125.

estas nuevas tecnologías en el marco operativo existente. La introducción de IA en la Administración pública también plantea importantes desafíos jurídicos y éticos[105]. La creación de un marco regulatorio adecuado que garantice la transparencia, la responsabilidad y la protección de los derechos de los ciudadanos es esencial. Los nuevos perfiles profesionales deben estar equipados no sólo con habilidades técnicas, sino también con un profundo entendimiento de las implicaciones éticas y legales de su trabajo. Este enfoque holístico asegura que la implementación de IA contribuya al bienestar público sin comprometer los principios fundamentales de equidad y justicia. La incorporación de la inteligencia artificial en la Administración pública está impulsando una transformación significativa en los perfiles profesionales requeridos. La creación de nuevos roles, la capacitación continua y la atención a las implicaciones éticas y jurídicas son fundamentales para asegurar que esta transición no sólo mejore la eficiencia operativa, sino que también fortalezca la confianza pública en las instituciones[106]. En este contexto, la Administración pública se enfrenta al desafío y la oportunidad de reinventarse, adoptando un enfoque más dinámico y adaptable que pueda responder eficazmente a las demandas de una sociedad[107].

7.2. Derechos de los trabajadores en la era digital

La transformación digital en la Administración pública española ha llevado consigo enormes ventajas para la eficiencia y la calidad del servicio, pero también ha introducido desafíos que requieren adaptaciones en el marco legislativo vigente[108]. El EBEP es fundamental en la regulación de las condiciones laborales de los empleados públicos y necesita actualizarse para reflejar adecuadamente las nuevas realidades del entorno laboral digital.

Una modificación esencial es la ampliación del art. 14, que aborda la formación del empleado público, para incluir la formación continua en habilidades digitales como un derecho y una obligación para todos los empleados. La tecnología evoluciona a un ritmo tal que la capacitación inicial al momento de ingresar no es suficiente; los empleados deben actualizar constantemente sus habilidades para mantenerse al día con los avances tecnológicos. Así

105 Barrero Ortega, A., «Acotaciones constitucionales a la digitalización y automatización del empleo público», *Temas laborales: Revista andaluza de trabajo y bienestar social*, 2019, págs.51 a 70.

106 Trujillo Sáez, F. y Álvarez Jiménez, D., «Transformación digital de la Administración pública ¿Qué competencias necesitan los empleados públicos?», *Gestión y análisis de políticas públicas*, 2021, págs. 49 a 67.

107 Martínez Gutiérrez, R., «Elementos para configuración de la administración digital», *Revista de derecho administrativo n.º 20*, 2021, págs. 212 a 233.

108 Monereo Pérez, J. L., «La dignidad de los «empleados públicos»: trascendencia y aspectos fundamentales de su régimen jurídico», *Trabajo y Derecho n.º 81*, 2021.

mismo, el art. 20, que trata sobre los derechos de conciliación de la vida personal, familiar y laboral, debería ser modificado para incluir explícitamente el derecho a la desconexión digital fuera del horario laboral[109], asegurando que los trabajadores puedan establecer límites claros entre su vida laboral y personal en un mundo cada vez más conectado.

De igual forma, se propone un fortalecimiento del artículo 18, relativo a la protección de datos personales, para abordar específicamente los desafíos asociados con el uso de sistemas automatizados e inteligencia artificial. Con el aumento del uso de la IA para el procesamiento de datos en la Administración pública, es vital asegurar que estos sistemas manejen la información de manera segura y respetuosa con la privacidad de los empleados[110]. Esto incluye medidas robustas contra el uso indebido de datos personales.

Finalmente, el art. 13, que regula la promoción y selección, necesita ser actualizado para que las competencias digitales sean consideradas un criterio esencial en estos procesos. A medida que la Administración pública avanza hacia una mayor digitalización, es crucial que el personal no sólo esté capacitado para manejar las herramientas actuales sino también que pueda adaptarse a las futuras innovaciones tecnológicas[111].

8. Conclusiones

De todo lo expuesto se ha pretendido realizar un análisis sobre la incorporación de la inteligencia artificial en la Administración pública, destacando la necesidad de una interacción equilibrada entre la innovación tecnológica y la rigurosidad normativa. Este equilibrio es esencial para garantizar que la implementación de la IA no sólo se alinee con los avances tecnológicos, sino que también respete y promueva los principios éticos y los derechos fundamentales reconocidos en la Constitución Española y específicamente en el Reglamento de Inteligencia Artificial y el RGPD.

Desde una perspectiva legislativa y ética, la integración de la IA en los procesos gubernamentales implica desafíos significativos. El Reglamento de IA y el RGPD proporcionan un marco normativo que insiste en la transparencia, la equidad y la seguridad de los sistemas de IA. Estos reglamentos requieren que cualquier aplicación de IA en la Administración pública cumpla

109 García González, G., «El dret a la desconnexió digital dels empleats públics: abast i significat d'un dret emergent en el context de la crisi sanitària», *Revista catalana de dret públic n.º extra-3*, 2020, págs. 54 a 71.

110 Chamorro González, J. M., «Transparencia y protección de datos personales en el ámbito del empleo público», *La Ley Digital 4714*, 2021.

111 Castillo Blanco, Fa., «El tránsito a una administración digital y robotizada: El necesario cambio del modelo de administración y empleo público», *RIGL: Revista Iberoamericana de Gobierno Local n.º 19*, 2021.

con altos estándares, garantizando que la tecnología sea segura, eficiente y, sobre todo, justa. La adherencia a estos estándares es crucial para prevenir discriminaciones inadvertidas que pueden surgir debido al uso indebido de los algoritmos o a la falta de precisión en los mismos.

En términos de eficiencia administrativa, la automatización a través de la IA tiene el potencial de transformar la Administración pública mejorando tanto la velocidad como la calidad del servicio. Los sistemas de IA pueden manejar tareas que tradicionalmente requerirían significativos recursos humanos y tiempo, como el procesamiento de solicitudes y la gestión de datos, con una mayor precisión y menor incidencia de errores. Sin embargo, para que estos beneficios se realicen plenamente, es fundamental que estos sistemas operen dentro de un marco de transparencia y bajo mecanismos de revisión constantes. Las decisiones automatizadas deben ser auditables y comprensibles para los ciudadanos, reforzando así la confianza pública en la manera en que se toman estas decisiones.

Otro desafío crucial es el desarrollo ético de la IA, que incluye la necesidad imperiosa de abordar y mitigar cualquier sesgo en los algoritmos. Además, la capacitación continua en competencias digitales se presenta como un requisito indispensable para el personal al servicio de la Administración pública. Este aspecto es vital no sólo para la utilización efectiva de las nuevas tecnologías sino también para la comprensión de las implicaciones legales y éticas de su uso.

Este artículo sugiere que la implementación de la IA en la Administración pública debe ser supervisada por un marco regulador específico, que incluya la realización de evaluaciones de impacto éticas y de privacidad antes de su implementación. Este enfoque además de identificar y mitigar riesgos potenciales facilitaría el desarrollo de políticas que promoviesen una integración responsable de la tecnología.

Para concluir, el análisis propone que el éxito en la integración de la IA en la Administración pública depende de una colaboración constante entre los desarrolladores de tecnología, el legislador, los operadores de sistemas de IA y la ciudadanía. Esta colaboración debería estar enfocada en garantizar que los avances en IA se alineen con los valores sociales y jurídicos, y que cualquier implementación de estas tecnologías se realice de manera que maximice los beneficios mientras se minimizan los riesgos asociados. El compromiso con una revisión continua y una adaptación normativa frente a los avances tecnológicos será esencial para el futuro de la IA en la Administración pública.

Biliografía

Alfaro, R., *Managers Lab*, junio de 2024. https://managerslab.com/breve-historia-de-la-ia/ (último acceso: 2024).

Amonacid, V., *Tecnología y Sentido Común*, 2020. https://tecnologiaysentidocomun.com/digitalizacion-de-la-administracion-tres-ventajas-constatadas-y-dos-desafios-pendientes/ (último acceso: 2024).

Anyoha, R., «The History of Artificial Intelligence», *Science in the news*, Universidad de Harward. 28 de agosto de 2017. https://sitn.hms.harvard.edu/flash/2017/history-artificial-intelligence/ (último acceso: 2024).

Ariza Colmenarejo, M.ª J., «Inteligencia artificial legal y Administración de Justicia» *Dialnet*, 2022: 43-48.

Asquerino Lamparero, M. J., «Algoritmos, procesos de selección y reputación digital», *Documentación Laboral n.º 126*, 2022: 121 a 136.

Barrero Ortega, A., «Acotaciones constitucionales a la digitalización y automatización del empleo público», *Temas laborales: Revista andaluza de trabajo y bienestar social*, 2019: 51 A 70.

Campos Acuña, M.ª C.:

– «Gestión de personas en las Administraciones públicas en tiempos de resiliencia: una oportunidad para el cambio», *La Ley*, 2021.

– *DIALNET PLUS*, septiembre de 2022. https://dialnet-unirioja-es.eu1.proxy.openathens.net/servlet/articulo?codigo=9099098 (último acceso: 2024).

Castellanos Claramunt, J., «La gestión de la información en el paradigma algorítmico», *MÉI: Métodos de información*, 2020: 42 a 58.

Castillo Blanco, F. A., «El tránsito a una administración digital y robotizada: el necesario cambio de modelo de administración digital y robotizada», *Revista Iberoamericana de Gobierno Local n.º 19*, 2021.

Castillo Ramos-Bossino, S. E., «Administración digital y teletrabajo», *Documentación administrativa: Nueva* Época, 2020: 104 a 125.

Chamorro González, J. M., «Transparencia y protección de datos personales en el ámbito del empleo público», *La Ley Digital 4714*, 2021.

Cingolani, L. y **Salazar-Morales, D.**, «The role of public workforce diversity and the administrative ecosystem in advancing digital public service innovation», *Public management review*, 2024.

Cordero Valdavida, M., *DIALNET PLUS*, 2019. https://dialnet-unirioja-es.eu1.proxy.openathens.net/servlet/articulo?codigo=6945314 (último acceso: 2024).

Cortes Abad, O., «Inteligencia artificial. Principios e implicaciones», *La Ley Digital*, 2023.

De la Cruz García, J. M., *DIALNET*, 1989. https://dialnet.unirioja.es/descarga/articulo/1980249.pdf

España Pérez, J. A., *Ministerio para la Transformación Digital y de la Función Pública*, 1 de julio de 2021. https://laadministracionaldia.inap.es/noticia.asp?id=1511979

Expósito Gázquez, A., «Los derechos digitales del personal empleado público», *Pertsonak eta Antolakunde Publikoak Kudeatzeko Euskal Aldizkaria=Revista Vasca de Gestión de Personas y Organizaciones Públicas*, 2022: 156 A 169.

Fajardo Vargas, J. E., «Inteligencia artificial aplicada al proceso de selección de personal», *Polo del conocimiento: Revista científico-profesional*, 2023: 726 a 740.

Fernández Rozas, J. C., «La Ley de IA de la Unión Europea: un modelo para innovaciones radicales, responsables y transparentes basadas en el riesgo», *La Ley n.° 124*, 2024.

Fernández, A., *Metrópoli abierta*, 21 de abril de 2021. https://metropoliabierta.elespanol.com/informacion-municipal/20210421/el-ayuntamiento-llenara-barcelona-de-camaras-videovigilancia-en-dos-meses/575442621_0.html (último acceso: 2024).

Fontdevilla, J., «Una administración digital y empleo público al servicio de los ciudadanos: las dificultades para su implementación en el caso español», *Revista Iberoamericana de Gobierno Local*, 2024.

Franco Blanco, D., «Blockchain y canal interno de información», *Revista de derecho UNED n.° 31*, 2023: 185 a 224.

Funk, J., *La mente importa*, 12 de julio de 2024. https://mindmatters.ai/2024/07/are-we-close-to-peak-ai-hype/

Galindo Caldés, R., «Transformación digital y empleo público», *Pertsonak eta Antolakunde Publikoak Kudeatzeko Euskal Aldizkaria=Revista Vasca de Gestión de Personas y Organizaciones Públicas*, 2022: 148 A 160.

Gamez Gutiérrez, A. M., *LEGALTODAY*, 28 de julio de 2021. https://www.legaltoday.com/legaltech/novedades-legaltech/blockchain-y-la-justicia-2021-07-28/ (último acceso: 2024).

García González, G., «El dret a la desconnexió digital dels empleats públics: abast i significat d'un dret emergent en el context de la crisi sanitària», *Revista catalana de Dret Públic extra 3*, 2020: 54 a 71.

García Peñalvo, F. J., *Revistas eUSAL*, 5 de febrero de 2023. https://revistas.usal.es/tres/index.php/eks/article/view/31279/29187

Gómez, E., *Diferencia entre machine learning y deep learning*, Universidad Oberta de Catalunya. 8 de noviembre de 2022. https://blogs.uoc.edu/informatica/es/machine-learning-vs-deep-learning-diferencias/ (último acceso: 2024).

Gustavo Corvalán, J., «Administración pública digital e inteligente, transformaciones en la era de la inteligencia artificial», *Revista de Direito Económico e Sociambiental*, agosto 2017: 26 a 66.

Lidman, L., «The gap between the rhetorical why and the practical what and how of public sector innovation», *International journal of public administration*, 2023: 748 a 758.

López Espí, P. L. y **Sánchez Montero, R.**, «La Ley Digital n.º 7», *Comentarios sobre tecnologías y protección de datos en las Administraciones públicas de la AEPD*, 2021. https://laleydigital-laleynext-es.eu1.proxy.openathens.net/Content/ShortList.aspx?params=H4sIAAAAAAAEAHWPT0_DMAzFP01ziYRaFTY45FKNK0KinJGbepul1OnyZ6zfHreVKDtw-EnPfi-92fMkYphZvyRAndHRCtgQaQqIjiXJ60mPwCa2IlpflsWbdo-4h-aiRtZ-NsPxBTTAG2yLgI6BxZUHFiz9Ng2pBRJeiiqc

López Insua, B. M., «Los derechos fundamentales de los empleados públicos en la era digital», *RIGL: Revista Iberoamericana de Gobierno Local n.º 24*, 2023.

Lorenzo Pérez, C., *Dirección General de Transformación digital de la Administración de Justicia*, 14 al 23 de marzo de 2022. https://www.cej-mjusticia.es/sede/publicaciones/ver/13637

Maldonado Meléndez, M. A., *DIALNET PLUS*, 2024. https://dialnet-unirioja-es.eu1.proxy.openathens.net/servlet/articulo?codigo=9639283 (último acceso: 2024).

Martínez Gutiérrez, R., «Elementos para la configuración de la administración digital», *Revista de Derecho Administrativo n.º 20*, 2021: 212 a 233.

Marzo Portera, A. M., «De la administración electrónica a la administración digital y la seguridad pública como baluarte de la protección de los datos personales», *La Ley Digital*, 2020.

Mendilibar Navarro, P., «Redefinición de las competencias de los empleados y empleadas públicas ante el uso de la Inteligencia Artificial por la Administración Pública», *Documentación Administrativa: Nueva* Época *n.º 10*, 2023: 73 a 87.

Mercader Uguina, J. R., «Algoritmos: personas y números en el Derecho Digital del trabajo», *Diario La Ley n.º 48*, 2021.

Molina Moscoso, D. J., *ECONOMISTAS*, diciembre de 2017. https://privado.cemad.es/revistas/online/Revistas/Economistas_155.pdf/159 (último acceso: 2024).

Monereo Pérez, J. L., «La dignidad de los empleados públicos: trascendencia y aspectos fundamentales de su régimen jurídico», *Trabajo y Derecho n.º 81-Sección estudios*, septiembre 2021.

Obregón Fernández A. y **Lazcoz Moratinos, G.** «La supervisión humana de los sistemas de inteligencia artificial de alto riesgo. Aportaciones desde el Derecho Internacional Humanitario y el Derecho de la Unión Europea», *Revista electrónica de estudios internacionales (REEI)*, 2021.

Palomar i Baget, J., *DIALNET PLUS*, 2016. https://dialnet-unirioja-es.eu1.proxy.openathens.net/servlet/articulo?codigo=6098402 (último acceso: 2024).

Pérez Pino, M. A., *LEGALTODAY*, 27 de julio de 2021. https://www.legaltoday.com/destacado/actualidad-juridica-destacado/para-que-la-transformacion-digital-sea-real-debemos-superar-la-resistencia-al-cambio-en-el-seno-de-la-propia-administracion-publica-2021-07-27/ (último acceso: 2024).

Rando Burgos, E., *La Administración al día. 15 de noviembre de 2023*. https://laadministracionaldia.inap.es/noticia.asp?id=1514543 (último acceso: 2024).

Rivero Ortega, R., «¿Pueden los robots remplazar a los funcionarios?», *La Ley Digital 5543*, 2023.

Rodríguez-Arana, J., *El proceso de modernización administrativa en las Comunidades Autónomas*, 2001. https://idpbarcelona.net/docs/public/iccaa/2001/modernizacion_2001.pdf (último acceso: 07 de 2024).

Sánchez Acevedo, M. E., *Derecho a la buena administración electrónica*, Universidad de Valencia, RODERIC. 14 de enero de 2016. https://roderic.uv.es/items/65c769c8-7ab2-4a54-a289-8e9175c7aa72 (último acceso: 2024).

Sarasíbar Iriarte, M., «La integración de la inteligencia artificial en la Administración Pública», *La Ley 8911*, 2023.

Soliz Villegas, C., *Los Tiempos*, 19 de febrero de 2024. https://www.lostiempos.com/oh/actualidad/20240219/digitalizacion-adios-practicas-arcaicas.

Soriano Arnanz, A., «El uso de la inteligencia artificial en la selección y gestión del personal en las Administraciones públicas», *Documentación Administrativa:* Nueva Época n.º 9, 2022: 11 a 25.

Trujillo Sáez, F. y **Álvarez Jiménez, D.**, «Transformación digital de la Administración pública, ¿qué competencias necesitan los empleados públicos?», *Gestión y análisis de políticas públicas*, 2021: 49 a 67.

Unynets Khodakivska, V., «Implementation of digital technologies in Public Administration», *Revista de la universidad de Zulia*, 2023: 295 a 312.

Velsberg, O., **Westergren, U. H.** & **Jonsson, K.**, «Exploring smartness in public sector innovation-creating smart public services with the Internet of Things», *European Journal of Information Systems*, 2020: 350 a 368.

CAPÍTULO IX

NÓMADAS DIGITALES E INADAPTACIÓN DE LA NORMATIVA EN MATERIA DE PREVENCIÓN DE RIESGOS LABORALES A LA DESLOCALIZACIÓN Y MOVILIDAD

Uxue del Río Ilincheta
Investigadora predoctoral
Universidad Pública de Navarra.
uxue.delrio@unavarra.es

1. Introducción

El desarrollo de las TIC y la globalización han fomentado nuevas estructuras organizativas y con ello, nuevos tipos de trabajadores que, impulsados por la flexibilidad y sus beneficios, escogen el teletrabajo (enmarcado dentro del amplio concepto de trabajo a distancia) como forma de prestación de sus servicios.

La nueva manera de trabajar que promueven la industria 4.0 y la más reciente industria 5.0, ha transformado el mercado y afecta tanto a las personas trabajadoras como a las organizaciones empresariales, enfocadas ahora en los datos y no en la producción de bienes. Por ello, a la presencialidad que obliga la producción de bienes de la empresa tradicional se impone la prestación de servicios a distancia a través de las TIC.

De la posibilidad de trabajar a distancia sin necesidad de acudir al centro de trabajo nace el teletrabajo. Aunque no se trata de una nueva forma de organización del trabajo, ya que su nacimiento data de los años 70[1], sí que

1 NILLES, J. M. (1976), «Telecommunications-Transportation Tradeoff: Options for tomorrow», *Krieger Publishing Company*, Florida.

podemos afirmar que su normalización se produce durante la crisis sanitaria de la Covid-19, cuando empresas con modelos tradicionales de organización empresarial implantaron el trabajo en remoto para determinados puestos de trabajo cuya consecución no necesariamente requiere de la asistencia al centro de trabajo, como fue el caso de administrativos, contables, etc.

Además, se demostraron los múltiples beneficios del trabajo en remoto: ahorro de tiempo y costes, especialmente en materia de desplazamiento, impulso a la conciliación de la vida personal y profesional, ahorro energético y/o mayor autonomía del trabajador. El *teleworkability* o la posibilidad de teletrabajar se centra principalmente en trabajos o tareas relacionados con el tratamiento de datos y con trabajos que requieren de interacción social. Así, se diferencia entre ocupaciones *highly teleworkable* —muy teletrabajables— (las relacionadas con la contabilidad, finanzas, bases de datos etc.), ocupaciones con posibilidad de teletrabajo, pero con ciertas dificultades debido a la interacción social que requieren (profesores de educación secundaria, directores y jefes ejecutivos, profesionales de las ventas y el *marketing*, etc.) y profesiones que no permiten el teletrabajo (las relacionadas con la salud como médicos, y enfermeros o las relacionadas con el sector del transporte, como conductores de autobús o cuidadores de niños)[2].

Del auge de nuevas profesiones que nacen desde la idea del teletrabajo y la extensión del trabajo en remoto a profesiones que lo permiten, nace el nomadismo digital, teletrabajo de carácter internacional o teletrabajo internacional móvil, donde el lugar de residencia es itinerante y, por tanto, afecta especialmente a los conceptos clásicos de lugar de trabajo y tiempo de trabajo.

Una de las materias más afectadas por la aparición de nuevas formas de prestación de servicios es el derecho a la salud y seguridad en el trabajo. La alteración de los conceptos sobre los que se construye la normativa proteccionista del derecho fundamental a la salud y seguridad laboral y la aparición de nuevos factores de riesgo afecta a la gestión de la actividad preventiva, materia de análisis en el presente trabajo.

2. Nómadas digitales: concepto y características

Antes de analizar los efectos que la aparición de este tipo de teletrabajadores itinerantes produce en materia preventiva, conviene delimitar el concepto de nómada digital. Es un concepto recogido por primera vez en la legislación española en la Ley 28/2022, del fomento del ecosistema de las empresas emergentes o Ley de *Startups.* Se trata de una Ley de contenido

2 EUROFOUND (2022), «The rise in telework: Impact on working conditions and regulations», *Publications Office of the European Union*, Luxembourg.

económico que se centra en los incentivos en materia fiscal y migratorio para la atracción de nómadas digitales, y deja de lado cuestiones laborales o de protección social.

Así, aunque el preámbulo se refiere a este concepto en tres ocasiones y al nomadismo digital en una, no aporta una definición que ayude a concretarlo y abandona el término en la parte dispositiva de la Ley, adoptando el más genérico de «teletrabajadores de carácter internacional». A pesar de ello, sí que trata de explicar el concepto cuando establece que «son personas cuyos empleos les permiten trabajar en remoto y cambiar de residencia frecuentemente, compatibilizando el trabajo de alta cualificación con el turismo inmersivo en el país de residencia». De la relación del precepto con el preámbulo y la parte dispositiva de la Ley se pueden extraer los elementos característicos de este tipo de trabajadores.

En primer lugar, la Ley de *Startups* no limita la calificación de nómada digital a los trabajadores por cuenta ajena, sino que lo extiende también a los trabajadores por cuenta propia o autónomos, puesto que en el preámbulo se refiere a emprendedores o trabajadores a distancia, conocidos como «nómadas digitales». Además, la normativa debe relacionarse con la Ley 14/2013, de 27 de septiembre, de apoyo a los emprendedores y su internacionalización, en concreto, con el artículo 74 ter. referente a los requisitos para la concesión del visado o autorización de residencia a los teletrabajadores de carácter internacional, donde se diferencia entre la relación laboral y relación profesional. Más adelante entraremos en este punto.

En segundo lugar, es imprescindible que la prestación de servicios se realice en remoto, de forma que, la movilidad y cambio de residencia de un trabajador para la prestación de servicios o producción de bienes que no se llevan a cabo mediante el uso exclusivo de las TIC, como podría ser el de camarero, no está incluida en la denominación de nómada digital. En relación a ello, la legislación exige que se trate de profesionales altamente cualificados, aunque sin especificar qué características deben tener dichos profesionales. Se entiende, conforme al art. 74 bis de la Ley 14/2013, relativo al visado y autorización de residencia, que tendrán tal calificación los profesionales que acrediten ser graduados o postgraduados de universidades de reconocido prestigio, formación profesional y escuelas de negocios de reconocido prestigio o los que cuenten con una experiencia profesional mínima de tres años. Otra vez, la normativa «peca» del uso de conceptos indeterminados y de falta de concreción en aspectos clave como centros de «reconocido prestigio», «formación profesional» sin especificar el nivel, y sobre todo porque conforme a la redacción la «experiencia mínima de tres años» puede entenderse como alternativa o en defecto de titulación —el precepto usa la conjunción disyuntiva «o bien»—, pudiendo interpretarse que la condición de nómada se puede extender sobre cualquier persona experimentada con independencia de la titulación y ocupe o no un puesto de trabajo que pueda ser considerado como «altamente cualificado».

En tercer lugar, una de las características más reconocibles de los nómadas digitales y la que marca la principal diferencia con el teletrabajo puro, es el frecuente cambio del lugar de residencia[3]. La Ley de *Startups* lo describe como un estilo de vida, no presenta al nómada digital como un nuevo trabajador propiamente dicho, sino como una forma de trabajo en remoto. La itinerancia en el lugar de residencia responde a motivos personales y no profesionales. Así pues, la nota característica es la voluntariedad, siendo indiferente para el empresario desde dónde se prestan los servicios y, por tanto, no se pueden identificar con trabajadores desplazados. Es importante señalar que, al tratarse de una forma de trabajo a distancia, la normativa sobre la materia (art. 5 Ley de Trabajo a Distancia) exige la firma de un acuerdo de trabajo a distancia donde se recojan todos los aspectos relacionados con el trabajo a distancia, entre las que se encuentran el centro de trabajo de la empresa al que queda adscrito el trabajador y el lugar de trabajo a distancia elegido por el trabajador. A nuestro juicio, como la flexibilidad que caracteriza a los nómadas digitales donde la adopción de este estilo de vida no responde en ningún caso a la permisión del empresario, sino a intereses puramente personales —principalmente turísticos— la obligación legal de firmar un acuerdo de trabajo a distancia desvirtúa la naturaleza del nomadismo digital. Además, el contenido del acuerdo no se encuentra adaptado a sus características.

Asimismo, conforme a la Ley 28/2022 en relación con el artículo 74 bis. de la Ley 14/2013, solo se podrá adquirir la residencia por teletrabajo de carácter internacional y, por tanto, la condición de nómada digital —o teletrabajador de carácter internacional conforme a la parte dispositiva de la Ley de *Startups*— cuando se ejerza una actividad laboral o profesional para empresas radicadas fuera del territorio nacional. En el caso de autónomos o trabajadores por cuenta propia, se permite actividad para empresa radicada en España siempre que no supere el 20 % del total de su actividad profesional —se entiende que de ingresos—.

Por todo ello, se trata de un teletrabajo internacional que tiene un carácter forzosamente temporal dado que el «estilo de vida» tiene, probablemente, carácter indefinido pero que se presupone con cambios frecuentes de residencia, y de ahí que no pueda identificarse sin más con el teletrabajo internacional[4].

3 Se estima conforme al portal Nomad List, que los nómadas digitales visitan entre 3 y 4 países por año.

4 GOERLICH PESET, J.M. (2023). «Una descentralización de lujo: nomadismo digital en la Ley 28/2022, de empresas emergentes» en *Revista de Trabajo y Seguridad Social. CEF*, n.º 476.

3. La deslocalización y movilidad. ¿Inadaptación de la normativa en materia preventiva?

Como se ha expuesto, a pesar de que el nomadismo digital sea una subcategoría del teletrabajo internacional que, a su vez, es una variante del teletrabajo puro, cuenta con elementos definitorios que lo diferencian de otras modalidades de trabajo y hacen que no se adapte correctamente a la normativa laboral y en concreto, a la normativa en materia preventiva, donde el tiempo y lugar de trabajo juegan un importante papel.

Así pues, la deslocalización impulsada por las TIC y la digitalización de las organizaciones empresariales, desconocidas para la Ley 31/1995, de 8 de noviembre, de Prevención de Riesgos Laborales, se convierten en nuevos factores es a tener en cuenta que ciertamente «cambian las reglas del juego».

La posibilidad de trabajar desde cualquier lugar y a cualquier hora —*working anytime, anywhere*[5]— choca directamente con el modelo tradicional o convencional en el que el centro de trabajo físico es la unidad de referencia y la prestación de servicios se lleva a cabo desde ese centro de trabajo y durante una franja horaria preestablecida. Ante esta nueva realidad, con una normativa en materia preventiva del año 1995 que a pesar de haber sufrido modificaciones se sustenta sobre la base de la presencialidad, el legislador ha tratado de incorporar al ordenamiento jurídico nuevas leyes que recojan el teletrabajo y sus características para una íntegra protección del derecho a la salud y seguridad en el trabajo, aunque en algunos aspectos resulta parca y poco clarificadora.

Por ello, se analizará la prevención de riesgos laborales en los nómadas digitales, desde los conceptos de lugar y tiempo de trabajo.

3.1. La itinerancia en la gestión de la actividad preventiva

La gestión empresarial de la actividad preventiva en el trabajo en remoto se posiciona como una de las áreas que más cuestiones controversiales genera, ya que con la introducción de nuevos elementos emergen también nuevos factores de riesgo. Por ello, además del uso de las TIC, es imprescindible que en la gestión de la actividad preventiva se tenga en cuenta el elemento locativo alejado del centro de trabajo de la empresa para una correcta evaluación de riesgos y posterior planificación de la actividad preventiva. Para ello, la norma de referencia será la Ley 10/2021, del Trabajo a Distancia (en adelante LTD).

5 Eurofound and the International Labour Office (2017). *Working anytime, anywhere: The effects on the world of work.* Publications Office of the European Union, Luxembourg.

Respecto de la evaluación de riesgos, la LTD introduce matices para mantener un equilibrio entre las obligaciones empresariales y los derechos del trabajador, especificando en el artículo 16 que la evaluación debe alcanzar únicamente a la zona habilitada al teletrabajo, sin extenderse al resto de la vivienda o lugar elegido para el desarrollo del trabajo a distancia. Como el deber de prevención impone que los riesgos deban conocerse, la persona encargada del servicio de prevención debe contar con toda la información acerca de los riesgos a los que el trabajador está expuesto. En este sentido, pueden verse afectados el derecho a la intimidad (art. 18.1 CE) y derecho a la inviolabilidad del domicilio (art. 18.2 CE), que, en aras a garantizarlos, la LTD de conformidad con lo establecido en el «Acuerdo Marco Europeo sobre Teletrabajo» de 16 de julio de 2002 impone dos requisitos para la visita al domicilio del servicio de prevención: contar un informe justificativo de dicha visita y contar con el permiso del trabajador para acceder a su vivienda. A este respecto, cabe señalar la Sentencia 44/2022, del 22 de marzo de la Audiencia Nacional donde se confirma la nulidad de cláusulas de autorización previas, genéricas e incondicionales en acuerdos individuales de teletrabajo que faculten la entrada al domicilio, afirmando así que, cada acceso al domicilio debe contar con el correspondiente permiso del trabajador.

Esta normativa, que no se adecúa a las características de los nómadas digitales, les es también de aplicación, al considerarse como una forma de trabajo en remoto. El primer aspecto controvertido es el referente al espacio al que se limita la evaluación de riesgos, que la ley presupone único y dentro de una vivienda. La itinerancia no solo se da en el lugar de residencia, también en el lugar efectivo de trabajo dada la flexibilidad locativa que permiten las TIC, así, el teletrabajador móvil puede alternar el lugar de prestación de servicios: vivienda temporal, habitación o habitaciones de hotel, espacios *coworking,* cafeterías etc. Esa alternancia dificulta gravemente la evaluación de riesgos y exige, en cierto modo, una planificación previa respecto de los lugares desde los que prestará sus servicios, debiendo en cierta forma limitarse a determinados espacios físicos e informando al empresario de ello, afectando a la naturaleza propia de esta forma de prestación de servicios.

Otro aspecto controvertido es el relacionado con el derecho a la intimidad y el derecho a la inviolabilidad del domicilio. En el caso de que el nómada digital trabaje desde su domicilio (temporal) no cabe duda de que operarán los requerimientos normativos de acceso a la vivienda en aras a garantizar los derechos fundamentales del trabajador. Sin embargo, tal claridad desaparece cuando el lugar de trabajo se traslada a otros espacios. A este respecto, el Tribunal Constitucional[6] afirma que para que un espacio tenga la consideración de domicilio a efectos de la protección del art. 18.2 CE, es esencial que tenga la aptitud para desarrollar la vida privada, no impidiendo tal calificación la falta de habitualidad en su uso o disfrute. De dicha afirma-

6 STC 10/2022, de 17 de enero.

ción se deduce que la habitación de un hotel —vivienda temporal durante el tiempo de estancia— se encuentra protegida por el art. 18.2 CE y, por tanto, tiene la consideración de domicilio, en cuyo caso operarán los requisitos de acceso.

Cabe plantearse qué ocurre con el resto de los espacios alejados del domicilio y entorno de privacidad e intimidad del trabajador, como los espacios *coworking* o cafeterías. En cuanto a los espacios *coworking* dado que están destinados a espacio exclusivamente de trabajo, pueden asimilarse a un centro de trabajo tradicional, de forma que el propietario debería facilitar el acceso del correspondiente personal responsable de la evaluación de riesgos. Sin embargo, en el caso de las cafeterías, su asimilación a un centro de trabajo, a nuestro juicio, no resulta posible, ya que por un lado no son espacios destinados al trabajo, sino al ocio y por el otro, son de propiedad privada. Aunque no se ha encontrado ningún impedimento a la entrada del equipo de prevención a dichos locales conforme al derecho de admisión, competencia de las Comunidades Autónomas, las disposiciones normativas no contemplan esa posibilidad y su encaje en aquellas resulta artificioso. Lo mismo ocurre cuando se trabaja en espacios públicos o al aire libre.

Además, aunque conforme a la normativa preventiva la evaluación de riesgos solo debe alcanzar a la zona habilitada para el teletrabajo, los Tribunales[7] vienen señalando que el lugar de trabajo no es solo el puesto de trabajo conformado por una silla, mesa y ordenador, sino también los son otros espacios del domicilio en los que el teletrabajador pueda desarrollar actividades o una vida laboral asimilable a la que desarrollaría si trabajase presencialmente.

Por último y en relación a ello, cabe señalar que la LTD prevé un sistema de autoevaluación cuando el trabajador niegue el acceso a la vivienda, sin embargo, se cuestiona si es el método más adecuado. Pero independientemente de ello, debería tenerse en cuenta el resto lugares del espacio físico donde el nómada digital decide trabajar y donde va a desarrollar su vida laboral con normalidad, tales como el baño o la cocina.

En cuanto a la planificación de la actividad preventiva, cuando la evaluación ponga de manifiesto la existencia de riesgos, el empresario procederá a planificar la actividad preventiva, en la que se referirá a los medios humanos y materiales necesarios para evitar y reducir los riesgos, las medidas de emergencia y vigilancia de la salud a implantar y el proceso de información y formación a trabajadores en materia preventiva, entre otros. Para que la planificación sea eficaz se requiere que la evaluación de riesgos se haya realizado la metodología que más confianza ofrezca y que permita obtener la información suficiente para implantar las medidas preventivas que sean

7 SSJS Cáceres del 26 de octubre de 2022 (Rec. 273/2022) y TSJ Madrid de 11 de noviembre 2022 (Rec. 526/2022).

necesarias, de manera que, si se cuestiona el método de autoevaluación, la posterior planificación preventiva no será eficaz.

Dadas las características inherentes al teletrabajo internacional móvil, uno de los aspectos más críticos de las actividades preventivas básicas es la formación. De conformidad con el art. 19 de la LPRL, es una obligación del empresario dar formación en materia preventiva tanto teórica como práctica, suficiente y adecuada. La formación debe servir para que los trabajadores obtengan conocimientos suficientes que ayuden a eliminar o reducir riesgos laborales, y que supongan la modificación de comportamientos y adquieran el valor de la seguridad y salud laboral. Sin embargo, cabe puntualizar que la normativa no introduce requisitos específicos que ayuden a garantizar una formación suficiente y adecuada, ya que ello dependerá del nivel de riesgo de cada puesto de trabajo.

Con relación a ello, los Tribunales[8] establecen que el contenido de la formación debe guardar correlación con el trabajo que efectivamente se realiza, no siendo suficiente para el cumplimiento de la obligación una formación genérica, abstracta e indiscriminada.

La ausencia de presencialidad de los nómadas digitales en el centro empresarial (en caso de que exista) plantea controversia respecto del contenido y la forma de impartir la formación, ya que se cuestiona si la norma exige la presencialidad. La LPRL no indica expresamente que la formación en prevención deba ser presencial, sin embargo, existen pronunciamientos de Tribunales de lo Social[9] que entienden que la formación práctica actúa como complemento de la formación teórica y que ayuda a la comprensión, dominio y aplicación a la realidad de la empresa de los conocimientos teóricos. Así pues, conforme al JS de las Islas Baleares la formación teórica puede darse a distancia, pero en cambio, para velar por la efectividad de la formación práctica, esta debe ser presencial. En la misma línea, existen pronunciamientos judiciales de Tribunales Superiores de Justicia que consideran infringida la obligación del artículo 19 LPRL cuando sin constancia de haber recibido formación práctica, solo existe la firma de un recibí de entrega de un manual de prevención siete años antes de producirse el accidente laboral[10], así como cuando la formación preventiva sobre el manejo de máquinas se ha realizado a distancia[11].

Así pues, la doctrina judicial se ha inclinado mayoritariamente por rechazar la formación práctica *online,* sin embargo, lo ha hecho por no garantizarse el uso de técnicas cuya efectividad supere a la formación presencial, considerándola así insuficiente. Ha mantenido la misma línea cuando la rela-

8 STSJ Andalucía 249/2009 de 22 enero (Rec. 4247/2007).

9 SJS de Islas Baleares (Palma), de 28 de mayo de 2019 (Proce. 442/2018).

10 STSJ de Islas Canarias (Las Palmas), de 19 abril del 2012 (Rec. 2448/2009).

11 STSJ Castilla y León, de 31 de octubre de 2007 (Rec. 1595/2007).

ción laboral se basa en la presencialidad y cuando la prestación de servicios requiere de esfuerzos físicos con manejo de maquinaria. En este sentido, cabe puntualizar que la formación presencial práctica también tiene que ser adecuada para que la persona trabajadora pueda hacer frente a los riesgos derivados de su puesto de trabajo, sin que, por tanto, el carácter presencial *per se*, sea suficiente para ello.

Dada la deslocalización que caracteriza a los nómadas digitales, la exigencia de presencialidad interfiere y afecta directamente a su naturaleza, ya que, por un lado exige que haya un centro de trabajo físico —constatación obligatoria en el acuerdo de trabajo a distancia— el cual puede no existir, y por el otro, porque la prestación de servicios se realiza exclusivamente con el uso de las TIC, sin que dicha prestación tenga un reflejo en el entorno físico o «mundo real», de tal forma que el traslado de un nómada digital a un centro de trabajo físico para la formación práctica no es necesaria ni aporta un valor añadido a la adquisición de conocimientos suficientes que ayuden a eliminar o reducir riesgos laborales.

3.2. El tiempo como factor de riesgo

Las características del teletrabajo internacional móvil muestran una necesidad de adaptar el concepto de «tiempo de trabajo» previsto en la legislación europea y nacional, así como de crear nuevas categorías temporales que se adapten a esta forma de prestación de servicios. Esta situación surge por el hecho de que el trabajo se presta fuera de un centro de trabajo físico y de forma itinerante gracias al uso de las nuevas tecnologías, que intensifica la carga de trabajo alterando los tiempos de trabajo y descanso, convirtiéndose en un riesgo para la salud y seguridad de los trabajadores.

Los tiempos de trabajo se construyen sobre el binomio conceptual de tiempo de trabajo y tiempo de descanso, no permitiendo periodos temporales fuera de esos márgenes. En este sentido, la Directiva 2003/88/CE del Parlamento Europeo y del Consejo, de 4 de noviembre de 2003, relativa a determinados aspectos de la ordenación del tiempo, considera tiempo de trabajo «todo período durante el cual el trabajador se encuentre en el trabajo, a disposición del empresario y en ejercicio de su actividad o de sus funciones». Mientras que el tiempo de descanso será «todo período que no sea tiempo de trabajo». La conceptualización del tiempo de trabajo se sustenta en una clara presencialidad de la prestación laboral que se compone de dos elementos relevantes como la disponibilidad a favor del empresario y el ejercicio de la actividad o funciones. La disponibilidad que exige la Directiva y que se presupone física, puede encontrar su analogía en la conexión instantánea y permanente que permite el trabajo en remoto.

De esta forma, con relación a los tiempos que se encuentran entre la frontera de tiempo de trabajo efectivo y tiempo de descanso, el TJUE ha definido cuándo deben calificarse como uno u otro. En el caso del tiempo de descanso no presencial, el TJUE basa su decisión en si esos tiempos afectan a la libertad de desplazamiento del trabajador y a la libertad del uso del tiempo para dedicarse a su vida privada[12]. Si dichos tiempos no suponen una limitación en su capacidad de gestionar libremente el tiempo, ese tiempo de disponibilidad tendrá la consideración de tiempo de descanso, en caso contrario, tendrá la consideración de tiempo de trabajo efectivo. Así pues, el elemento clave para determinar si afecta o no a la libre disponibilidad son si la empresa obliga o no al trabajador a permanecer en un lugar determinado y localizado, y el tiempo de reacción que la empresa da al trabajador para que, una vez requeridos sus servicios, inicie la actividad laboral[13].

El traslado de esta doctrina a los nómadas digitales resulta problemático, ya que, dicha doctrina está basada en la concepción tradicional del trabajo, donde se requiere el desplazamiento del trabajador. Sin embargo, en el teletrabajo, sea itinerante o no, el inicio del trabajo puede darse tras una llamada, correo electrónico o mensaje de Whatsapp y desde cualquier lugar. En relación a ello, a nivel nacional, el Tribunal Supremo ha considerado determinante el tiempo de reacción que la empresa permite al trabajador para efectuar la conexión[14], considerando excluidos del concepto de tiempo de trabajo los tiempos de disponibilidad en los que los servicios solicitados pueden resolverse a distancia y que solo necesitarían excepcionalmente el desplazamiento a un centro de trabajo.

En este punto es importante mencionar que el Comité Europeo de Derechos Sociales se ha manifestado en contra de que el tiempo de disponibilidad continuado sea considerado como tiempo de descanso, ya que durante ese tiempo el trabajador no tiene garantías de que no habrá interferencias empresariales, mermando así el derecho al descanso[15].

Dejando de lado la calificación del tiempo de disponibilidad, el estado de disposición y su duración desproporcionada son factores de riesgo laboral que deben tenerse en cuenta en la evaluación de riesgos laborales. Así pues, dentro de la evaluación de los factores de riesgos psicosocial, el tiempo de trabajo «teniendo en cuenta los períodos de descanso que permite la actividad, su cantidad y calidad y la incidencia del tiempo de trabajo en la vida social» y la carga de trabajo, tanto cualitativa como cuantitativa[16], son fac-

---

12 STJUE de 9 de marzo de 2021 (asunto C-344/19).

13 STJUE de 21 de febrero de 2018 (asunto C-518/15).

14 STS de 18 de junio de 2020 (Rec. 242/2018).

15 Salcedo Beltrán, C. (2019), «Tiempo de trabajo en la sociedad digital: jornada de trabajo y "conexión" en los períodos de guardia localizada», García González, G. y Regina Redinha, M. (Dirs.): *Relaciones contractuales en la economía colaborativa y en la sociedad digital*, Dykinson, Madrid, p. 161.

16 NTP 926 (2012). *Factores psicosociales: metodología de evaluación.* Instituto Nacional de Seguridad e Higiene en el Trabajo.

tores que deben valorarse para aplicarse las medidas pertinentes en aras a eliminar o reducir la intensidad de la exposición.

En relación con los factores de riesgos psicosocial asociados al tiempo de trabajo se encuentran las jornadas laborales largas o imprevisibles, la conexión continuada al trabajo, el trabajo a turnos y el trabajo nocturno[17]. Y ello porque la autoorganización del tiempo que permiten las nuevas formas de prestación de servicios deslocalizadas por un lado, dota de libertad al trabajador en la organización de su tiempo, por el otro, puede actuar como "arma de doble filo" favoreciendo el agotamiento o trastornos de ansiedad[18]. Así pues, una mala gestión de estos factores dará lugar a riesgos laborales como el tecnoestrés, el síndrome burnout o las dificultades para la conciliación de la vida laboral y familiar[19].

La difusión en la conceptualización entre los tiempos de trabajo y tiempos de descanso que se da en el trabajo en remoto, y más aún en el teletrabajo móvil, dada la flexibilidad locativa y temporal y la diferencia de husos horarios, así como el alargamiento que puede darse de las jornadas, en especial en sectores que trabajan por objetivos o resultados, ignorando las horas reales de trabajo efectivo, intensifican los factores de riesgos psicosocial y por tanto, los riesgos psicosociales a los que están expuestos este tipo de trabajadores.

Frente a ello, la desconexión digital aparece como un derecho capaz de limitar dichos riesgos y de garantizar la salud y seguridad laboral. En la actualidad pocos países europeos reconocen y regulan este derecho (España lo hace en la Ley Orgánica 3/2018, de Protección de Datos personales y Garantía de los Derechos Digitales) y su contenido se deja en gran medida a la negociación colectiva. Sin embargo, en enero de 2021, el Pleno del Parlamento Europeo aprobó una resolución en la que instaba a la Comisión Europea a elaborar una Directiva que «establezca unos requisitos mínimos en relación con el derecho a la desconexión» por el auge del teletrabajo mediante herramientas digitales y la «conectividad constante y la difuminación de los límites entre la jornada laboral y el tiempo de descanso» que pueden ocasionar, con el consecuente riesgo para la salud y seguridad de los trabajadores. A pesar de la muestra de voluntad, no existe, de momento, una Directiva europea reguladora del derecho.

17 ITSS (2021). *Criterio Técnico 104/2021, sobre actuaciones de la Inspección de Trabajo y Seguridad Social en Riesgos Psicosociales*, Ministerio de Trabajo y Economía Social, Madrid, p. 7.

18 PONZELLINI, ANNA M. (2024). «Il valore del tempo nel lavoro». *Rivista nuova di Diritto del Lavoro*, n.º 4/2024, p. 9

19 LLORENS ESPADA, J. (2020). «Tiempo de Conexión y Trabajo», en TODOLÍ SIGNES, A. (Dir.), *Riesgos Laborales Específicos del Trabajo en Plataformas Digitales*, Osalan, Barakaldo, pp. 17 y ss.

4. Conclusiones

La introducción de las nuevas tecnologías en las organizaciones, así como su normalización, han supuesto un cambio con múltiples beneficios; agilidad, flexibilidad, adaptabilidad para hacer frente al entorno y mercado laboral incierto y cambiante. La eliminación de la hasta ahora necesaria presencialidad y contacto «cara a cara» es favorable tanto para el empresario como para los trabajadores. Por un lado, las empresas se vuelven adaptables al cambio, garantizando su subsistencia y ahorran en costes de instalaciones, y por el otro lado, los trabajadores ahorran en costes de desplazamiento y se posibilita una mejor conciliación de la vida profesional y personal.

Sin embargo, la normativa laboral y en concreto, la normativa en materia de salud y seguridad en el trabajo se sustenta sobre la concepción tradicional del trabajo, con la interpretación tradicional de los conceptos de tiempo y lugar de trabajo, que se ven alterados en el teletrabajo móvil. Así pues, la prestación de servicios desde cualquier lugar y a cualquier hora suponen una alteración de los cimientos normativos que deben ser reformulados.

Por un lado, la itinerancia en el lugar de trabajo y su lejanía física y geográfica con el centro de trabajo (cuando exista) afecta gravemente a la gestión de la actividad preventiva, que presupone la existencia de un lugar físico concreto de trabajo. El legislador debe adoptar garantías legislativas que garanticen una correcta evaluación, incidiendo en los riesgos propios del trabajo en remoto e independientemente del lugar desde el que se preste en cada momento los servicios. Además, la formación como principal medio para eliminar y reducir los riesgos laborales y adquirir el valor de la salud y seguridad debe adaptarse a las nuevas formas de prestación de servicios sin afectar a su naturaleza garantizando que sea suficiente y adecuada. Para ello, la negociación colectiva se presenta como una herramienta muy útil en la regulación de la planificación de la actividad preventiva, permitiendo su adaptación a distintos sectores y organizaciones empresariales.

Por otro lado, la distorsión del tiempo de trabajo y la aparición de tiempos entre la frontera de los conceptos de tiempo de trabajo y tiempo de descanso, suponen un reto para el Derecho del Trabajo. La intensificación de la carga de trabajo y de las jornadas laborales y el consecuente aumento de factores de riesgo psicosocial que pueden ocurrir en formas de trabajo deslocalizadas, deben ser tenidos en cuenta en la evaluación de riesgos laborales. Para ello, en nuestra opinión, el derecho a la desconexión digital se presenta como la herramienta limitadora a los excesos cuantitativos y cualitativos de las jornadas laborales, y de sus consecuencias. Una normativa europea que conceptualizara el derecho y regulara las condiciones mínimas de su ejercicio y que impusiera límites a los requerimientos empresariales fuera de la jornada laboral, garantizaría el derecho fundamental a la salud y seguridad en el trabajo. Sin embargo, se trata de una tarea pendiente.

En suma, una normativa tanto europea como nacional que se fundamenta en modelos tradicionales cuyas características distan de las de las nuevas formas de prestación de servicios genera inseguridad jurídica y una falta de garantías en los derechos de los teletrabajadores y en concreto, de los nómadas digitales. Por tanto, el legislador debe tener en cuenta el auge de las tecnologías y digitalización de las empresas, y la emergencia de nuevos tipos de trabajadores que se alejan de los moldes convencionales para quienes la normativa laboral ha quedado obsoleta, y garantizar así la seguridad jurídica y el ejercicio efectivo, en concreto, del derecho a la salud y seguridad laboral.

Bibliografía

Eurofound and the International Labour Office (2017). *Working anytime, anywhere: The effects on the world of work*. Publications Office of the European Union, Luxembourg.

Eurofound (2022), *The rise in telework: Impact on working conditions and regulations*, Publications Office of the European Union, Luxembourg.

Goerlich Peset, J.M. (2023). «Una descentralización de lujo: nomadismo digital en la Ley 28/2022, de empresas emergentes» en *Revista de Trabajo y Seguridad Social*. CEF, n.º 476.

ITSS (2021). *Criterio Técnico 104/2021, sobre actuaciones de la Inspección de Trabajo y Seguridad Social en Riesgos Psicosociales*. Ministerio de Trabajo y Economía Social, Madrid, p. 7.

Jack M. Nilles (1976), *Telecommunications-Transportation Tradeoff: Options for tomorrow*, Krieger Publishing Company, Florida.

Llorens Espada, J. (2020). «Tiempo de Conexión y Trabajo», en Todolí Signes, A. (Dir.), *Riesgos Laborales Específicos del Trabajo en Plataformas Digitales*, Osalan, Barakaldo, pp. 17 y ss.

NTP 926 (2012). *Factores psicosociales: metodología de evaluación. Instituto Nacional de Seguridad e Higiene en el Trabajo.*

Ponzellini, Anna M. (2024). *Il valore del tempo nel lavoro, Rivista nuova di Diritto del Lavoro*, n.º 4/2024.

Salcedo Beltrán, C. (2019). «Tiempo de trabajo en la sociedad digital: jornada de trabajo y "conexión" en los períodos de guardia localizada», García González, G. & Regina Redinha, M. (Dir.): *Relaciones contractuales en la economía colaborativa y en la sociedad digital*. Dykinson, Madrid, p. 161.

CAPÍTULO X

LA ADOPCIÓN DE UN PROGRAMA ESPÍA ISRAELÍ POR PARTE DE LA AGENCIA ESTATAL DE ADMINISTRACIÓN TRIBUTARIA[1]

Jorge España Sánchez

Contratado Predoctoral (Fpu Inves-Um)

jorge.espana@um.es

1. Delimitación

El objeto de la presente comunicación es compartir la inquietud que produce la instauración de nuevas tecnologías como el uso de inteligencia artificial o software intrusivo por parte de órganos tributarios, algunos de alcance en todo el territorio nacional.

Para ello se llevarán a cabo diversas reflexiones en cuanto a lo que parecería una praxis de dudosa legitimidad democrática y garantista de derechos fundamentales al emplearse mecanismos novedosos, pero de difícil fiscalización, entiéndase este término como falta de mecanismos garantes del control normativo que reflejen un respeto por los derechos fundamentales del contribuyente.

Sirva esta introducción como una invitación a la reflexión del escenario que incardinaría un terreno controvertido respecto a la presunta, pero justificada contravención de derechos fundamentes aparejados al contribuyente.

1 Proyecto PID2022-137171OB-I00, *La prevención de riesgos laborales ante la transición ecológica y digital y los desafíos económicos, demográfico y de género* (PRL-TRANSYDES), financiado por MCIN/AEI/10.13039/501100011033 y por el FSE+

2. Cuestión concreta a abordar

Concretamente, la parcela a exponer en la siguiente comunicación es la reciente publicación por parte de la Agencia Tributaria de la adquisición de licencias para el empleo del software israelí Celebrity Pathfinder. Este tipo de software vendría a ser «primo hermano» del archiconocido software delictivo de espionaje a terceros conocido como Pegasus.

La controversia suscitada por la referida publicación vendría a configurar un escenario grotesco de control de los derechos fundamentales inherentes al obligado tributario ya que, a todas luces es preconstituido como una evasiva a la sujeción que la propia Agencia debe presentar respecto a las garantías materializadas como derechos fundamentales en el texto constitucional.

En suma, el planteamiento expuesto, pretende exteriorizar la llamada de atención al lector ante, una flagrante contradicción en cuanto a la normalización de unos mecanismos y sistemas automatizados que, aherrojan al contribuyente a un procedimiento tributario donde adolecerá de partida de disponer de la misma capacidad de defensa que la propia Administración Tributaria, conculcándose en nuestro criterio el principio de igualdad de armas donde, la extensa doctrina ha enarbolado como fundamental en cuanto a la capacidad de entronización de un proceso aséptico y respetuoso con las garantías procedimentales que sin fisuras, se encuentran claramente consagradas en la normativa tributaria.

3. La adopción de un programa espía israelí por parte de la Agencia Estatal de Administración Tributaria

El objeto del análisis existente hasta ahora, había sido el de establecer un análisis de cierta entidad, al haberse detectado que en el desarrollo práctico de los actos tributarios emanados de la Administración Tributaria, se incurría en conflicto al producirse en algunos casos identificados[2], un menoscabo en las garantías constitucionales, al vulnerarse el cauce procedimental que con carácter previo quedaba incardinado en el texto normativo, que a su vez subordinaba a toda Administración a someterse sin ambigüedades a su cumplimiento. Entiéndase con las sujeciones que se encuentran contempladas en la Ley General Tributaria en inequívoca conjunción con las garantías constitucionales.

2 Huelga referir ahora la cuantiosa jurisprudencia emanada del Tribunal Supremo y otras instancias alcanzadas que han conminado a su dictado, al haberse producido actuaciones respecto a los obligados tributarios que han forzado sentencias expeditivas frente a algunas malas prácticas empleadas por la Administración tributaria.

De hecho, que el Tribunal Supremo haya sido presionado para pronunciarse en materia de tanta entidad, no ha dejado indiferente al entorno que vuelca su esfuerzo en esa materia y demás profesiones que orbitan en torno a ella, han ofrecido ejemplos concretos de lo que en teoría, la norma legal no daba pie para ello, que han introducido praxis que permanecen alejadas de un proceso que no produzca indefensión, cuando se han presentado fisuras en el dictado de un acto tributario que ha concatenado un procedimiento tributario cercenado a efectos de garantías regladas con final proyección en las garantías procedimentales que repercuten en última ratio en el contribuyente.

Sin ánimo de extendernos en este punto, que sería merecedor de otro escrito, consideramos insólito y de dudosa garantía, (por emplear una terminología laxa, eufemísticamente hablando), una determinación adoptada por la Agencia Estatal de Administración Tributaria en relación a la adquisición de un programa israelí configurado para la defensa e inteligencia, al objeto de poder acceder sin reparos, en los dispositivos electrónicos del contribuyente, que respondería a la nomenclatura de Celebrity Pathfinder.

Esta medida, que en una primera instancia induce al lector a pensar que se encuentra ante un error de redacción, constituye a nuestro pesar, un atentado a los principios en los que se sustenta nuestro ordenamiento, concretamente a las garantías reconocidas a todo obligado tributario y por extensión a cualquier eventual contribuyente en el momento de interactuar con la Administración.

¿Qué sentido ofrece, la defensa de un proceso justo, sin picarescas ni triquiñuelas, si simultáneamente a nuestra inquietud, la propia Administración adquiere software de uso militar para mejorar su acceso a los dispositivos electrónicos de los usuarios?

Apuntábamos más atrás que la salvaguarda de un proceso limpio, ajustado al procedimiento legislado en la referida norma legal, quedará impedido y deslegitimado si lo tratamos como un acuerdo de buenas intenciones, para maquillar así el fin último de la Administración tributaria que es permanecer indemne ante los actos desarbolados que eventualmente se presenten. Pero, con medidas como la adquisición de ese software, el riesgo que se produce es todavía mayor, al normalizarse que una dependencia del Estado, emplee licencias informáticas extranjeras, que ni siquiera proceden de uno de nuestros socios europeos, que tendrán acceso a todos los datos personales de todos los potenciales usuarios de establecer una relación tributaria con la Agencia Estatal de la Administración Tributaria, al convertirse a su vez, para el ojo de la Administración, en potenciales defraudadores.

Medidas como este tipo de software, ocasionan entre otros perjuicios, una absoluta desnaturalización del proceso. ¿Qué sentido mantiene, que continúen incluso los procedimientos tributarios, si con este tipo de herramientas de software extranjero, la capacidad del contribuyente queda anulada, encontrándose inerme ante cualquier requerimiento de la Administración tributaria, al disponer esta, de la totalidad de datos del contribuyente al haber sido obtenidos mediante el uso de un programa espía?

Las incógnitas y variables que se derivan de este hecho serían cuantiosas, ¿no existiría una pugna con el orden constitucional al blanquearse la quiebra de los derechos fundamentales cercenados para su aplicación?, y respecto a la seguridad del Estado, ¿el uso de un sistema extranjero para el acceso a datos tributarios de otros ciudadanos no constituiría un ataque a nuestra soberanía con el correspondiente riesgo potencial de que un país tercero pueda manejar esa información?

La Agencia Tributaria, ¿no quedaría alojada en una situación comprometida desde la óptica penal?, analizando ese potencial empleo de ese software, ¿no incurriría directamente en un hecho delictivo grave en el momento que se materialice su instauración de esa licencia israelí sin la aquiescencia de los tribunales españoles? ¿Y el contribuyente, sería merecedor de conocer al menos que una aplicación informática con alcance a dañar potencialmente su equipo, está accediendo al mismo?

¿No se produciría automáticamente la doctrina del árbol del fruto envenenado, al constituir como nulo de pleno derecho tal actuación de la Administración al ser obtenidas las pruebas haciendo uso de un sistema pseudodelictivo?

Es indubitado, que el tratamiento que recibe el acceso al correo postal de un particular, goza de todas las garantías constitucionales, además, el elenco de medidas reguladoras para que la Autoridad judicial determine la idoneidad de que se práctique un «pinchazo» telefónico, requiere de una inequívoca motivación para la preceptiva obtención por parte del Tribunal que tenga conocimiento, pero lo que suscita una profunda inquietud, es que una Administración tributaria, que no constituye un órgano judicial, pueda erigirse en determinar los mecanismos para llevar a cabo la fiscalización de los contribuyentes, sin que al menos, al tratarse de la pretensión de limitar derechos fundamentales, se ofrezca el correspondiente proyecto de ley orgánica que corresponda para que ese mecanismo se ajuste al cauce preceptivo que marca la ley. Prácticas altruistas de este tipo, siembran el terreno de blanquear un precedente, si se produjera una inacción de los elementos de que dispone el Estado para prever que prácticas de ese tipo, pudieran entrañar un riesgo potencial a los ciudadanos[3], y por extensión una erosión al

3 Morales, E. y Sierra, A., (10 de enero de 2024). «Hacienda adquiere un "software" israelí para cribar datos en el móvil de los contribuyentes», *The Objetive*. Recuperado el 07 de febrero de 2024. https://theobjective.com/economia/2024-01-11/hacienda-software-espia-israel-contribuyente
En este espacio web propuesto, se ofrece a modo de ejemplo una de las publicaciones online que se hicieron eco de esta noticia, que, dicho sea de paso, no presentó la trascendencia mediática que cabría de esperar de una novedad de esa envergadura, a nuestro juicio, parte desde su génesis de un terreno *contra legem* sin reservas.

procedimiento tributario que pueda desprenderse de la actuación tributaria del órgano que emplee ese mecanismo *contra legem*.

No es resultado del presente análisis desatender el propósito de nuestro objetivo, respecto a los actos tributarios que redundan en una carencia sobrevenida de garantías al contribuyente o que al contrario presenten un aspecto de haber sido preparados minuciosamente. El hecho de que se pueda establecer un compartimento estanco en cada proceso y no se presente como opción procesal la determinación de un acto tributario arbitrario de oficio, entendemos que es un paso atrás en los avances que demanda un procedimiento que debiera repercutirse en mejoras en cada modificación normativa o cada sentencia de los tribunales administrativos que propone cambios de garantías al contribuyente.

Es clarificador la posibilidad que se le presenta al administrado en la opción de solicitar una sentencia de extensión de efectos si entiende se pudieran beneficiar sus legítimas pretensiones, pero ¿es un mecanismo suficiente?

Doctrina reciente[4] del Alto Tribunal ha determinado la posibilidad de reclamar la extensión de efectos de un fallo firme en materia tributaria sin que se exija una previa solicitud a Hacienda. Este pronunciamiento abrirá el escenario a se establezca un procedimiento más liviano que pueda liberar de carga a los tribunales ante procedimientos de igual andamiaje.

Lo que constituye un punto de inflexión hasta ahora, es la introducción de una herramienta de ese cariz, como es el uso de software espía de fabricación extranjera, para la gestión y tratamiento de datos de todos los contribuyentes españoles, una novedad donde no muchos medios de comunicación se han hecho eco, algún periódico de tirada nacional y medios de información on-line de manera excepcional.

Desde el prisma que ha marcado la numerosa doctrina tributaria, es cierto que cada día se consiguen avances, tanto prácticos como introducidos por el legislador en las diversas normas que componen el marco normativo que configura la materia tributaria. Además, hay que destacar que, en el ambiente académico, la capacidad de introspección a la hora de analizar la aplicación y desarrollo de los tributos por parte de intelectuales, dígase profesores de universidad, juristas y demás profesionales, es cuanto menos cuantiosa, entrando a valorar en muchas ocasiones aspectos específicos, con una capacidad de examinar el procedimiento sobresaliente. Una vez que estamos situados en un escenario como el nuestro, repleto de profesionales y analistas excelentes, ¿qué tratamiento podemos atribuirle a la adopción de una medida como la que venimos apuntando?

---

4 STS, Sala de lo Contencioso Administrativo, de 18 de junio de 2020. ECLI:ES:TS:2020:0810.

No puede dejar de reproducir en su mente, quien redacta estas líneas, una situación comparada como sería la entrada de un elefante en una cacharrería, pasando por encima de todos los enseres y demás elementos a la venta que tan cuidadosamente habría colocado en el expositor el tendero, o tendera, de ese comercio.

Pues bien, para forjar una similitud en cuanto a lo desproporcionado de esa medida, no permaneceríamos muy alejados de la realidad estableciendo un paralelismo entre ambas circunstancias descritas.

¿En esta era que se acrecienta la digitalización, permanecerá algún terreno particular a salvo de la intromisión informática?

¿Qué consideración proyectaría nuestro país al exterior, una vez se ha publicado que una corporación privada se encuentra al mando, a través del software que ofrece, del control tributario de esa nación?, ¿una práctica así no podría constituir un atentado a la soberanía nacional?

Como se observa las incógnitas son cuantiosas, no solo respecto a la forma, sino también al fondo, a la repercusión que puede suponer a corto medio plazo que se normalice que el contribuyente que levante sospechas, o que incluso hubiera cometido infracciones tributarias, le suponga un estigma en lo sucesivo y tal precedente motive, que se puede emplear contra el susodicho contribuyente tal mecanismo, es cuanto menos incongruente.

Lo deseable, en virtud como indicábamos antes, es que toda la legión de intelectuales y académicos que en España se encuentran, pudieran configurar los argumentos oportunos para que ese anuncio de medida no se materialice.

Dado el caso que esa controversia, finalmente debiera ser abordada ante el Tribunal Constitucional, ¿Qué daño se produciría a esa Institución si ante un eventual pronunciamiento se determinara la legalidad de su uso?

Consideramos, no obstante, que la obligación de tributar, e incuestionable atención al compromiso de contribuir todos los españoles en sostener los gastos que se desprendan de los compromisos tributarios, no debiera ser empleado como *patente de corso* para la implantación de mecanismos tan desproporcionados y con caracteres de asemejarse a una herramienta pseudodelictiva, que su empleo, únicamente debiera ser establecido como se encuentra regulado hasta ahora, mediante la exclusiva determinación de la Autoridad judicial.

Lo que no solo implica una llamada de atención al legislador para que se actualice en la norma, el calado de pretensiones *contra legem*, sino que además, los ciudadanos perciban una insostenibilidad en su requerimiento y como hemos apuntado ya, redunda negativamente en la imagen de la institución tributaria que traslada una sensación de encontrarse insaciable respecto a las obligaciones tributarias de los ciudadanos, donde con este tipo de medidas, digamos que la esfera de la voluntad y el libre albedrio de colaborar, y a la vez asumir las consecuencias que procedan, quedaría mermado, obteniéndose un único relato al abordar mediante su empleo, una herramienta que celebra la intromisión en la vida privada de los contribuyentes.

Consideramos que la controversia está asegurada, al permitir esta nueva parcela de fiscalización del obligado tributario de una herramienta que, indirectamente está imponiendo una fecha de caducidad al actual sistema de procedimiento tributario. Si ampliamos el espectro de análisis con el uso de la inteligencia artificial, y la ya conocida polémica suscitada con la introducción de algoritmos que pudieran ocasionar un trato discriminatorio entre contribuyentes donde se presente alguna disparidad excepcional o de índole personal, el horizonte que se vislumbra es ligeramente peculiar.

Dado el caso que, en un futuro próximo, se conjuguen ambas herramientas, el uso de inteligencia artificial para el control del contribuyente con el añadido de programas espía de esa tipología, el destino del procedimiento tributario no será otro que las vitrinas de un museo, al presentar el mismo, una innecesaridad en su existencia.

La particularidad de modificaciones de ese calado constituye una intromisión que viene a dinamitar diversas esferas garantistas en Derecho.

Las garantías del contribuyente desde un punto de vista constitucional, pero a su vez desde la óptica procesal, al esfumarse de un plumazo, la preceptiva igualdad de armas exigible en todo procedimiento, y tan sumamente consolidada en el proceso contencioso administrativo.

La propuesta de supervivencia en cuanto a una aplicación coherente de este tipo de medidas, no es otra que el mantenimiento de un cauce administrativo infranqueable en cuanto a derechos del contribuyente, de otro modo, si la permisividad en cuanto a su uso adquiere más protagonismo, el procedimiento tributario cobrará mayor similitud a un juicio sumarísimo, donde con independencia de lo que se determine en su transcurso, la Administración de justicia ya es conocedora del veredicto que pretenda emitir con anterioridad a su celebración.

Es por tanto, este tipo de cuestiones incongruentes, una llamada de atención, si el conjunto de la ciudadanía aspira a un proceso cada vez más automatizado que blanquee la intromisión informática como herramienta aceptada de rigor para su aplicación, es sin ninguna duda, el momento de posicionarse ante la salvaguarda de esas garantías y mantenerse firme por conservar un proceso de equidad que se aleje de arbitrariedades y rechace de armar de más herramientas al ya de por si titán que supone la pugna entre el contribuyente, (David) y el rodillo tributario, (Goliat).

La concepción que alumbra esta iniciativa es en sí misma una contrariedad; pretender el control de la legalidad, como es la incuestionable obligación de tributar, desde una tribuna de ilegalidad (como supone el uso de programas informáticos avanzados tipo troyano) conjugados con la capacidad de pasar desapercibidos para cualquier profano en cuestiones informáticas, presenta cuanto menos, tintes de contradicción.

Por último, se abre además una incógnita moral, respecto a la propuesta de uso de un mecanismo así. ¿No presentaría visos de frivolidad o incluso de desafío frente al Estado de Derecho, que sea una misma dependencia estatal la que propugne la quiebra del orden constitucional? ¿no estaríamos ante un proceso decadente de gestión de la Administración al no existir cortapisa o pudor en las medidas que se proponen? ¿puede que este tipo de propuestas sean una vía de transmutación o manifestación en la sociedad de un declive social o de la merma de valores en la sociedad tradicional? No es ánimo de desviarnos del análisis de las cuestiones eminentemente tributarias, pero, este tipo de anunciamientos pueden pretender cumplir la expectativa de lanzar a modo de globo sonda una medida que hace unos años sería diametralmente rechazada para ir amortiguando la reacción popular, e ir ampliando la llamada ventana de Overton, que viene a recoger aquella realidad que el ciudadano estaría capacitado a procesar y que aspectos quedarían fuera hoy.

Entendemos significativo estas reivindicaciones cuando se producen desde puestos de tan alta responsabilidad o relevancia como es el órgano tributario que podrían pretender cincelar la voluntad popular del contribuyente y que a la postre, interprete que si el Estado ha adoptado una decisión así, seguro que existen unas razones de peso más que convenientes para emprenderla, y gracias a la ventana de Overton, se apreciarían dotes de excepcionalidad, que tras su implementación para la salvaguarda de tan ilustre propósito, puede encontrarse agazapada una pretensión propia del cine americano, como es el incremento del control de la esfera de la privacidad en la ciudadanía, fuera del marco constitucional.

Para presentar una mayor equidad, destacamos con cierta significancia invertir el argumento y ofrecer la controversia en voz pasiva, ¿debe el Estado rechazar los avances tecnológicos en los dispositivos electrónicos en pos de las garantías fundamentales, y resistirse a aspirar a la vanguardia tecnológica que supondría su implementación?

Teóricamente, los avances en la aplicación tecnológica aspiraron a allanar la facilidad en desarrollar nuestras exigencias rutinarias, y en ese ahorro en el esfuerzo diario, se entendía que repercutía en nuestra calidad de vida. Por tanto, la mejora en la implementación en tecnología y aplicaciones informáticas no parte de la base de pretender configurar un sedimento social que quede desplazado ante tales avances. El Estado, más concretamente la Administración tributaria, consolidarían su proyecto de mejora, si los criterios introducidos presentasen un cariz de mayor moderación, y a su vez se aumentase el esfuerzo en trasladar una sensación de *fair play*, al normalizarse en cada medida de este calado, que tales mecanismos constituyen un paso al frente en el avance de derechos del contribuyente, y en realidad lo que se vislumbra es todo lo contrario, un retroceso ante la capacidad de defensa del obligado tributario, que en el caso hipotético que iniciativas como esta se consoliden, en medio plazo, el procedimiento surtirá tal metamorfosis, donde el particular será un mero espectador de la decisión que se alcance ante la tramitación de un procedimiento tributario, que vendrá a constituirse como un ente con vida propia, donde el contribuyente será contactado a efectos de satisfacer la deuda tributaria generada en un proceso paralelo y sin necesidad de reconocer trámites de audiencia ni alegaciones, porque dichos trámites quedarán desnaturalizados al disponer la Administración tributaria de toda la información necesaria que precisa a efectos de materializar unilateralmente de las obligaciones tributarias que correspondan, con el «leal entender» que cada órgano tributario alcance mediante el empleo de esos mecanismos.

Pudiera presentar ciertos matices de catastrofismo, pero un procedimiento automatizado de acceso a datos del contribuyente empleando la tecnología más puntera, recuerda a los anteriores hitos en la historia de aquellos sectores de la población que quedaron descolgados o marginados ante una iniciativa que no contaba con ser ecuánime, sino más bien que venía disfrazada de avance, pero en sus entresijos albergaba una pretensión distinta, un verdadero caballo de Troya, pero adaptado al actual escenario de desarrollo.

Con independencia de abordar un análisis más pormenorizado desde un prisma moral o social, incluso constitucional, si bien la proyección tributaria que esgrime la carencia de un terreno acotado del uso de software de tipo inquisitivo respecto a las obligaciones fiscales, presenta a día de hoy, una clara demanda para el legislador ante el vacío que posiciona su implementación, normalizar que el control fiscal del Estado de ese calado para evitar el fraude, en términos eminentemente prácticos, viene a equipararse con que cada ciudadano sea conminado a instalar una sistema de video vigilancia en su domicilio en conexión permanente a la web, por si se produjera un eventual ilícito penal, en cualquiera de los ámbitos que regulan la esfera de su privacidad, lo que viene conociéndose en el argot popular como matar moscas a cañonazos.

Interpreto que el debate está sobre la mesa, ¿es lícito que se persuada al contribuyente para que renuncie a su integridad e intimidad en contraprestación en acudir a satisfacer sus obligaciones tributarias mediante el empleo de sistemas de intromisión informática?

En referencia a la indubitada preminencia al mantener el orden de prioridades respecto a la preferencia de los derechos fundamentales contemplados en la Carta Magna, ¿no se posicionarían, en virtud del texto constitucional, los artículos del 14 al 29[5], en una posición de pleno protagonismo respecto al artículo 31?[6] Lo que sintetiza que el debate ofrecerá poco

5 **Artículo 53**. Cualquier ciudadano podrá recabar la tutela de las libertades y derechos reconocidos en el art. 14 y la Sección primera del Capítulo 2. ante los Tribunales ordinarios por un procedimiento basado en los principios de preferencia y sumariedad y, en su caso, a través del recurso de amparo ante el Tribunal Constitucional.

6 **Artículo 31**. 1. Todos contribuirán al sostenimiento de los gastos públicos de acuerdo con su capacidad económica mediante un sistema tributario justo inspirado en los principios de igualdad y progresividad que, en ningún caso, tendrá alcance confiscatorio. 2. El gasto

alcance al no quedar soslayado la quiebra al principio constitucional de los derechos fundamentales en contraprestación a colmar lo demandado por una licita potestad tributaria, pero en una posición de subordinación respecto al compromiso inquebrantable del Estado de ser el principal garante, a través de sus órganos, de garantizar que el elenco de derechos fundamentales no quede reducido a una carta de buenas intenciones, o lo que incurriría en mayor gravedad, al normalizar su fluctuación en el podio de preferencia en las garantías del procedimiento, en función de los intereses que se presenten, en cada coyuntura social o que el propio avance tecnológico pueda plantear.

Para transmitir un leal criterio de aplicación de la norma, entendemos como única vía legítima de transmutación de iniciativas de esa envergadura, como es el empleo de software espía por una Administración pública, requeriría obligatoriamente, la introducción de modificaciones en el texto constitucional, donde a su vez, se expulsase de la Carta Magna, los derechos inherentes a la aplicación de esa medida por parte de la Administración, como el derecho al honor, derecho a la intimidad y propia imagen, etc.

Una vez conseguida tal modificación, donde el texto constitucional resultante ya albergue lo contenido en el artículo 31 como prioritario al resto de derechos individuales, si cabría solo entonces la aplicación del uso de ese software, al haberse solucionado los insalvables obstáculos de presunta inconstitucionalidad y a su vez se imprimiría de coherencia las actuaciones tributarias, donde no parecería que practican un juego al despiste, aumentando su prestigio y credibilidad y por ende la satisfacción de los obligados tributarios en acudir a sus obligaciones como contribuyentes.

Como corolario, sintetizar que en todo caso, la implementación de ese tipo de medida requerirá de su coherente actualización en el texto normativo para limitar acorde al proceso, la limitación de derechos fundamentales, de lo contrario, las obligaciones tributarias mutaran en una yincana de picarescas y astucias con el afán de agudizar el ingenio que permita burlarse recíprocamente, contribuyente y Administración, conjugado con la pugna en gozar de mayores conocimientos informáticos que permitan a unos y a otros satisfacer la posición de preponderancia, que ocupen en ese duelo.

Al margen de lo pintoresco de la expresión metafórica empleada, dicho sea, con todo el respeto, pero sí que traslada al menos la sensación de pretender disponer de un privilegio ante la teórica igualdad de armas respecto a las obligaciones tributarias. Con el inquietante añadido de la reciente implementación de algoritmos sintetizados en mecanismos digitales de inteligen-

público realizará una asignación equitativa de los recursos públicos, y su programación y ejecución responderán a los criterios de eficiencia y economía. 3. Sólo podrán establecerse prestaciones personales o patrimoniales de carácter público con arreglo a la ley.

cia artificial que conjugados con la presencia de software como el descrito, preconizan a un terreno tortuoso que pudiera desencadenar mayor desconfianza en este nuevo cambio de paradigma tributario.

Nuestra opinión no puede celebrar tal medida, que producirá un resorte de incomodidad en la opinión pública.

Made in United States
North Haven, CT
05 November 2026

21763955R00115